187

Meinrad Pizzinini

LIENZ
IN GESCHICHTE UND GEGENWART

Lienz Yesterday and Today
Lienz nel passato e nel presente
Lienz à travers les siècles et de nos jours

haymon verlag

Umschlaggestaltung: Helmut Benko, Innsbruck
Bildnachweis: siehe Seite 226

Übersetzungen:
Jacqueline Schweighofer-Smith (englisch)
Tiziana Morigi und Hartmann Gallmetzer (italienisch)
Catherine Scheichl-Pelletier (französisch)

ISBN 3-85218-033-3

Wieder liegt ein gelungenes Werk über Lienz vor uns. Es enthält das Wichtigste aus Geschichte und Gegenwart unserer Stadt in Wort und Bild; es schildert den herrlichen Rahmen der Natur genauso wie die großartigen Werke der Kunst und die Leistungen und Probleme unserer Vorfahren. Daß auch die Ereignisse der jüngsten Stadtgeschichte festgehalten sind, freut mich besonders.

Möge dieses Buch, das in vier Sprachen abgefaßt ist, insbesondere unseren Gästen aus dem Ausland eine Visitenkarte der Dolomitenstadt sein, welche das Verständnis für das Werden und Wesen unserer Stadt vertieft und eine bleibende Erinnerung an einen schönen Aufenthalt bietet.

Ich wünsche allen bei der Lektüre und beim Anschauen dieses Bildbandes viel Freude und Gewinn.

Hubert Huber, Bürgermeister

Here we have another successful work on the subject of Lienz, a record of the major events in our town's history and present-day life. It describes the beautiful scenery, the magnificent works of art, our ancestors' achievements and their problems. For me it is a source of particular pleasure that it also deals with the most recent history of the town. – May this book in four languages be the Dolomite town's visiting-card, deepening the understanding of its development and its essence and providing a lasting reminder of a pleasant stay. – I sincerely hope that this book is a source of pleasure and enjoyment to everyone who reads it.

Hubert Huber, Mayor of Lienz

Ecco un'altra opera ben riuscita su Lienz. Contiene i dati più importanti relativi alla storia ed all'attualità della nostra città, in forma di parole e raffigurazioni. Sono descritti la meravigliosa cornice della natura come pure le grandiose opere artistiche, l'operato ed i problemi dei nostri antenati. Mi è particolarmente gradito il fatto che nel libro siano trattati anche gli eventi più recenti della storia della nostra città. – Mi auguro che questo libro, che è redatto in quattro lingue, possa costituire un biglietto da visita della nostra città dolomitica soprattutto per gli ospiti che vengono dall'estero; un biglietto da visita che consenta una più profonda comprensione per lo sviluppo ed il carattere della nostra città e che offra un ricordo duraturo di una piacevole permanenza. – Auguro a tutti coloro che leggeranno questo libro e ammireranno le illustrazioni in esso contenute di trarne motivi di gioia ed utilità.

Hubert Huber, sindaco di Lienz

Voilà à nouveau un livre réussi sur Lienz. Il présente les faits les plus importants sur le passé et le présent de notre ville à la fois en texte et en images; le magnifique cadre naturel est décrit tout autant que les chefs-d'œuvre artistiques, les réalisations et les problèmes de nos ancêtres. Je me réjouis particulièrement de ce que les événements de l'histoire communale récente y figurent. – Puisse ce livre, écrit en quatre langues, être surtout pour nos visiteurs étrangers une carte de visite de la ville de Lienz. Il permettra de mieux comprendre l'histoire et le présent de notre ville et offrira un souvenir durable après un séjour agréable. – Je souhaite à tous ceux qui liront et regarderont ce magnifique ouvrage illustré beaucoup de plaisir.

Hubert Huber, maire de Lienz

INHALTSVERZEICHNIS

VORWORT DES VERFASSERS

Im Jahre 1982 erschien das Werk „Lienz. Das große Stadtbuch", dem die Absicht zugrunde lag, Geschichte und Kulturgeschichte der Stadt gründlich und mit wissenschaftlichen Methoden aufzuarbeiten. Trotz – oder gerade wegen – seines beträchtlichen Umfanges wurde der Wunsch nach einem weiteren Lienz-Buch laut, das als „Kurzfassung" Einheimischen und vor allem Gästen als erste und knappe Information dienen kann. Texte über die verschiedenen Entwicklungsbereiche der Stadt – in englisch, italienisch und französisch leicht gekürzt –, werden auch in diesem Werk von einem repräsentativen Bildteil begleitet. – Auf einen Anmerkungsapparat konnte diesmal verzichtet werden, da der Wissenschaftler oder speziell interessierte Laie ohnehin auf die große Publikation angewiesen ist. Hier genügt der Hinweis, daß die Grundlage der neuen Arbeit natürlich das „Große Stadtbuch" war, dessen Ausführungen zum Teil wörtlich gefolgt wird. Freilich ergab sich hier die Möglichkeit, die Jahre seit 1982 in Wort und Bild einzuarbeiten.

Daß es zur Ausgabe des „kleinen" Lienz-Buches kommen konnte, ist in erster Linie der Initiative von Dr. Michael Forcher vom Haymon-Verlag und dem Interesse der Stadt Lienz mit Bürgermeister Hubert Huber zuzuschreiben. Ihnen, aber auch den Übersetzern der Texte und den Fotografen, möchte der Verfasser herzlich danken. Dank gebührt auch Herrn Stadtamtsdirektor Dr. Wolfgang Obernosterer, der die Unterlagen zur Darstellung des kommunalen Geschehens der letzten Jahre lieferte, sowie dem Leiter des Städtischen Kulturamtes, Herrn Gerhard Wassnig, der bezüglich der Lienzer Künstler der Gegenwart ein kompetenter Berater war.

Möge auch dieses kleine Stadtbuch von Einheimischen und Gästen angenommen werden und – bedingt durch seine Mehrsprachigkeit – den Ruf der Stadt Lienz in vielen Ländern festigen oder verbreiten helfen.

Lienz, 30. November 1987   Meinrad Pizzinini

Author's Preface

The work, "Das Grosse Stadtbuch", was published in 1982, its aim being to deal methodically and in detail with the town's history and culture. Despite – or on account of – its considerable volume, there was demand for a further Lienz book, an "abridged form" to serve as brief preliminary information for local inhabitants and, in particular, for visitors. Describing various spheres of development in the town, the text – in English, Italian and French, slightly abbreviated – is supplemented by a representative pictorial section. This work has not been annotated, since the expert and the interested amateur can both refer to the major publication. The "Grosse Stadtbuch" formed the basis of this new work and is in part quoted literally. The text and the pictures also cover the period which has elapsed since 1982.

It is primarily thanks to the initiative of Dr. Michael Forcher of the Haymon-Verlag and to the interest of the Municipality and Hubert Huber, the mayor, that this "small" Lienz book has been published. The author wishes to thank them, the translators and the photographers. Acknowledgements are also due to Dr. Wolfgang Obermoser, the chief municipal officer, who provided the details of community activities in recent years, and to Herr Gerhard Wassnig, the head of the municipal department of culture, who supplied competent advice on present-day Lienz artists.

May this book be accepted by local people and visitors alike and, thanks to its various languages, may it help to consolidate and proclaim the reputation of Lienz in many countries.

Lienz, 30 November 1987   Meinrad Pizzinini

Prefazione dell'Autore

Nell'anno 1982 è uscita l'opera "Lienz. Das Große Stadtbuch" (Lienz, Il Grande Libro della Città), il cui fine era di rielaborare in modo approfondito e con metodi scientifici la storia ed il passato culturale della città.
Nonostante la considerevole mole del volume – o forse proprio a causa di essa – si levò la richiesta di un altro libro su Lienz, più sintetico, che dovrebbe fornire una prima informazione, breve e concisa, alla gente del posto e soprattutto agli ospiti. I testi relativi ai diversi settori di sviluppo della città – leggermente ridotti nelle versioni inglese, italiana e francese – sono accompagnati, anche nella presente opera, da un supporto di immagini sicuramente rappresentative. Si è rinunciato, questa volta, alla parte delle note, dal momento che lo scienziato o il profano particolarmente interessato ha comunque bisogno della pubblicazione grande. Accenniamo solamente al fat-

to che il "Grande Libro della Città" ha costituito la base per questo nuovo lavoro; in parte il testo del Grande Libro è stato adottato letteralmente. Si è però presentata l'opportunità di aggiungere gli anni successivi al 1982, sia per quanto riguarda il testo che per quanto concerne le illustrazioni.
E' soprattutto grazie all'iniziativa del dottor Michael Forcher della casa editrice Haymon e grazie all'interessamento della città di Lienz con il sindaco Hubert Huber, che questo "piccolo" libro su Lienz ha potuto vedere la luce. A tutti loro, nonché ai traduttori dei testi ed ai fotografi, l'autore desidera esprimere un cordiale ringraziamento. Un ringraziamento va indirizzato anche allo Stadtamtsdirektor, dottor Wolfgang Obernosterer, che ha messo a disposizione la documentazione sugli eventi cittadini degli ultimi anni; un grazie anche al responsabile dell'ufficio cittadino per gli affari culturali, signor Gerhard Wassnig, che si è dimostrato un valido consulente per quanto riguarda gli artisti comtemporanei di Lienz.
Mi auguro che questo piccolo libro sulla città sia ben accetto dalla popolazione nostrana e dagli ospiti e che, per essere uscito in più lingue, contribuisca a consolidare e a diffondere il nome della città di Lienz in numerosi paesi.

Lienz, 30 novembre 1987   Meinrad Pizzinini

Avant-Propos de l'Auteur

En 1982 parut l'ouvrage «Lienz – Le grand livre de la ville», qui voulut présenter l'histoire et l'histoire culturelle de la ville en détails et avec des méthodes scientifiques. Malgré – ou justement à cause de – son volume important, on en vint à souhaiter un autre livre sur Lienz qui puisse comme «résumé» apporter des informations importantes et concises aux «locaux» mais avant tout à nos hôtes. Le texte sur l'évolution de la ville dans différents domaines – légèrement abriegé en anglais, italien et français – s'accompagne ici, comme dans «le grand livre» de la ville de Lienz, d'illustrations représentatives. Nous avons pu cette fois-ci laisser les notes de côté, puisque le chercheur ou le lecteur spécialement intéressé doit se reporter de toute façon à la publication plus importante. Ici, il suffit de mentionner que la base de cet ouvrage a été naturellement «Le grand livre de la ville» dont les textes sont en partie repris mot à mot. Il a été évidemment possible d'y inclure les cinq dernières années en texte et en images.

Que ce «petit» livre de Lienz ait pu être publié, est dû avant tout à l'initiative de Monsieur Michael Forcher de la maison d'édition Haymon et à l'intérêt de la ville de Lienz avec son maire Hubert Huber. A eux, mais aussi aux traducteurs et aux photographes, j'adresse mes sincères remerciements. Je ne voudrais pas oublier Monsieur Wolfgang Obernosterer de la mairie de Lienz, qui fournit les documents sur la vie communale des dernières années ainsi que Monsieur Gerhard Wassnig, directeur des activités culturelles de la ville qui fut un conseiller compétent pour les artistes contemporains de Lienz.

Puisse ce petit livre sur Lienz plaire à ses habitants et à ses hôtes et – grâce à sa traduction en trois langues – ajouter à la renommée de cette ville dans beaucoup de pays.

Lienz, le 30 novembre 1987   Meinrad Pizzinini

INMITTEN HERRLICHER NATUR

Amidst the Beauties of Nature ● Un ambiente meraviglioso ●
Au milieu d'une nature splendide

Lienz, die östlichste Stadt Tirols unweit der Grenze zu Kärnten, in einer verkehrsgeographisch günstigen Lage, kann von drei Seiten her erreicht werden. Aus westlicher Richtung mündet das Pustertal in das Lienzer Becken ein. Das Pustertal, eine Talschaft mit rund 100 Kilometer Länge, bestehend aus den Tälern der Rienz und der Drau, zweigt bei Franzensfeste in der Nähe von Brixen in Südtirol vom Eisacktal ab. Gegen Lienz hin verengt es sich schluchtartig und tritt nach Überwindung der Engstelle bei der Lienzer Klause überraschend in die Weite des Lienzer Beckens.

Die Fortsetzung des Pustertales stellt das Drautal dar, das zugleich von Osten her den Zugang nach Lienz ermöglicht. Diese Ost-West-Linie als Verbindung zwischen Innerösterreich und dem Zentrum Tirols bzw. in umgekehrter Richtung besaß immer auch große wirtschaftliche Bedeutung. Ein weiterer Verbindungsweg nach bzw. aus dem kärntnerischen Mölltal führt über den Iselsbergsattel (1204 m).

Zubringer aus nordwestlicher Richtung ist die Straße aus dem Iseltal, die in ihrer weiteren Fortsetzung

den Alpenhauptkamm in einem 5,2 km langen Tunnel quert. Felber- und Kalsertauern waren schon vor Jahrhunderten über Saumwege begangen worden. Als moderne Straßenverbindung besteht die Felbertauernstraße seit dem Jahr 1967. Mit ihren vielen Schutzbauten darf die Trasse als wintersicher gelten. Die Felbertauernstraße stellt nicht nur die kürzeste innerstaatliche Verbindung zwischen den beiden Landesteilen Ost- und Nordtirol dar, sondern auch einen bequemen Verkehrsweg zwischen Deutschland und dem adriatischen Raum.

Gleichgültig, aus welcher Richtung man auf Lienz zukommt, die großartige Gebirgsszenerie, die die Stadt umrahmt, hat wohl schon immer Menschen mit Sinn für Naturschönheiten begeistert. Am eindrucksvollsten dürfte die Anreise aus dem Pustertal

▷

Lienz mit Umgebung auf der Tirol-Karte des Warmund Ygl von 1604/05

Lienz and surroundings on Warmund Ygl's map of the Tyrol, 1604/05

Lienz e dintorni sulla carta del Tirolo di Warmund Ygl del 1604/05

Lienz et ses environs sur la carte du Tyrol réalisée par Warmund Ygl en 1604/05

sein, da hier ein gewisser Überraschungseffekt hinzukommt, wie ihn Beda Weber in seinem dreibändigen topographischen Werk „Das Land Tirol. Ein Handbuch für Reisende" (1837/38) treffend herausstellt: „. . . hier steht auf einmal das schönste Panorama von Lienz vor dem entzückten Auge. Südlich der rauhe Kofel und die hahle Wand, . . . nördlich der Gaimberg, im Osten der Iselberg, die Gebirge von Dölsach und Görtschach, und tief in der östlichen Mündung gegen Drauburg, das Schloß von Lengberg . . ., alles im üppigsten Schmucke, blühend und grünend, mit Dörfern, Einödhöfen, Alphütten ganz übersät, die trefflichste Einfassung der weitesten Ebene Tirols, auf welcher die Stadt Lienz steht."

Freilich, Beda Weber, eine bedeutende Tiroler Persönlichkeit, die u. a. wissenschaftlich, literarisch und politisch tätig war, ist aus Lienz gebürtig. Wie leicht könnte man ihm Lokalpatriotismus vorwerfen, der ihn zu seinen rühmenden Worten verleitet hätte. Allerdings gibt es genügend andere Schriftsteller – auch Dichter und bildende Künstler –, die der Lienzer Gegend ein Denkmal gesetzt haben. Beispielsweise bemerkte ein ungenannter Topograph im Jahr 1853: „Wir betreten mit dem Weichbilde von Lienz die schönste Gegend von Pusterthal, und hätte man einmal versucht, die schönsten Gegenden Tirols zu klassifizieren, gewiß die von Lienz würde eine der ersten Stellen unter denselben einnehmen."

Und der populäre steirische Schriftsteller Peter Rosegger, der seine Sommerfrische immer wieder in der Lienzer Gegend verbrachte, meinte 1904: „Ich kenne die Namen der Berge . . ., der Ortschaften und der Menschen, doch die Landschaft zeigt mir immer neue Schönheiten, so oft ich auch komme." Er bezog sich damit hauptsächlich auf die Gebirgsgruppe im Süden der Stadt, auf die Lienzer Dolomiten. Diese vielgestaltige Bergwelt mit ihren steilaufragenden Wänden und Türmen, den Klüften und bizarren Formen ändert in jeder Beleuchtung ihr Aussehen und wirkt dadurch schon interessant und imponierend. Auf Grund ihrer Ähnlichkeit mit den Dolomiten Südtirols haben zuerst die englischen Touristen J. Gilbert und G. C. Churchill in ihrem 1864 publizierten Reisebericht von den „Lienz Dolomites" gesprochen, eine Bezeichnung, die gerne aufgegriffen wurde und die sich rasch eingebürgert hat.

Geologisch gesehen sind die Lienzer Dolomiten, ein Teil der Gailtaler Alpen, ein isoliertes Kalkgebirge, vorwiegend aus Trias- und Jurakalken aufgebaut. Hauptdolomit fungiert als Hauptfelsbildner und Gipfelgestein. Zu den höchsten Erhebungen in diesem Gebirgsstock gehört der Spitzkofel (2718 m), der Lienzer Hausberg. Diesem imposanten Felsgebilde ist der Rauchkofel (1911 m) vorgelagert, unter dessen steilem Abfall sich eine wannenförmige Terrasse mit dem Tristacher See erstreckt.

Geologen sprechen von der Südlichen Längstalfurche, die sich durch das Talgebiet der Drau und somit auch durch das Lienzer Becken zieht und eine ziemlich scharfe Grenze zwischen den Südlichen Kalkalpen und den Zentralalpen bildet. Damit gehören die Berge im Westen, Norden und Osten von Lienz mit ihren eher sanften Formen gesteinsmäßig der Zone der Alten Gneise mit kristallinen Schiefern als Hauptanteil an. Der Hochstein (2033 m) mit dem Bösen Weibele (2521 m) im Westen ist als Ausläufer des Deferegger Gebirges anzusehen. Im Norden des Talbeckens liegt die Schleinitz (2905 m), höchste Erhebung unter den Bergen rund um Lienz. Die Schleinitz, die das weit sich hinziehende Zettersfeld überragt, gehört zur Schobergruppe. Stronacher Kogel (1823 m) und Ederplan (2061 m) mit anschließendem Ziethenkamm (2484 m) im Osten zählen zur Kreuzeckgruppe.

In der Eiszeit wurden die Täler durch den Iselgletscher, den Draugletscher und im östlichen Teil des Lienzer Beckens – über den Iselsberg vorstoßend – vom Möllgletscher zum heutigen weiträumigen Becken ausgeweitet und vertieft. Das Gebiet der Talniederung selbst ist aus relativ jungem Schwemmaterial der Flüsse Drau und Isel gebildet. Die Drau mündet vom Westen her in das Lienzer Becken ein, die Isel vom Nordwesten. Die Flüsse vereinigen sich im

Vom Gaimberg aus gleitet der Blick über die Stadt Lienz und hinüber zum Spitzkofel, dem Lienzer Hausberg

The town of Lienz and the Spitzkofel, seen from the Gaimberg

Dal Gaimberg lo sguardo spazia sulla città di Lienz fino allo Spitzkofel, la "montagna di casa"

Depuis Gaimberg, vue sur la ville de Lienz jusqu'au Spitzkofel, le symbole de Lienz

Lienzer Becken. Die Isel, zwar wasserreicher als die Drau, verliert ihren Namen zugunsten der Drau, die aus dem Haupttal kommt. Durch die Talenge des Kärntner Tores verläßt der Draufluß den Lienzer Raum und zugleich den Boden Tirols. Charakteristisch für das Lienzer Becken sind die ausladenden Schwemmkegel, vorwiegend an der Nordseite, wie der Schwemmkegel von Thurn-Oberlienz. Ihre Entstehung ist auf sich öfters wiederholende Murbrüche am Austritt der Seitenbäche in die Talniederung zurückzuführen.

Auf die Menschen in früherer Zeit hat das Hochgebirge vielfach bedrückend und beängstigend gewirkt. Außerdem, über den Bereich der Almen aufragend, war es wirtschaftlich nutzlos. Voll von Geistern und Dämonen hat man sich die unübersichtliche Bergwelt vorgestellt. Im 18., endgültig im 19. Jahrhundert, hat der Mensch seine Scheu vor dem Berg überwunden. Naturwissenschaftliches Interesse, Entdeckermut und Freude am Abenteuer haben zur „Eroberung" des Gebirges geführt.

Das südöstliche Tirol mit seinem Anteil an den Hohen Tauern wurde schon in der ersten Hälfte des vorigen Jahrhunderts von Touristen besucht. Der Alpinismus ist bis heute eine der Säulen des Fremdenverkehrs geblieben. Zunächst standen die Glockner-, Granatspitz- und Venedigergruppe im Mittelpunkt des Interesses. Von Tiroler Seite her wurden der Großglockner erstmals 1853 und der Großvenediger 1865 bestiegen. Die Gebirge um Lienz standen

zunächst noch im Schatten der Hohen Tauern, doch trafen sich in dieser Stadt Hochalpinisten von Rang und Namen wie Franz Keil, Aegid Pegger, Julius von Payer, Friedrich Simony, Theodor Harpprecht, Johann Stüdl, Carl Hofmann und Eduard Richter. Nur wenige Jahre nach der Gründung des Österreichischen Alpenvereins (1862) wurde 1869 die Sektion Lienz gegründet. Eine Sektion Lienz des Österreichischen Touristen-Clubs wurde 1884 ins Leben gerufen. Alpenverein und Touristen-Club, dazu kam noch die 1906 gegründete, sehr elitäre „Alpine Gesellschaft Alpenraute", haben sich der Erfassung und Erforschung der Lienzer Bergwelt gewidmet. Nun wurden alpine Wege angelegt, ausgebaut und ständig verbessert, dazu Schutzhütten als Stützpunkte errichtet. Bis heute stehen diese Unterkünfte den Bergsteigern zur Verfügung.

Die erste der Schutzhütten im Lienzer Raum war die Linderhütte unterhalb des Spitzkofel-Gipfels. Sie wurde 1884 fertiggestellt. Die Leitmeritzer- oder Laserzhütte von 1888 konnte 1908 ausgebaut, erweitert und als „Karlsbader Hütte" eingeweiht werden. Das Anna-Schutzhaus am Ederplan geht auf eine Privatinitiative des bedeutenden, aus Stronach bei Lienz stammenden Tiroler Malers Franz von Defregger zurück, der die Hütte 1887 dem Österreichischen Touristen-Club schenkte. Die Lienzer Hütte im Debanttal besteht seit 1890 und das Schutzhaus am Schönbichele (Hochstein) seit 1895. Inzwischen sind mehrere Schutzhütten und Alpengasthäuser hinzu-

▷

In einem Reisebericht der Engländer J. Gilbert und G. C. Churchill wird 1864 erstmals von „Lienzer Dolomiten" („Lienz Dolomites") gesprochen

Two Englishmen, J. Gilbert and G. C. Churchill, first coined the name "Lienz Dolomites" in their travel report of 1864

Gli inglesi G. Gilbert e G. C. Churchill usano per la prima volta la denominazione "Dolomiti di Lienz" ("Lienz Dolomites") in un loro resoconto di viaggio del 1864

Dans un récit de voyage publié en 1864, les Anglais J. Gilbert et G. C. Churchill parlent pour la première fois des «Dolomites de Lienz» («Lienz Dolomites»)

LIENZ DOLOMITES.

LIENZ IN TYROL.

Verlag von A.Weger's Buchhandlung in Brixen & Lienz.

So wurden die Schönheiten der Lienzer Gegend früher bekanntgemacht: Stahlstich aus Carl Mayers Kunstanstalt in Nürnberg, um 1850, verlegt von A. Weger's Buchhandlung, Brixen–Lienz

An early way of advertising the beauties of the Lienz area: steel engraving by Carl Mayer's Kunstanstalt, Nuremberg, c. 1850, published by A. Weger's Buchhandlung, Brixen–Lienz

Ecco come le bellezze della zona di Lienz furono rese note a suo tempo: una siderografia dell'officina artistica Carl Mayer di Norimberga del 1850, editore Libreria A. Weger, Bressanone–Lienz

Gravure en taille-douce provenant de l'atelier de Carl Mayer à Nuremberg (vers 1850) et publié par la librairie A. Weger, Brixen–Lienz

15

gekommen, wie die Dolomitenhütte hinter dem Rauchkofel oder einige Unterkünfte am Zettersfeld. Erwähnenswert ist auch die Errichtung der Venedigerwarte durch den Alpenverein im Jahr 1888. Der hohe Aussichtsturm, später erneuert, ist bis heute als Service für die Lienzer Sommergäste gedacht.

Die Lienzer Berge nehmen auch heute im Fremdenverkehr von Stadt und Umgebung einen wichtigen Platz ein. Vielen Gästen sind Naturerlebnisse ein echtes Bedürfnis. Die Möglichkeiten bestehen in großer Zahl, gilt es zu wandern oder im Hochgebirge zu klettern. Für manche hochgelegene Ausflugsziele können Straßen – so auf das Zettersfeld, den Hochstein, die Dolomitenhütte – zur Verkürzung des Anstieges in Anspruch genommen werden, oder es können die Lienzer Bergbahnen benützt werden, deren Endpunkte als ideale Ausgangsorte für Wanderziele dienen: Die beiden Doppelsesselbahnen auf den Hochstein führen in eine Höhe von ca. 1500 m, während man mit einer neuen, komfortablen Einseilumlaufbahn das Zettersfeld (1812 m) erreicht.

Das Hochgebirge ist freilich nicht ohne Gefahr. Um die Bezwingung des Gebirges für jeden einzelnen zu einem Erlebnis werden zu lassen, hat der Österreichische Alpenverein in Lienz eine alpine Beratungsstelle eingerichtet, die gerne konsultiert wird; auch kann auf die Dienstleistungen der Alpin- und Wanderschule Lienz zurückgegriffen werden, wobei mit ausgebildeten und routinierten Bergführern selbst schwierige Touren in der näheren und weiteren Umgebung von Lienz sicher bewältigt werden können. Die neueste Attraktion ist das fünftägige Natur-Aktiv-Programm „Bergwasserfliegen", eine Kombination aus Bergsteigen, Befahren der Wildwasser und Einsatz des Gleitschirms.

Es ist geradezu selbstverständlich, daß Lienz mit seiner gebirgigen Umgebung auch im Winter besondere Vorzüge genießt. Dieser Schigroßraum darf als attraktivstes Wintersportgebiet auf Österreichs Alpensüdseite angesehen werden. Die Schigebiete Zettersfeld, Hochstein und Leisach bieten Pisten in allen Schwierigkeitsgraden, wobei zahlreiche Aufstiegshilfen Zeit und Kräfte sparen helfen. In steigendem Maß wird dem Tourengehen Interesse entgegengebracht. Die Schitouren in unberührtem Gelände lassen ein besonderes Nahverhältnis zur Natur und ihren Reizen aufkommen. Eine Art von intensivem Naturerlebnis vermittelt der Schilanglauf, wobei im

Lienzer Raum rund 60 km präparierte Loipen zur Verfügung stehen. Die alljährlich in Lienz abgehaltene Sport-Großveranstaltung „Dolomitenlauf" bietet nicht nur ein Kräftemessen von Spitzensportlern internationalen Ranges, sondern ist zugleich auch Österreichs traditionsreichster und bedeutendster Volkslauf.

Die klimatischen Verhältnisse des Lienzer Raumes werden allgemein geschätzt, da sie von einer gewissen Stabilität gekennzeichnet sind. Großklimatisch zum inneralpinen Klimabereich gehörend, werden im Lienzer Becken noch Einflüsse des Mittelmeerklimas spürbar. Die Charakteristika sind verhältnismäßig warme und feuchte Sommer, ein schöner Herbst und ein kalter Winter. Innerhalb des Bezirkes besitzt das Lienzer Becken eine klimatische Vorzugslage. Bezeichnend, wenn Lienz von der Zentralanstalt für Meteorologie und Geodynamik in Wien durch Jahre hindurch für die längste Sonnenscheindauer in Österreich ausgezeichnet wurde. Für Lienz beträgt die mittlere Jahrestemperatur 7,2° C, die Niederschlagshöhe 940 mm, wobei das Maximum auf den August, das Minimum auf Jänner-Februar fällt.

In Osttirol erreicht ausschließlich das Lienzer Becken die sogenannte Kulturstufe bis zur Obergrenze des Weinbaus. Am meisten begünstigt sind natürlich die sonnseitigen Hänge und Siedlungen. Äpfel, Birnen, Kirschen, Marillen, Zwetschken und Walnüsse gedeihen hier gut. Bis in das 16. Jahrhundert ist sogar Weinbau von einiger Bedeutung nachzuweisen. Insgesamt gilt die Flora des Lienzer Raumes als besonders reichhaltig und bemerkenswert.

Amidst the Beauties of Nature

Lienz, the easternmost town in the Tyrol, not far from the boundary with Carinthia, is favourably situated, being accessible from three sides. The Pustertal provides the approach from the west; some 100 km. in length, it comprises the river valleys of the Rienz and the Drau and it branches off from the Eisacktal at Franzensfeste, near Brixen in the South

Lienz-Ansicht des bedeutenden Wiener Landschaftsmalers Georg Geyer von 1873

View of Lienz by Georg Geyer, the Viennese landscape painter of note, 1873

Panoramica di Lienz del noto paesaggista viennese Georg Geyer del 1873

Vue de Lienz peinte par le paysagiste de renom viennois Georg Geyer en 1873

998 Lienzer Dolomiten: Linder Hütte m. Laserz.

Rechte Seite: Die Karlsbader Hütte mit dem Laserzsee in den Lienzer Dolomiten

Right: The Karlsbader Hütte and the Laserzsee in the Lienz Dolomites

Pagina a destra: Il rifugio "Karlsbader Hütte" con il lago Laserz nelle Dolomiti di Lienz

Page de droite: La «Karlsbader Hütte» avec le lac de Laserz dans les Dolomites de Lienz

▷

Oben: Die Linderhütte am Spitzkofel, die als erste der alpinen Hütten im Lienzer Raum im Jahr 1884 eröffnet wurde (Aufnahme ca. 1925)

Above: The Linderhütte on the Spitzkofel, the first Alpine hut in the Lienz area, opened in 1884 (photograph c. 1925)

Sopra: Il rifugio "Linderhütte" sullo Spitzkofel. Era il primo rifugio alpino aperto nella zona di Lienz nel 1884 (la foto è stata scattata intorno al 1925)

En haut: La «Linderhütte» sur le Spitzkofel, premier refuge alpin à être ouvert dans la région de Lienz en 1884 (Photo de 1925 environ)

◁

Die Lienzer Hütte im Debanttal im Jahr 1895

The Lienzer Hütte, Debanttal, in 1895

Il rifugio "Lienzer Hütte" nella valle Debant, anno 1895

La «Lienzer Hütte» dans la vallée du Debant en 1895

Tyrol. Approaching Lienz, the valley narrows into a gorge, but then, freeing itself from the confines of the Lienzer Klause, it unexpectedly widens into the spreading basin of Lienz.

The valley of the Drau is a continuation of the Pustertal and gives access to Lienz from the east. As a link between the interior of Austria and the centre of the Tyrol, this east-west route always held great economic significance. A further connecting route with the Carinthian Mölltal leads across the Iselsberg (1,204 m).

Access from the north-west is afforded by the road from the Iseltal which later crosses the main ridge of the Alps by means of a tunnel, 5.2 km. long. Even centuries ago the Tauern ridge was passable on various mule tracks. The modern Felbertauern road was completed in 1967; thanks to many protective constructions, it is a safe route in winter, too. Not only is the Felbertauern road the shortest connecting line between the East and the North Tyrol, but it also provides an easy link between Germany and the Adriatic.

No matter from which direction Lienz is approached, the magnificent mountain scenery framing the town has never failed to captivate those with a feeling for the beauties of nature. Artists, poets and authors have all immortalized the area of Lienz in their works. Peter Rosegger, the popular Styrian writer who visited the district again and again in the summer, remarked in 1904, "I know the names of the mountains, the places and the people, but the scenery reveals new charms to me whenever I come." He was mainly referring to the mountain range to the south of the town, the Lienz Dolomites. With its myriad shapes, its precipitous faces and its weirdly jagged crags, this mountain world changes its appearance in every light, this making it even more interesting and even more impressive. Its similarity with the Dolomites of the South Tyrol prompted J. Gilbert and G. C. Churchill, English tourists, to coin the term "Lienz Dolomites" in the report of their visit which was published in 1864. The name was taken up and was soon in general usage.

Geologically, the Lienz Dolomites are part of the Gailtal Alps, isolated limestone mountains composed mainly of Triassic and Jurassic limestone. The rocks and peaks are mainly formed of dolomite. One

Die Hochsteinhütte gehört zu den beliebtesten Ausflugszielen der Bergwanderer im Lienzer Raum

The Hochsteinhütte is a popular goal for mountain walkers in the Lienz area

Il rifugio "Hochsteinhütte" è una delle mete preferite degli escursionisti nella regione di Lienz

La «Hochsteinhütte» est l'un des buts de promenades les plus recherchés des randonneurs dans la région de Lienz

of the highest mountains in this massif is the Spitzkofel (2,718 m), Lienz' very own peak. Set in front of this impressive rocky formation is the Rauchkofel (1,911 m) which falls away steeply to reveal a trough-like terrace and the Tristacher See. Quite sharply defined, the border line between the Southern limestone Alps and the Central Alps runs through the valley of the Drau and, thus, through the Lienz basin. Hence, the more gentle mountains to the west, north and east of Lienz belong to the Old Gneiss zone with crystalline schist as their main component. The Hochstein (2,033 m), together with the Böse Weibele (2,521 m) in the west, can be regarded as a spur of the Deferegger chain. In the north of the basin is the Schleinitz (2,905 m), the highest of the mountains around Lienz; towering above the Zettersfeld, it belongs to the Schober range. The Stronacher Kogel (1,823 m) and the Ederplan (2,061 m) with the adjoining Ziethenkamm (2,484 m) in the east all belong to the Kreuzeck range.

During the Ice Age the valleys were made wider and hollowed out deeper by the glaciers of the Isel, Drau and Möll, forming the spreading basin of today. The low ground in the valley itself is formed from relatively young alluvial material from the rivers Drau and Isel. The Drau flows into the Lienz basin from the west, the Isel from the north-west. The rivers flow together in the Lienz basin. Although the Isel carries more water than the Drau, it forfeits its name to the latter because this comes from the main valley. The Drau leaves the Lienz district and Tyrolean soil when it flows through the narrows of the Kärntner Tor. Talus heaps are typical of the Lienz basin, particularly on the northern side, as at

Immer wieder zeigen sich die Berge rund um Lienz als reizvolle Herausforderung für Hochgebirgstouristen und Extremkletterer

The mountains around Lienz present a fascinating challenge to Alpine tourists and climbers

Le montagne intorno a Lienz costituiscono una sfida allettante per i turisti di alta montagna e per i rocciatori più arditi

Les montagnes autour de Lienz sont un défi attrayant pour les touristes de haute montagne et les grimpeurs extrêmes

21

Thurn-Oberlienz. They were formed by recurrent landslides.

To people in bygone ages high mountains frequently seemed oppressive and frightening, towering above the high pastures and having no economic use. In the 18th and, finally, in the 19th century man overcame his fear, however. Scientific interest, an urge to discover and a love of adventure led to the "conquest" of the mountains.

The south-east Tyrol and its portion of the Hohe Tauern had already become a tourist destination in the first half of the last century. Alpinism has remained one of the pillars of tourism up to the present day. The Glockner, Granatspitz and Venediger ranges provided the first focus of interest. The Grossglockner was first climbed from the Tyrolean side in 1853 and the Grossvenediger in 1865. Lienz became a meeting-point for many outstanding mountaineers and only a few years after the foundation of the Austrian Alpenverein (1862) the Lienz section was established (1869). The Austrian Tourist Club formed a Lienz section in 1884. Together with the very élitist "Alpine Gesellschaft Alpenraute", founded in 1906, these associations dedicated their time to studying and classifying the Lienz mountain world. Alpine paths were laid out, extended and constantly improved, refuge huts were built to provide a base. Accommodation of this kind is still available to mountaineers today.

The Lienz mountains still play an important part in tourism in and around the town. Many guests feel a very real need to encounter nature. The possibilities are numerous both for walkers and for climbers. Many a mountain destination can be reached easily by road – the Zettersfeld, Hochstein and Dolomitenhütte, for instance – or the Lienz lifts can be used for access to the starting points of many walks. Both double chair lifts on the Hochstein go up to an altitude of approx. 1,500 m and a comfortable new cableway takes passengers up to the Zettersfeld (1,820 m).

The high mountains are not without dangers, of course. The Austrian Alpenverein has set up an Alpine Advisory Office in Lienz to make climbing high mountains an exhilarating experience for everyone; the School of Alpinism and Walking in Lienz also provides useful services, with trained and experienced mountain guides to lead tours in the surrounding areas. The latest attraction is a five-day active Programme, combining mountaineering, rafting and paragliding.

With its mountainous surroundings, Lienz is particularly well endowed for the winter. The greater skiing area around the town can justifiably be regarded as the most attractive winter sports terrain on the southern side of the Austrian Alps. The skiing areas of Zettersfeld, Hochstein and Leisach provide runs of all kinds with numerous installations to save time and energy. Ski touring is attracting increasing interest; trekking through untouched terrain is a way of getting really close to nature. Cross-country skiing is another way and there are some 60 kilometres of prepared trails in the Lienz area. The Lienz Dolomites Race, held annually in Lienz, gives top international competitors an opportunity to match their strength. It is Austria's most traditional and most renowned popular cross-country event.

The climatic conditions in the Lienz area are appreciated on account of their stability. Belonging to the inner-Alpine climatic zone, the Lienz basin is to a certain extent influenced by the Mediterranean climate, too. It is significant that the highest long-term average sunshine figures in Austria were recorded in Lienz. The slopes and settlements on the sunny side are, of course, climatically most favoured. Apples, pears, cherries, apricots, damsons and walnuts thrive here and up until the 16th century vines were also cultivated locally. The flora in the Lienz district is noted for its great variety.

Un ambiente meraviglioso

Lienz è la città più orientale del Tirolo. E' situata a breve distanza dal confine con la Carinzia. Dal punto di vista geografico, si trova in una posizione assai vantaggiosa. E' in fatti raggiungibile da tre direzioni. Sul lato occidentale la Val Pusteria si immette nel bacino di Lienz. La Val Pusteria è lunga circa 100 chilometri; essa è costituita dalle vallate della Rienza e della Drava; si dirama dalla Valle Isarco a Fortezza vicino a Bressanone/Sudtirolo. Prima di raggiungere

Alpingeschichte im Foto: Die Gründer der „Alpinen Gesellschaft Alpenraute" (1905), die bis heute besteht und die sich um die Erschließung der Lienzer Bergwelt große Verdienste erworben hat

A historic photograph: the founders of the "Alpine Gesellschaft Alpenraute" (1905), an association which still exists and which has contributed much to the development of the Lienz mountain world

Storia alpina fissata con foto: I fondatori dell'associazione "Alpine Gesellschaft Alpenraute" (1905). L'associazione esiste ancora; essa si è conquistata grandi meriti nell'esplorazione delle montagne di Lienz

L'histoire alpine en photo: Les fondateurs de la société «Alpenraute» (1905), toujours en activité; cette société alpine a fait beaucoup pour rendre accessibles les montagnes autour de Lienz

la vasta conca di Lienz, la valle si restringe e forma una gola.

La Val Pusteria prosegue nella valle della Drava che consente di raggiungere Lienz dall'est. Questo asse est-ovest che collega il cuore dell'Austria con il centro del Tirolo e viceversa, ha sempre avuto grande importanza economica. Un'altra via di comunicazione conduce attraverso il Mölltal (valle del Möll), superando la sella dell'Iselsberg a quota 1204. La conca è raggiunta da nordovest dalla strada dell'Iseltal (valle dell'Isel). Proseguendo, essa attraversa la catena principale delle Alpi con una galleria lunga 5,2 chilometri. Nei secoli scorsi i monti Tauri erano stati attraversati grazie alle mulattiere. Solo dal 1967 esiste un collegamento stradale moderno, la cosiddetta Felbertauern-Straße. Questa strada segue un percorso dotato di sistemi antivalanghe e quindi sicuro anche d'inverno. Essa rappresenta il collegamento più breve, sul territorio austriaco, tra il Tirolo del Nord ed il Tirolo dell'Est ed è altresì una via di comunicazione comoda tra la Germana e l'area adriatica.

Da qualunque parte si arrivi a Lienz, non si può non rimanere entusiasmati per il magnifico scenario montuoso che corona la città. Molti artisti, pittori, poeti e scrittori hanno dedicato le loro opere a Lienz ed ai suoi dintorni. Lo scrittore Peter Rosegger della Stiria, assai noto in Austria, ha sovente trascorso le sue ferie estive nella zona di Lienz. Scrisse nel 1904: "Conosco i nomi delle montagne, delle località e della gente, ma il paesaggio mi schiude delle bellezze sempre nuove, ogni-qualvolta io vengo qui." Si riferiva in primo luogo alle montagne a sud della città, le "Dolomiti di Lienz". Questo scenario montagnoso, con le sue pareti e torri che si innalzano verso il cielo, mostrando forme bizzarre e frastagliate, cambia aspetto a seconda della luce che lo illumina e si impone allo sguardo. Per la somiglianza di queste montagne con le Dolomiti del Sudtirolo, i turisti inglesi J. Gilbert e G. C. Churchill, in un resoconto dei loro viaggi, pubblicato nel 1864, le hanno definite "Lienz Dolomites", le Dolomiti di Lienz. Tale denominazione si è diffusa rapidamente.

Links: Das Zettersfeld wurde als erstes Schigebiet durch abwechslungsreiche Abfahrten und mehrere Aufstiegshilfen erschlossen

Left: The Zettersfeld was the first skiing area to be developed by means of a variety of ski runs and lifts

A sinistra: Zettersfeld è stato il primo campo di sci ad essere sviluppato; ci sono svariate discese e parecchi impianti di risalita

A gauche: Le Zettersfeld, première région à être accessible aux skieurs grâce à des descentes variées et à plusieurs remontées mécaniques

Die moderne Zettersfeldbahn mit Blick auf das winterliche Lienz

The modern Zettersfeld cableway with a view of wintry Lienz

La modernissima funivia sullo Zettersfeld, con sguardo sulla Lienz invernale

Le téléphérique moderne du Zettersfeld avec vue sur Lienz en hiver

Oben links: Sport, Spiel und Spaß im Schikindergarten am Zettersfeld. Mit dieser Idee gab Lienz vielen anderen Wintersportzentren ein Beispiel

Above left: Sport, fun and enjoyment in the skiing kindergarten on the Zettersfeld. With this idea Lienz set an example to many other winter sports centres

Sopra a sinistra: Sport, gioco e divertimento presso il centro sciistico dove si accudiscono i bambini ("Schikindergarten") sullo Zettersfeld. Per questa idea Lienz ha costituito un esempio per molti altri centri sportivi invernali

En haut à gauche: Sport, jeux et divertissement au jardin de neige pour les enfants sur le Zettersfeld. Avec cette idée, Lienz donna l'exemple à beaucoup d'autres centres de sports hivernaux

Nicht nur Sportler kommen im winterlichen Lienz auf ihre Rechnung: auch eine Fahrt im Pferdeschlitten ist ein Erlebnis

Wintry Lienz caters not only for active sport, horse-drawn sleigh rides are also an unforgettable experience

La Lienz invernale non offre solo attrattive per gli sportivi: si possono anche fare giri su slitte trainate da cavalli

Il n'y a pas que le sportif qui trouve son plaisir en hiver à Lienz: une promenade en traîneau est également une expérience excitante

Oben rechts: Überall rund um Lienz kann man auch abseits der präparierten Pisten den „weißen Rausch" genießen

Above right: Off-piste "skiing sublimity" can be enjoyed everywhere in the surroundings of Lienz

Sopra a destra: Ovunque intorno a Lienz, anche fuori pista, si può godere "l'estasi bianca"

En haut à droite: Tout autour de Lienz on peut également en dehors des pistes préparées connaître la griserie de la neige

LIENZER DOLOMITEN

SANDSPITZE 2772
KARLSBADER H. 2260
RAUCHKOFEL 1911
DOLOMITEN H. 1620
SPITZKOFEL 2718

HOCHSTEIN 2057
SCHÖNBICHELE 2000

KÄRNTEN
NIKOLSDORF
KREITHOF
LAVANT
NACH ITALIEN
TRISTACHER SEE
LEISACH

GÖRTSCHACH
DÖLSACH
AGUNTUM
AMLACH
SCHLOSSBERG
ISELSBERG 1118
TRISTACH
VENEDIGERWARTE
NACH KÄRNTEN
DEBANT
BAHNHOF
LIENZ
SCHLOSS BRUCK

FASCHINGALM 1662
NUSSDORF
ZETTERSFELD BERGSTATION 1821
GAIMBERG
THURN
OBERDORF OBERDRUM OBERLIENZ
STEINERMANDL 2235
RICHTUNG FELBERTAUERN
SCHOBERKÖPFL 2278
ST. HELENA
SCHLEINITZ 2905

DEBANTTAL

LEGENDE:
▱ RODELWEG
◈ GONDELSEILBAHN ◆ EISLAUFEN
⌐ SESSELLIFT ✦ EISSTOCKBAHN
⌐ SCHLEPPLIFT ▱ HALLENBAD
✕ LANGLAUFLOIPE ▱ TENNISHALLE

Oben: Winterpanorama des Lienzer Raumes (1982)

Above: A winter panorama of the Lienz area (1982)

Sopra: Panorama invernale della zona di Lienz (1982)

En haut: Panorama hivernal de la région de Lienz (1982)

▷

Rechts: Die attraktive Abfahrt vom Hochstein ist schon deshalb sehr beliebt, da sie direkt an den Rand des verbauten Stadtgebietes führt

Right: Leading down to the edge of the built-up area, the attractive ski run from the Hochstein enjoys great popularity

A destra: La bella discesa dallo Hochstein è particolarmente popolare perché porta direttamente alla periferia della città

A droite: La superbe descente du Hochstein qui attire beaucoup les skieurs parce qu'elle arrive directement à la périphérie de la ville

27

Sotto l'aspetto geologico, le Dolomiti di Lienz, pur facendo parte delle Alpi del Gailtal, costituiscono una montagna calcarea a se stante, formata principalmente da strati triassici e giurassici. Vi troviamo la dolomia come elemento principale sia alla base che negli strati superiori. La vetta più alta di tala formazione è lo Spitzkofel (2718 m) che è considerato dagli abitanti di Lienz la loro "montagna di casa". Esso è fronteggiato dal Rauchkofel (1911 m), alla base della cui fiancata ripida si trova una terrazza a forma di vasca che comprende il lago di Tristach.

Nella valle della Drava, e quindi proprio nella conca di Lienz, troviamo la linea di demarcazione tra le Alpi calcaree meridionali e le alpi centrali. Quindi le montagne ad ovest, nord ed est di Lienz, con la loro morfologia dolce, fanno parte della zona degli antichi gneiss in cui prevalgono gli scisti cristallini. Il Hochstein (2033 m) con il Böses Weibele (2521 m) a ovest è da considerarsi il contrafforte delle montagne di Defereggen. A nord della conca troviamo la Schleinitz (2905 m) che è la cima più alta delle montagne intorno a Lienz. La Schleinitz si eleva sopra la

Rechte Seite: Langlaufparadies Lienzer Gegend

Right: A paradise for cross-country skiers

Pagina a destra: La zona di Lienz è un vero paradiso per lo sci di fondo

Page de droite: Le ski de fond dans la région de Lienz

Der Lienzer „Dolomitenlauf" erfreut sich von Jahr zu Jahr größerer Beliebtheit und genießt internationale Bedeutung (oben: Massenstart, links Zielankunft am Stadtplatz)

The Lienz Dolomites Race becomes more popular every year and has acquired international renown (above: mass start, left: the finish in the town square)

La competizione di fondo "Dolomitenlauf" acquista popolarità di anno in anno; ormai è una competizione di rilevanza internazionale (sopra: la partenza di massa, a sinistra: l'arrivo sulla piazza principale della città)

La course des Dolomites ("Dolomitenlauf") attire chaque année de plus en plus de monde et jouit d'une renommée internationale (en haut: départ; à gauche: arrivée sur la Stadtplatz)

lunga catena dello Zettersfeld; esso fa parte del gruppo dello Schober. Rientrano invece nel gruppo Kreuzeck lo Stronacher Kogel (1823 m), l'Ederplan (2061 m) e lo Ziethenkamm (2484 m) a est.

Nel periodo glaciale tre ghiacciai – Isel, Drau e Möll – hanno determinato l'ampliamento del bacino odierno. La zona a fondovalle è formata prevalentemente dal materiale alluviale dei fiumi Drava e Isel. La Drava (Drau) si immette da ovest nella conca di Lienz, mentre la Isel proviene da nordovest. Nella conca di Lienz confluiscono. La Isel porta più acqua della Drava, ma è quest'ultima a conservare il nome, poiché essa proviene dalla valle principale. Attraverso la stretta del Kärntner Tor la Drava supera la zona di Lienz e lascia la terra tirolese. Fanno parte della zona caratteristica della conca di Lienz numerosi coni alluviali di vaste dimensioni. Li troviamo sopratutto sul lato nord, per esempio quello di Thurn-Oberlienz. Si sono formati a causa di ripetute frane.

In passato le montagne elevate hanno spesso prodotto effetti depressivi sulla popolazione a valle. Inoltre, l'alta montagna, a quote superiori a quelle ove sorgevanole malghe, non era economicamente sfruttabile. Solo nell'Ottocento ed ancor più nel Novecento l'uomo ha superato la paura della montagna e l'ha conquistata, sollecitato dall'interesse per le scienze naturali, dalla volontà di scoprire e conquistare e dal piacere di cimentarsi con avventure sempre nuove. La parte sudorientale del Tirolo con le sue altissime montagne, i Tauri Alti, fu meta di viaggiatori e turisti già nella prima metà del secolo scorso. L'alpinismo è rimasto fino ai giorni nostri una delle colonne portanti del turismo. Inizialmente solo le cime del Glockner e del Granat nonché il gruppo dei Venediger destavano l'interesse dei turisti. Sul versante del Tirolo il Großglockner è stato conquistato per la prima volta nel 1853, mentre il Großvenediger fu scalato nel 1865. Le montagne intorno a Lienz non erano considerate alla stessa stregua dei Tauri Alti, tuttavia la città vide già allora una grande concentrazione di alpinisti di chiara fama. A pochi anni dalla fondazione del club alpino austriaco (Österreichischer Alpenverein) nel 1862, e cioè nel 1869, venne istituita la sezione di Lienz. Nel 1884 fu creata la sezione Lienz dello Österreichischer Touristen-Club, un club per i turisti. A questi due si aggiunse, nel 1906, la "Alpine Gesellschaft Alpenraute", la "Società Alpina Alpenraute", un'associazione d'élite che si dedicò alla scoperta ed allo studio delle montagne di Lienz. Era il periodo in cui si cominciò a tracciare sentieri alpini, a perfezionarli, a costruire rifugi e ad utilizzarli come punti logistici. Tutt'oggi tali strutture sono a disposizione degli alpinisti.

L'importanza delle montagne di Lienz è rimasta fondamentale per il turismo della città e dei suoi dintorni. Sono moltissimi gli ospiti che subiscono il fascino della natura intatta in questa zona alpina. Le chances offerte in questa regione sono numerosissime. Si può scegliere tra gite in montagna e scalate sulle rocce d'alta quota. Per talune vette di alta montagne – per esempio Zettersfeld, Hochstein, Dolomitenhütte – l'accesso è reso più facile e spedito dalla presenza di strade che conducono alle basi di partenza. Oppure sono a disposizione funivie che dal fondovalle portano in quota ai punti di partenza ideali per passeggiate e gite. Ci sono due seggiovie che portano allo Hochstein sino a circa 1500 m di quota, mentre un impianto modernissimo conduce l'escursionista fino allo Zettersfeld, a 1820 m di altitudine.

Non si può andare in montagna senza tenere presente i pericoli che si possono correre. Ad ogni alpinista dovrebbe però essere consentita la conquista di una montagna. Perché ciò possa avvenire in tutta sicurezza, il club alpino ha istituito a Lienz un punto di consulenza che ha incontrato subito i favori del pubblico. Inoltre i turisti possono richiedere i servizi della "scuola alpina" (Alpin- und Wanderschule) di Lienz che mette a disposizione guide provette che sono in grado di guidare i turisti anche nelle scalate difficili in tutta la zona di Lienz. La più recente proposta consiste in un programma quinquennale "natura-sport" che contempla alpinismo, discesa fluviale e volo con il parapendio.

Le montagne che circondano Lienz rendono la città un polo di attrattiva turistica anche d'inverno. Questa estesa area sciistica è da considerarsi il territorio più adatto alla pratica degli sports invernali sul versante meridionale delle alpi austriache. Vi si trovano piste di ogni grado e difficoltà a Zettersfeld, Hochstein e Leisach e numerosi impianti di risalita. Si sta sempre più affermando la pratica dello sci-alpinismo che consente al turista di inoltrarsi in zone incontaminate e di provare le straordinarie sensazioni del contatto con la natura. In questa zona è tenuto in grande considerazione anche lo sci di fondo. Nei dintorni di Lienz vi sono circa 60 chilometri di piste ben prepa-

rate. Ogni anno, fondisti di fama nazionale ed internazionale partecipano al "Dolomitenlauf", una gara di massa che si è imposta come la più importante e significativa competizione invernale austriaca di questo genere.

Il clima nella conca di Lienz è apprezzato da tutti. Esso è caratterizzato da una relativa stabilità. Benché in senso macroclimatico la zona di Lienz faccia parte della fascia alpina interna, si possono avvertire tuttavia gli influssi del clima mediterraneo. Ne sia prova il fatto che Lienz si colloca al primo posto in tutta l'Austria per il numero di giorni di sole all'anno. Ovviamente, sono favoriti dal clima i pendii e le località rivolte verso sud. Vi crescono meli, peri, ciliegi, albicocchi, prugni e noci. Fino al Seicento si praticava addirittura la viticoltura. La flora della conca di Lienz è considerata particolarmente ricca ed importante.

Zu den Attraktionen für abenteuerlustige Feriengäste zählen das nach entsprechender Schulung gefahrlose „Gleitschirmfliegen" (oben) und eine Fahrt im Mannschaftsschlauchboot über wilde Wasser („Rafting"), hier auf der Isel

Among the attractions for adventurous holidaymakers are paragliding (above) under instruction and rafting, here on the Isel

Tra le attrazioni per i turisti amanti dell'avventura si annoverano il volo con il parapendio, del tutto esente da pericoli dopo un adeguato addestramento (sopra) e le discese con il canotto per squadre sulle acque impetuose, qui sulla Isel

Pour les hôtes recherchant l'aventure, une descente en parapente (en haut), sans danger après un solide entraînement ou une descente sur les torrents (ici sur l'Isel) sont des attractions appropriées

Au milieu d'une nature splendide

Lienz, la ville tyrolienne la plus à l'est, non loin de la frontière avec la Carinthie et placée dans une situation géographique propice, peut être atteinte de trois côtés différents. De l'ouest, le Pustertal débouche dans le bassin de Lienz. Le Pustertal, vallée d'environ 100 kilomètres de longueur, comprenant les vallées de la Rienz et de la Drave, se sépare à Franzensfeste dans la région de Brixen (Tyrol du Sud) de la vallée de l'Eisack. En arrivant à Lienz, cette vallée se resserre pour former une gorge et débouche ensuite, après la cluse de Lienz (Lienzer Klause), dans la large plaine de Lienz. La continuation du Pustertal représente le Drautal (vallée de la Drave) qui permet aussi d'atteindre Lienz par l'est. Cette ligne est-ouest et vice-versa comme communication entre le cœur de l'Autriche et le centre du Tyrol a toujours eu une grande importance économique. Un autre moyen de communication avec le Mölltal carinthien passe par l'Iselsbergsattel (col de l'Iselsberg) haut de 1204 mètres.

La route venant du Iseltal et qui traverse l'arête la plus haute des Alpes grâce à un tunnel de 5,2 kilomètres est la liaison par le nord-ouest. Déjà depuis des siècles, on passait le massif des Tauern par des sentiers muletiers. Depuis 1967, la route du Felbertauern fait la liaison routière, même en hiver grâce à des galeries couvertes. La route du Felbertauern représente non seulement la liaison la plus courte entre les Tyrols de l'Est et du Nord, mais est aussi un moyen de communication confortable entre l'Allemagne et l'Adriatique.

Peu importe d'où l'on vient, le superbe décor de montagnes qui entoure la ville de Lienz, a toujours passionné les gens attirés par les beautés de la nature. Des artistes, des poètes, des écrivains ont glorifié grâce à leurs œuvres la région de Lienz. L'écrivain populaire styrien Peter Rosegger, qui a souvent passé ses vacances dans la région de Lienz, disait en 1904: «Je connais le nom des montagnes, des villages et des hommes, mais à chaque séjour je découvre toujours de nouvelles beautés dans le paysage.» Il parlait surtout du massif de montagnes au sud de la ville: le Lienzer Dolomiten. Ce monde varié de montagnes avec leurs murs et leurs éperons qui se dressent, leurs crevasses et leurs formes bizarres change suivant l'éclairage et est par là intéressant et imposant. A cause de leur similitude avec les Dolomites du Tyrol du Sud, les touristes anglais J. Gilbert et G. C. Churchill ont parlé les premiers des «Dolomites de Lienz» dans leur récit de voyage publié en 1864; et le nom leur resta.

Du point de vue géologique, les Dolomites de Lienz, faisant partie des Alpes du Gailtal, un massif calcaire isolé, sont surtout du calcaire du trias et du Jura. Les rochers et les sommets sont formés essentiellent de dolomite. Parmi les sommets les plus hauts de ce massif, se trouve le Spitzkofel (2718 mètres), symbole de Lienz. Devant cette imposante formation montagneuse se trouve le Rauchkofel (1911 mètres) sous la pente raide duquel s'étend une terrasse en forme de baignoire avec le Tristacher See (lac de Tristach).

Dans la vallée de la Drave et par là à travers le bassin de Lienz court la limite assez exacte entre les Alpes calcaires du Sud et les Alpes Centrales. Ainsi les montagnes à l'ouest, au nord et à l'est de Lienz avec leurs formes plutôt douces appartiennent à la zone du vieux gneiss avec des schistes cristallins comme roche la plus souvent rencontrée. Le Hochstein (2033 mètres) avec le Böses Weibele (2521 mètres) à l'ouest est le contrefort montagneux du massif du Deferegger. Au nord de la vallée se trouve le Schleinitz (2905 mètres), point culminant parmi les montagnes autour de Lienz. Le Schleinitz dominant le Zettersfeld qui se prolonge loin, appartient au groupe du Schober. Le Stronacher Kogel (1823 mètres) et le Erdplan (2061 mètres) avec le Ziethenkamm (2484 mètres) à l'ouest font partie du Kreuzeckgruppe.

A la période glaciaire, les vallées ont été élargies et creusées par les glaciers de l'Isel, de la Drave et de la Möll pour devenir les bassins larges que l'on connaît aujourd'hui. Le fond de la vallée est formé de matériaux alluviaux relativement récents apportés par la Drave et l'Isel. La Drave arrive de l'ouest dans la plaine de Lienz, l'Isel du nord-ouest et se rejoignent dans le bassin. L'Isel, bien que plus important que la Drave, abandonne son nom en faveur de cette dernière qui vient de la vallée principale. Par la Kärntner Tor, la Drave laisse la région de Lienz et en même temps le sol tyrolien. Les cônes de déjection, surtout

Als die Gebirgsnatur noch nicht Attraktion, sondern Gefahr bedeutete: eine Lawine als Symbol der Bedrohung des Menschen auf dem Gemälde „Vorfrühling" von Albin Egger-Lienz (1906)

The days when mountains still constituted more of a danger than an attraction: an avalanche, symbolizing the threat to man in Albin Egger-Lienz' painting "Early Spring" (1906)

Quando la montagna non era attrazione ma pericolo: una valanga come simbolo di minaccia per l'uomo sul quadro "Vorfrühling" (alle soglie della primavera) di Albin Egger-Lienz (1906)

Quand la montagne n'était pas encore une attraction mais un danger: une avalanche comme symbole de la menace pour l'homme sur le tableau «Vorfrühling» de Albin Egger-Lienz (1906)

du côté nord, tels que le Schwemmkegel de Thurn-Oberlienz sont caractéristiques du bassin de Lienz. Leur existence est due à des glissements de terrain répétés.

Dans les temps anciens, les montagnes ont fasciné et angoissé les hommes. De plus, dominant les pâturages, elles étaient économiquement sans intérêt. Au 18e siècle et finalement au 19e siècle, l'homme a enfin surmonté sa peur de la montagne. Un intérêt scientifique, l'esprit de découverte et la joie de l'aventure ont amené la conquête de la montagne. La partie sud-est avec un morceau des Hohe Tauern fut découverte par les touristes dans la 1ère partie du 19e siècle. L'alpinisme est resté jusqu'à nos jours un des piliers du tourisme. Ce furent d'abord les massifs du Glockner, du Granatspitz et du Venediger qui furent au centre de l'intérêt. Pour la première fois en 1853, le sommet du Großglockner fut atteint depuis le côté tyrolien, celui du Großvenediger en 1865.

Les montagnes autour de Lienz restèrent tout d'abord dans l'ombre des Hohe Tauern, mais des alpinistes de renommée se rencontrèrent dans cette ville. Quelques années seulement après la fondation de l'Alpenverein (Club Alpin) en Autriche en 1862, la section de Lienz vit le jour en 1869. La section de Lienz de l'Österreichischen Touristen-Club fut créée en 1884. L'Alpenverein et le Touristen-Club, sans oublier l'association alpine «Alpenraute» fondée en 1906, très élitaire, se sont donné pour but l'inventaire et l'exploration du monde alpin autour de Lienz. On fit alors des chemins de montagne, on les entretint et on les améliora sans cesse, on construisit des refuges qui sont encore aujourd'hui à la disposition des alpinistes.

Les montagnes autour de Lienz ont encore de nos jours une place importante dans le tourisme local et régional. Les possibilités sont innombrables allant de la randonnée à l'escalade de haute montagne. Pour atteindre certains buts d'excursion en altitude, on peut emprunter des routes telles que celles du Zettersfeld, du Hochstein, de la Dolomitenhütte pour réduire le temps de montée ou encore les chemins de fer à crémaillère: les 2 télésièges doubles sur le Hochstein amènent les touristes à une altitude de 1500 m environ, tandis que l'on peut atteindre le Zettersfeld (1820 mètres) grâce à un téléphérique monocâble nouveau et confortable. La haute montagne n'est évidemment pas sans danger. C'est pourquoi le Club

Alpin autrichien à Lienz a fondé un service alpin que l'on peut consulter. On peut également faire appel aux compétences de l'école de haute montagne et de randonnée (Alpin- und Wanderschule Lienz) qui aide les touristes à faire des tours même difficiles dans Lienz et ses environs grâce à des guides bien entraînés. La nouvelle attraction est le programme «nature-activités» de 5 jours, «Bergwasserfliegen», une combinaison d'escalade, de descente de torrents et de parapente.

Il est tout à fait naturel que Lienz, grâce à son entourage montagneux, ait des avantages certains également en hiver. Cette région peut être considérée comme l'endroit le plus attirant pour les sports d'hiver dans les Alpes du Sud autrichiennes. Les champs de ski de Zettersfeld, Hochstein et Leisach offrent des pistes de toutes les difficultés avec toutes sortes d'installations pour épargner le temps et les forces des touristes. De plus en plus, l'intérêt se porte sur les tours en haute montagne qui permettent une rencontre sans barrière avec la nature. Le ski de fond permet également une rencontre intensive avec les beautés de la nature grâce à 60 km de pistes bien préparées. Tous les ans, le «Dolomitenlauf» (course des Dolomites) se déroule à Lienz: c'est non seulement une compétition pour les sportifs internationaux de haut rang, mais en même temps une course populaire, la plus traditionnelle et la plus importante d'Autriche.

Les conditions climatiques de la région de Lienz sont unanimement appréciées. Malgré son appartenance au climat alpin central, l'influence du climat méditerranéen se fait encore sentir: il n'en est que pour preuve l'ensoleillement annuel le plus long en Autriche mesuré à Lienz. Les pentes et agglomérations ensoleillées sont naturellement les plus favorisées par le climat. Pommes, poires, cerises, abricots, prunes et noix y poussent fort bien. Jusqu'au 16e siècle on trouve trace de vignobles d'une certaine renommée. En tout, la flore de la région de Lienz est très riche et par là remarquable.

Blick über den östlichen Teil des Lienzer Talkessels ▷

View of the eastern section of the Lienz basin

Sguardo sulla parte orientale della conca di Lienz

Vue sur la partie est du fond de la vallée

DIE GESCHICHTE DER STADT

The History of the Town • La storia della città • L'histoire de la ville

Die Stadt Lienz ist verhältnismäßig jung – gemessen an den frühesten Spuren menschlicher Besiedlung im Talbecken. Die Niederung darf man sich als Auland bzw. als Überschwemmungsgebiet von Isel und Drau vorstellen, während sich die Anhöhen für Siedlungszwecke eigneten. Zwei jungsteinzeitliche Beile aus der Zeit um 2000 v. Chr., gefunden am Schloßberg, gelten als bisher älteste Zeugnisse der Anwesenheit von Menschen im Lienzer Raum.

Die erste Siedlung von Bedeutung bestand – nach bisherigem Wissensstand – auf Breitegg, einer Kuppe in der Nähe von Nußdorf östlich von Lienz. Gelegen an einem der damaligen Fernverkehrswege, weist das aufgefundene keramische Material (seit ca. 1800 v. Chr.) Zusammenhänge mit den prähistorischen Kulturzentren im Südalpenraum auf.

Während die Forschung von der früheren Annahme der Illyrer als Urbevölkerung im tirolisch-alpinen Raum abgerückt ist, sind die Kelten, die um 400 in den Ostalpenraum eingewandert sind, schon gut faßbar. Es kam zu einem losen Zusammenschluß der keltischen Stämme. Die Bergschätze waren es vor allem, die auf den Nachbarn im Süden, das Römische Reich, große Anziehungskraft ausübten. Ein Bündnisvertrag beschnitt die Selbständigkeit des Keltenstaates und führte zu einer Abhängigkeit, die um die Mitte des ersten nachchristlichen Jahrhunderts in ein Provinzialverhältnis umgewandelt wurde. So war es auch möglich, daß die in voraugusteischer Zeit gegründete Siedlung am Debantbach unter Kaiser Claudius (41–54 n. Chr.) zum „Municipium Claudium Aguntum" erhoben wurde. Im Bereich des späteren Tirol hat neben Tridentum (Trient) einzig Aguntum den Status einer Stadt erreicht.

Die Ergebnisse der seit Jahren laufenden wissenschaftlichen Grabungen spiegeln das Erscheinungsbild einer blühenden römischen Provinzstadt wider, die bis in die 2. Hälfte des 3. Jahrhunderts n. Chr. unter stabilen politischen Verhältnissen in wirtschaftlicher und kultureller Blüte lebte. In Aguntum residierte auch ein von Aquileia abhängiger Bischof. Von Aquileia im nordöstlichen Italien aus war der Ostalpenraum im 4. Jahrhundert christianisiert worden. Frühchristliche Kirchenbauten wurden bei archäologischen Grabungen im Lienzer Raum in erstaunlicher Dichte gefunden: in Aguntum selbst, in Lavant, in St. Andrä in Lienz und in Oberlienz.

In der Völkerwanderungszeit wurde Aguntum mehrmals in Mitleidenschaft gezogen. Zur Auflassung der Siedlung dürfte die Schlacht zwischen Bajuwaren und Slawen, die nach dem Bericht des langobardischen Geschichtsschreibers Paulus Diaconus um 610 bei Aguntum stattgefunden hat, entscheidend beigetragen haben. Die Niederlage der Bajuwaren wirkte sich auf die Ausbildung der politischen Grenzen bzw. Territorien aus: Während das Pustertal dem Herzogtum Baiern zugehörte, wurde der Lienzer Raum mit der Iselregion zum Herzogtum Kärnten geschlagen. Die slawische Landnahme scheint friedlich vor sich gegangen zu sein. Bajuwarische Unterwanderung, Christianisierung der Slawen und schließlich Oberhoheit der Franken über Bajuwaren und Slawen trugen zur Stabilisierung der Verhältnisse im Lienzer Raum bei.

An der neuerlichen Welle der Christianisierung beteiligten sich neben Aquileia auch Salzburg und das von Baiernherzog Tassilo III. im Jahr 769 gegründete Benediktinerkloster Innichen im Hochpustertal. Als Kaiser Karl der Große im Jahr 811 den Draufluß als Grenze zwischen den Missionsgebieten von Aquileia und Salzburg festsetzte, verblieb dem Patriarchat aber nördlich dieses Flusses noch die Sied-

Reste der Thermenanlage und Funde aus der ehemaligen Römerstadt Aguntum

Remains of the thermae and objects found in Aguntum, once a Roman town

I resti delle terme e reperti della città romana di Aguntum

Ruines des thermes et objets provenant de l'ancienne ville romaine d'Aguntum

Fragment einer Wandmalerei aus dem Frigidarium der Therme von Aguntum (um 100 n. Chr.)

Fragment of a mural from the cold room in the thermae at Aguntum (c. AD 100)

Frammento di pittura murale del frigidarium delle terme di Aguntum (ca. 100 d. C.)

Morceau d'une peinture murale provenant du bain froid des thermes d'Aguntum (100 après J. C.)

lung um die Kirche St. Andrä auf der Anhöhe. Dies weist bereits auf die hervorragende Bedeutung des Ortes hin, für den später die Bezeichnungen „villa patriarchae" bzw. „Patriarchesdorf" (= Patriasdorf) und – erstmals in einer Urkunde, die zwischen 1022 und 1039 ausgestellt worden ist – „locus Luenzina" aufkamen. Spätere Schreibweisen für Lienz sind z. B. „Lionza" (1075), „Luonzi" (um 1180), „Lůenz" (1197). Im Jahr 1595 taucht erstmals „Lienz" auf. Patriarchesdorf – Lienz wurde zum Sitz der regionalen Verwaltung unter einem Grafengeschlecht, das zunächst den Lienzer Gau in der kärntnerischen Grafschaft Lurngau innehatte. Um 1100 erwarb das Geschlecht die Vogtei (Schutzherrschaft) über Aquileia, was mit Grafenrechten und entsprechenden Besitzungen verbunden war. Bedingt durch diesen Machtzuwachs im Süden, nannte sich das Geschlecht von nun an „von Görz". Von dieser neuen Machtposition aus gelang es den „Görzern", die Herrschaft über den gesamten Lurngau auszudehnen.

Das Rodungswerk im Talboden zwischen den Flüssen Isel und Drau hatte schon lange vorher eingesetzt, als gegen Ende des 12. Jahrhunderts die Görzer hier ein „Burgum" mit dem Grundriß in Form eines nach Osten hin sich verjüngenden, langgezogenen Dreiecks gründeten. Diese Anlage entspricht dem heutigen Hauptplatz. Der wichtigste Zugang befand sich auf der zugleich am meisten gefährdeten Westseite, die jedoch von einer gräflichen Burg geschützt wurde.

Das Burgum mit seinen rund 30 Häusern, auf das der Name „Lienz" von der Siedlung um St. Andrä übergegangen war, trug zunächst rein ritterständischen Charakter. Das bedeutendste Ministerialenge-

Rechte Seite: Die frühchristliche Kirchenanlage von Lavant mit der heutigen Pfarrkirche St. Ulrich

Right: The early Christian church site at Lavant with today's Parish Church of St. Ulrich

Pagina a destra: La pianta protocristiana della chiesa di Lavant e l'odierna chiesa parrocchiale di St. Ulrich

Page de droite: L'église paléochrétienne de Lavant avec l'église moderne de Saint-Ulrich

schlecht war jenes der Burggrafen von Lienz. Burggraf Heinrich († 1256) ist schon insoferne von Interesse, als er sich auch der Sangeskunst hingab. Seine Lieder sind in der berühmten „Manessischen Liederhandschrift" enthalten, die kurz nach 1300 entstanden ist. Die Ministerialen (Dienstleute) der Görzer wurden im Burgum langsam von Handelsleuten und Handwerkern abgelöst. Die Ansiedlung erhielt verschiedene Rechte und wuchs auf diese Art und Weise in den Status einer mittelalterlichen Stadt hinein, weshalb auch kein präzises Datum für die „Stadterhebung" angegeben werden kann. Damit kommt aber der ersten urkundlichen Nennung als „Stadt" („civitas") eine besondere Bedeutung zu. Sie ist in einer Eintragung eines Bozner Notars vom 25. Februar 1242 enthalten. Es spricht für die Bedeutung der Stadt, wenn das alte Burgum auf der Westseite in den Jahren 1311 bis ca. 1320 bereits erweitert werden mußte.

Vor dem westlichen Tor entstand ein Zentrum pulsierenden wirtschaftlichen Lebens. Von hier aus nahmen vier Straßen ihren Ausgang. Auf diesem Platz wurde auch die St.-Johannes-Kirche errichtet, die 1308 erstmals erwähnt wird, deren tatsächliches Alter aber nicht bekannt ist. Sie fungierte als Filialkirche von St. Andrä. Die Johanneskirche existiert heute nicht mehr; sie wurde nach einer Zerstörung durch Brand (1798) nicht wiedererrichtet. Unweit von St. Johann entstand das Kloster der Karmeliten mit angeschlossener Kirche. Gestiftet wurde es von Gräfin Eufemia von Görz und ihren Söhnen im Jahr 1349. Die Karmeliten haben in der Seelsorge gewirkt und im 18. Jahrhundert auch die Lienzer Schulen betreut. Unter Kaiser Joseph II. wurde der Konvent aufgelöst (1785), während in die Gebäude die Franziskaner aus Innsbruck einzogen. Außerhalb der Mauern befand sich weiters das Spital mit zugehöriger Hl.-Geist-Kirche, eine Sozialeinrichtung, die in das 13. Jahrhundert zurückzugehen scheint. Die Entwicklung ging von einer Versorgungsstätte alter Lienzer („Pfründner") zur Institution eines Krankenhauses, dessen Funktion die Gebäude bis 1930 erfüllten. Die Kirche erlitt durch Bombardierung im April 1945 große Schäden, konnte jedoch 1952/57 mit dem neuen Patrozinium „St. Josef" wiederhergestellt werden.

Vom Johannesplatz aus führt ein Straßenzug zur Pfarrbrücke, der ältesten Lienzer Brücke, mit dem

Reste einer frühchristlichen Kirche in St. Andrä in Lienz

Remains of an early Christian church site in St. Andrew's

Resti di una chiesa protocristiana a St. Andrä

Restes d'une église paléochrétienne à Saint-André

nahegelegenen Kloster der Dominikanerinnen. Ursprünglich eine Gemeinschaft frommer Frauen, wurde diese nach der Klostertradition im Jahr 1218 dem Dominikanerorden angeschlossen. Das Kloster hat zahlreiche Schicksalsschläge hinnehmen müssen; immer wieder haben die Gebäude mit der Kirche zu Mariä Heimsuchung durch Brand gelitten, der Konvent aber hat sich als lebensfähig erwiesen und ist bis heute eine Stätte religiöser Ausstrahlung geblieben. St. Andrä, die Kirche jenseits der Brücke auf der Anhöhe, besitzt die am weitesten zurückreichende

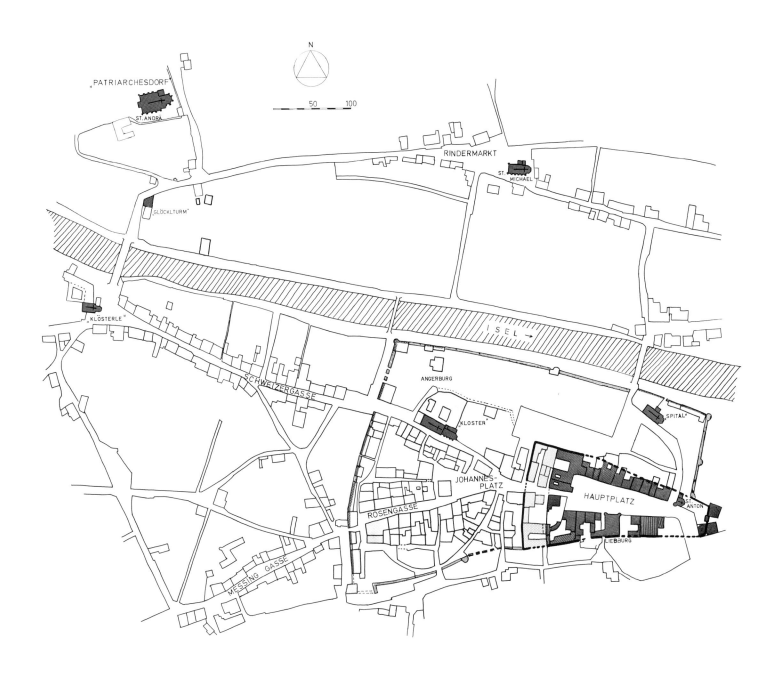

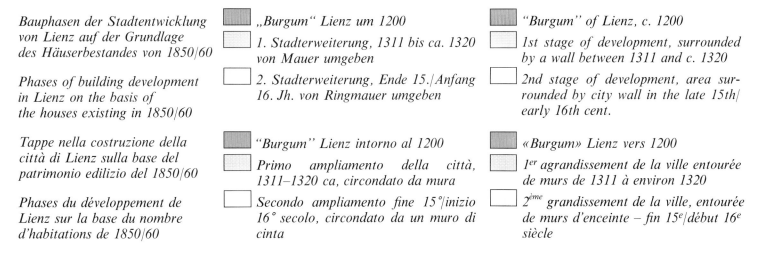

Bauphasen der Stadtentwicklung von Lienz auf der Grundlage des Häuserbestandes von 1850/60

Phases of building development in Lienz on the basis of the houses existing in 1850/60

Tappe nella costruzione della città di Lienz sulla base del patrimonio edilizio del 1850/60

Phases du développement de Lienz sur la base du nombre d'habitations de 1850/60

„Burgum" Lienz um 1200

1. Stadterweiterung, 1311 bis ca. 1320 von Mauer umgeben

2. Stadterweiterung, Ende 15./Anfang 16. Jh. von Ringmauer umgeben

"Burgum" Lienz intorno al 1200

Primo ampliamento della città, 1311–1320 ca, circondato da mura

Secondo ampliamento fine 15°/inizio 16° secolo, circondato da un muro di cinta

"Burgum" of Lienz, c. 1200

1st stage of development, surrounded by a wall between 1311 and c. 1320

2nd stage of development, area surrounded by city wall in the late 15th/early 16th cent.

«Burgum» Lienz vers 1200

1er agrandissement de la ville entourée de murs de 1311 à environ 1320

2ème grandissement de la ville, entourée de murs d'enceinte – fin 15e/début 16e siècle

41

Tradition unter den Lienzer Kirchen. Schon in früh-christliche Zeit zurückgehend, blieb sie als Pfarrkirche immer seelsorgliches Zentrum von Lienz, auch wenn sie sich weit außerhalb des engeren Stadtgebietes befand. Außerhalb der Mauern blieb auch der Rindermarkt (Beda-Weber-Gasse) mit St. Michael, deren Gründungsbau der 2. Hälfte des 13. Jahrhunderts angehört. Ohne eigentliche seelsorgliche Funktion, diente St. Michael seit Beginn des 16. Jahrhunderts der adeligen Familie von Graben als Begräbnisstätte. Sie versah die Kirche mit einem Benefizium, das heute noch existiert.

Der Johannesplatz mit Kirche, Karmelitenkloster und Spital wurden in einer neuerlichen Phase der Stadterweiterung Ende 15./Anfang 16. Jahrhundert in den Mauergürtel einbezogen. Es war die Zeit, in der die Türken erstmals das Abendland bedrohten. Weit abseits der Stadt, auf einer Rückfallkuppe am Eingang ins Iseltal, entstand im dritten Viertel des 13. Jahrhunderts das neue Residenzschloß der Görzer Grafen: Schloß Bruck. Am Höhepunkt der Macht gebot das Geschlecht über weite Teile des Pustertales, Oberkärntens und Friauls. Die Görzer Besitzungen reichten hinein nach Krain, auf die Windische Mark und nach Istrien. Ein Zweig des Geschlechtes erwarb die Grafschaft Tirol und das Herzogtum Kärnten. Die Görzer konnten in ihren Gebieten die volle Landeshoheit ausbauen und wurden als reichsunmittelbare Landesfürsten anerkannt.

Als Haupt- und Residenzstadt der Grafen von Görz erlebte Lienz ebenfalls die Höhen und Tiefen der Entwicklung der Dynastie. Leonhard von Görz, der Letzte seines Geschlechtes, starb im Jahr 1500 auf Schloß Bruck. König bzw. Kaiser Maximilian I. war gleichsam Universalerbe der Görzer. Die Landgerichte im Pustertal und die Herrschaft Lienz wurden mit der Grafschaft Tirol vereinigt. Lienz verlor seine zentrale Position als Residenzstadt.

In kriegerische Aktionen mit den Nachbarn verstrickt, war Maximilian stets um Rüstung und Verteidigung bemüht, die allerdings große Geldmittel verschlungen haben. Damit hängt zusammen, daß Maximilian bereits 1501 die Herrschaft Lienz an seinen Rat und Landhofmeister der Grafschaft Tirol, Michael Freiherrn von Wolkenstein-Rodenegg, verkaufte. Manche Rechte behielt er sich freilich vor, ebenso den Anspruch auf Rückkauf. Zu den markantesten Ereignissen in der Zeit der Verwaltung durch

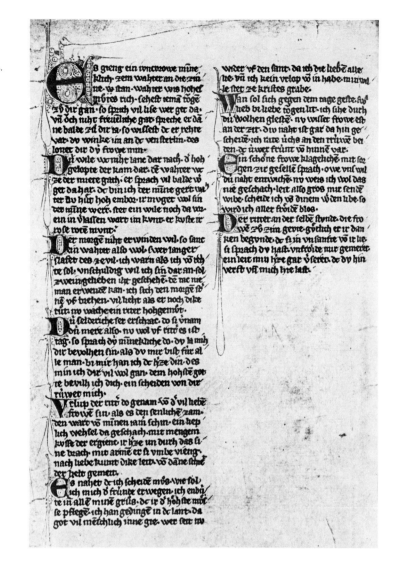

Oben und rechte Seite: Heinrich, Burggraf von Lienz, und seine Gedichte in der Manessischen Liederhandschrift, kurz nach 1300

Above and right: Heinrich, Burgrave of Lienz, and his songs in the Manessian Manuscript, soon after 1300

Sopra e pagina a destra: Heinrich, burgravio di Lienz e le sue poesie nel manoscritto "Manessische Liederhandschrift", poco dopo il 1300

En haut et page de droite: Heinrich, burgrave de Lienz, et ses poèmes dans le «Manessische Liederhandschrift», peu après 1300

die Freiherren – seit 1630 Grafen – von Wolkenstein-Rodenegg gehört der Stadtbrand des Jahres 1609, der innerhalb von drei Stunden den größten Teil der Stadt in Schutt und Asche legte. Dabei wurde auch deren soeben fertiggestellter Ansitz Liebburg am Hauptplatz zerstört. Beim Wiederaufbau erhielt die Liebburg ihre heute für das Stadtbild so charakteristischen Türme.

Die Wolkensteiner erholten sich nicht mehr vom finanziellen Schaden, der ihnen erwachsen war. Im Jahr 1647 sahen sie sich gezwungen, die Herrschaft Lienz an den Tiroler Landesfürsten zurückzugeben, der sie nach wenigen Jahren 1653 an das Königliche Damenstift in Hall in Tirol verkaufte. Die Verwaltung blieb im Prinzip gleich, allerdings ist ein Anwachsen des Beamtenstabes bemerkbar. Die Zugehörigkeit zu den Besitzungen des Haller Damenstiftes währte rund 120 Jahre, bis Kaiser Joseph II. im Jahr 1783 diese Institution aufhob, womit die Verwaltung von den Behörden des Landes bzw. Staates übernommen wurde.

Die Napoleonische Ära hat ganz Tirol und in besonderer Weise auch Lienz in Mitleidenschaft gezogen. Das Pustertal stellte den meistbegangenen Verbindungsweg zwischen Innerösterreich und Tirol dar. Aufmarsch und Abzug der kaiserlichen Truppen,

Reitersiegel des Grafen Albert II. von Görz-Tirol (1271–1304)

Seal of Count Albert II of Görz-Tirol (1271–1304)

Sigillo equestre del conte Albert II di Gorizia (1271–1304)

Sceau de type équestre du comte Albert II von Görz-Tirol (1271–1304)

aber auch der Feinde stellten – ganz abgesehen von kriegerischen Ereignissen hier an der Grenze Tirols – hohe Anforderungen an die Bevölkerung. Bereits im Jahr 1797 wurde Lienz zweimal von den Franzosen besetzt. Der kurze Krieg des Jahres 1805 zwischen Österreich, seinen Verbündeten und Frankreich zeitigte gerade für Tirol erschütternde Folgen: Österreich wurde gezwungen, Tirol an Bayern abzutreten. Reformen vor allem auf kirchenpolitischem Gebiet, die schlechte wirtschaftliche Lage, die von vornherein ungeliebte bayerische Herrschaft, Propaganda von seiten Österreichs und das Auftreten starker Persönlichkeiten ließen die Tiroler zu den Waffen greifen. Das Jahr des Freiheitskampfes 1809 stellt zugleich den Höhepunkt jener unruhigen Zeit dar. Von österreichischem Militär schließlich verlassen, waren die Tiroler bald auf sich allein gestellt. Anfang August bereits brachen französische Truppen unter General Rusca von Kärnten her in Tirol ein und versuchten, in das Zentrum des Landes zu gelangen. In erbitterten Kämpfen an der Lienzer Klause (8. August) wurde ihnen der Zutritt in das Pustertal verwehrt. Damit brauchte Andreas Hofer, Oberkommandant der Tiroler Landesverteidigung, keinen Angriff im Rücken zu fürchten und konnte die Aufgebote zur dritten Befreiungsschlacht am Bergisel bei Innsbruck zusammenziehen. Nach dem Sieg der Tiroler führte Hofer als „Statthalter" des Kaisers auch die zivile Verwaltung, bis die Kämpfe neuerlich begannen. Der Widerstand zog sich bis Anfang Dezember hin. Die letzten Kämpfe fanden in der Lienzer Gegend statt, an der Lienzer Klause und bei Ainet im Iseltal.

Nun teilte Napoleon Tirol auf die Königreiche Bayern, Italien und die Illyrischen Provinzen („Provinces Illyriennes") auf, die dem Kaisertum Frankreich unmittelbar unterstanden. Die neue französische Verwaltung funktionierte gerade, als sich Österreich zu einem neuerlichen Waffengang gegen Napoleon entschloß. Im August 1813 rückten von Kärnten her österreichische Truppen in „Illyrisch-Tirol" ein, womit Lienz als erste Stadt Tirols befreit wurde. Im folgenden Jahr kehrte für ganz Tirol die österreichische Herrschaft wieder.

Die erste Hälfte des 19. Jahrhunderts gehört für Lienz sicherlich zu den ruhigsten Epochen seiner Geschichte. Das Stadtbild veränderte sich in dieser Zeit insofern, als mehrere alte Baulichkeiten, wie die

mittelalterlichen Stadttore, verschwanden, womit man schon rein äußerlich den Aufbruch in eine neue Zeit dokumentieren wollte. Mit Einrichtung der politischen Bezirke wurde Lienz 1868 zur Bezirkshauptstadt, was eine verwaltungsmäßige Konzentrierung der Iselregion und des östlichen Pustertales auf Lienz hin bewirkte.

Gleichsam eine Wende in der Entwicklung der Stadt Lienz bedeutete die Eröffnung der Pustertalbahn (1871), die in ihrer Fortsetzung die erste Schienenverbindung Tirols mit der Reichshauptstadt Wien brachte. Im kommunalen Bereich erfuhr Lienz in den Jahrzehnten von ca. 1870 bis zum Ersten Weltkrieg Veränderungen, die zugleich die Grundlage einer modernen Stadt bildeten. Noch in den sechziger Jahren hatten sich politische Parteien im heutigen Sinn konstituiert. In der Zeit vor dem Weltkrieg stellte mehrfach das liberale Lager das Stadtoberhaupt. Kommunale Anliegen, die nun mehr oder weniger neu auftauchten, wurden bewältigt, vom Bau einer Wasserleitung bis zur Anlage eines städtischen Friedhofs, von Verbesserungen im Sanitätswesen und bis zum Bau einer „Schwimmschule".

Das jähe Ende einer positiven Entwicklung war mit dem Ausbruch des Ersten Weltkrieges gegeben. Der verlorene Krieg brachte die Zerschlagung der österreichisch-ungarischen Monarchie und damit auch den Verlust Südtirols. Der Bezirk Lienz wurde damit zu einem isolierten Landesteil des Bundeslandes Tirol. Auch nach Überwindung der ärgsten Mißstände der Nachkriegszeit konnte nicht an die günstige Entwicklung in den Vorkriegsjahren angeschlossen werden. Der Anschluß Österreichs an das Deutsche Reich im März 1938 zeitigte umwälzende Verände-

Ehemals Sitz der Lienzer Stadtherren: Schloß Bruck auf einer Ansicht von 1801/05

Once the seat of the town's rulers: Schloß Bruck in a view of 1801/05

Schloß Bruck, a suo tempo sede dei signori di Lienz, veduta del 1801/05

Ancienne résidence des seigneurs de Lienz: le château de Bruck sur une image de 1801/05

rungen in allen Lebensbereichen. Eine nicht zu leugnende Begeisterung weiter Bevölkerungsteile auch in der Stadt Lienz, die sich eine wirtschaftliche Besserung erwarteten, wich bald schon der Ernüchterung.

Zunächst wurde der Bezirk Lienz von Tirol abgetrennt und mit dem Gau Kärnten vereinigt. Lienz wurde nun zu einer Kreishauptstadt unter einem ernannten Bürgermeister. Mit Wirksamkeit vom 1. Jänner 1939 wurde die Eingemeindung der benachbarten Gemeinde Patriasdorf von oben her verfügt. Abgesehen von diesem Bevölkerungszuwachs kamen noch zahlreiche Südtiroler Umsiedler, die für das Deutsche Reich optiert und ihre Heimat verlassen hatten. Mit Kriegsausbruch im September 1939 wurden nicht nur viele Lienzer in das unmittelbare Kriegsgeschehen einbezogen, auch die Zivilbevölkerung bekam die Härten einer schweren Zeit zu spüren. Ab November 1943 wurden auch in Lienz Fliegeralarme häufiger. Feindliche Flugzeuge warfen bis zum Ende des Krieges rund 1000 Bomben über der Stadt Lienz ab. Die Zerstörungen, vor allem des Stadtkerns, waren enorm. Auch Menschenleben waren zu beklagen. Insgesamt kostete der Krieg sowohl im Einsatz auf den verschiedenen Schlachtfeldern des Zweiten Weltkrieges als auch durch Bomben 360 Lienzern das Leben. Der Einmarsch britischer Truppen am 8. Mai 1945 bedeutete das Ende der auch für Lienz so unglückseligen Ära.

Noch in Zusammenhang mit dem Kriegsgeschehen ist die Tragödie im Lienzer Stadtteil Peggetz zu sehen, deren Höhepunkt sich am 1. Juni 1945 abspielte. Das Volk der Kosaken hatte sich von der UdSSR losgesagt und auf seiten Deutschlands gegen die Rote Armee und die Tito-Partisanen gekämpft. In Oberkärnten und im Lienzer Becken wurden die Kosaken vom Kriegsende überrascht. Beim Versuch der Briten, die Kosaken an die Sowjetunion auszuliefern, kam es zu gräßlichen Massakern, bei denen rund 3000 Kosaken – darunter Frauen, Greise und Kinder – erschlagen, zertrampelt oder von den britischen Panzern niedergewalzt wurden. Ein Friedhof mit 18 Massengräbern wird immer an dieses Ereignis erinnern, das als „Tragödie an der Drau" in die Geschichte eingegangen ist.

Nach dem Zusammenbruch von Hitler-Deutschland erstand auch Österreich wieder. Es dauerte aber noch bis zum Oktober 1947, daß der Bezirk Lienz

Graf Leonhard von Görz auf einem Sechs-Kreuzer-Stück aus der Münzstätte Lienz (Originaldurchmesser 24 mm)

Count Leonhard of Görz depicted on a coin struck at Lienz mint (original diameter 24 mm.)

A sinistra: Conte Leonhard di Gorizia raffigurato su una moneta di sei "kreuzer" della zecca di Lienz (diametro originale: 24 mm)

A gauche: Le comte Leonhard von Görz sur une pièce de 6 kreutzer fabriquée à l'Hôtel de la Monnaie de Lienz (diamètre de l'original: 24 mm)

Die prachtvolle Grabplatte für Graf Leonhard von Görz (gestorben 1500), eine Arbeit des Bildhauers Christoph Geiger von 1506/07

The magnificent slab on the tomb of Count Leonhard of Görz (died 1500), sculpted in 1506/07 by Christoph Geiger

La magnifica pietra sepolcrale del conte Leonhard di Gorizia (morto nel 1500), un'opera dello scultore Christoph Geiger del 1506/07

La magnifique plaque du tombeau du comte Leonhard von Görz (mort en 1500), une œuvre de 1506/07 du sculpteur Christoph Geiger

▷

mit Tirol wiedervereinigt wurde. Allgemeiner Aufschwung und positive Entwicklungen führten zu einer allmählichen Normalisierung des Lebens. Lienz gehörte übrigens zu den ersten Städten in Österreich, die von den Besatzungstruppen geräumt wurden, nämlich bereits im Oktober 1953.

Der große Aufschwung der Stadt Lienz fiel in die Amtszeit des tüchtigen Bürgermeisters Michael Meirer (1950–62), dem in besonderer Weise Wohn- und Schulbauten am Herzen lagen. In diesen Jahren nahm Lienz auch als Schulstadt bedeutenden Aufschwung, schon rein äußerlich Zeichen einer junggebliebenen und damit zukunftsorientierten Stadt!

The History of the Town

Measured in terms of the earliest traces of human settlement in the valley, the town of Lienz is relatively young. The low land can be pictured as a swamp, the flood area of the Isel and the Drau, whereas the heights were suitable for settlement. Two neolithic hatchets, found on the Schlossberg and dating back to the period around 2000 BC, provide the earliest evidence hitherto of human existence in the Lienz area.

The first settlement of any significance, as far as is known, was situated at Breitegg, on a knoll near Nussdorf, to the east of today's town. Located on one of the long distance routes of that day, the ceramic objects found (dating back to c. 1800 BC) indicate connections with the prehistoric cultural centres in the Southern Alpine area.

In around 400 BC the Celts entered the area of the Eastern Alps and a loose merger of Celtic tribes came about. The mining deposits in particular held a magnetic attraction for the Roman Empire,

50

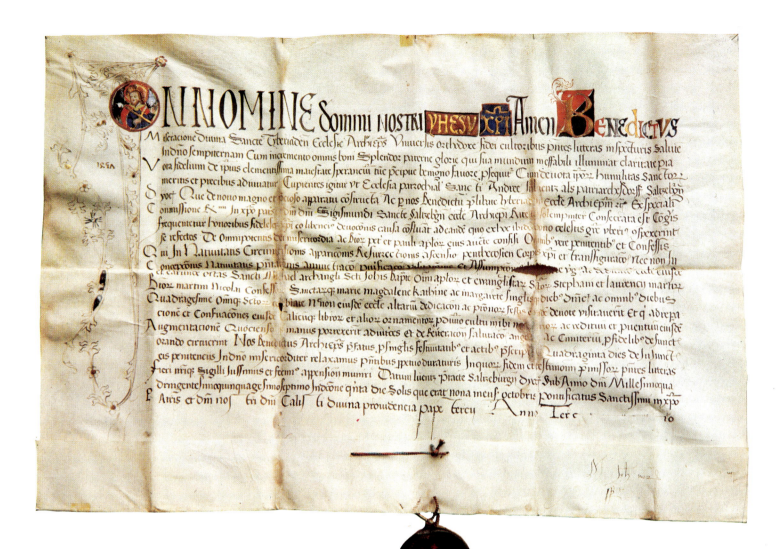

Linke Seite: Weit ins Mittelalter zurück geht die Geschichte der Lienzer Klöster der Dominikanerinnen (ganz links) und (oben) der Franziskaner (früher Karmeliten). Zahlreiche Tafelbilder im Kreuzgang erinnern an die Karmeliten mit ihrem braunweißen Ordenskleid

Left: The history of the Dominican Convent (far left) and (above) the Franciscan Monastery (once Carmelite) in Lienz dates back to the Middle Ages. Numerous paintings in the cloisters remind us of the Carmelites and their brown and white habits

Pagina a sinistra: Risale al medioevo la storia dei conventi delle suore domenicane di Lienz (sinistra) e (sopra) dei francescani (dapprima carmelitani). Numerosi dipinti su tavola ci ricordano i carmelitani con il loro saio marrone-bianco

Page de gauche: L'histoire des abbayes des Dominicaines (tout à gauche) et (en haut) des Franciscains (anciennement des Carmélites) remonte loin dans le moyen âge. De nombreux panneaux peints dans le cloître rappellent les Carmélites et l'habit brun et blanc de leur ordre

Oben: Weihebrief für die in gotischer Zeit erneuerte Stadtpfarrkirche St. Andrä vom 9. Oktober 1457

Above: Document of consecration, dated 9th October 1457, for the Parish Church of St. Andrew, renovated in the Gothic period

Sopra: Lettera consacratoria per la chiesa parrocchiale di St. Andrä del 9 ottobre 1457. La chiesa fu restaurata nel periodo gotico

En haut: Acte de consécration du 9 octobre 1457 de l'église Saint-André, rénovée à l'époque gothique

51

Stadtsiegel vom 17. bis zur Mitte des 18. Jahrhunderts. Die Rose ist zuerst noch als selbständiges Wappen zu erkennen.

Seals of the town from the 17th to mid-18th century. The rose can still be recognized as a distinct emblem

Sigillo cittadino dal 17° fino alla metà del 18° secolo. La rosa si vede come sigillo a parte

Sceau de la ville du 17e siècle au milieu du 18e siècle. La rose est encore un emblème indépendant

Stadtsiegel des späten 18. und frühen 19. Jahrhunderts. Die Rose ist nun bereits Bestandteil des Stadtwappens

Late 18th and early 19th century town seals. The rose is now a part of the coat of arms of the town

Il sigillo cittadino del tardo 18° e dell'inizio del 19° secolo. La rosa fa ormai parte del sigillo

Sceau de la ville du 18e siècle et du début du 19e siècle. La rose fait déjà partie intégrante des armes de la ville

Rechts: Das heutige Stadtsiegel (Stempel)

Right: The present-day seal of the town

A destra: L'odierno sigillo cittadino

A droite: Le sceau de la ville aujourd'hui

▷

52

neighbours to the south. A league was contracted, restricting the independence of the Celtic state and leading to a dependence on Rome; by the middle of the first century AD the area had finally become a Roman province, the settlement on the Debant receiving the name "Municipium Claudium Aguntum" under Emperor Claudius (AD 41–54).

Scientific excavations present a picture of a flourishing Roman provincial town which enjoyed stable political conditions and an economic and cultural heyday until the second half of the 3rd century. Aguntum was also the seat of a bishop who was subject to Aquileia. The area of the Eastern Alps was Christianized from Aquileia in north-east Italy in the 4th century. Early Christian churches in astonishing number were found in Aguntum, Lavant, St. Andrew's in Lienz, and in Oberlienz in the course of archaeological excavations.

The *Völkerwanderung,* that period of tribal migration, also affected Aguntum. The battle between Bavarians and Slavs which – according to the report by Paulus Diaconus, a Lombard historian, took place in around 610 – must have decisively contributed to the abandonment of the settlement. The defeat of the Bavarians had its effect on the formation of political boundaries and territories: whereas the Pustertal belonged to the Duchy of Bavaria, the Lienz area and the Isel region went to the Duchy of Carinthia. The

---

Bild auf den folgenden Seiten: Die älteste erhaltene Ansicht von Lienz aus den Jahren 1606/08. Aquarell eines unbekannten Malers als Beilage zum Geschichtswerk „Der Tiroler Adler" von Matthias Burgklechner

Overleaf: The oldest remaining view of Lienz dates back to 1606/08. Water-colour by an unknown artist in the appendix to the historical work "Der Tiroler Adler" by Matthias Burgklechner

Sulle pagine seguenti: La più antica veduta di Lienz conservata, degli anni 1606/08. Si tratta di un acquarello di pittore ignoto, allegato all'opera storica "Der Tiroler Adler" (L'aquila tirolese) di Matthias Burgklechner

Pages suivantes: La plus ancienne vue de Lienz conservée datant des années 1606/08. Aquarelle d'un peintre inconnu jointe à «Der Tiroler Adler» («L'aigle tyrolien»), une histoire du Tyrol de Matthias Burgklechner

Michael Freiherr von Wolkenstein-Rodenegg und seine Frau auf der Deckplatte des ehemaligen Hochgrabes, geschaffen von Christoph Geiger, um 1510

Michael, Baron of Wolkenstein-Rodenegg and his wife, depicted on the sarcophagus designed by Christoph Geiger, c. 1510

Michael barone von Wolkenstein-Rodenegg e la moglie sulla copertura del sepolcro, creato da Christoph Geiger (1510 ca.)

Michael, baron de Wolkenstein-Rodenegg, et sa femme représentés sur la plaque de l'ancien tombeau par Christoph Geiger vers 1510

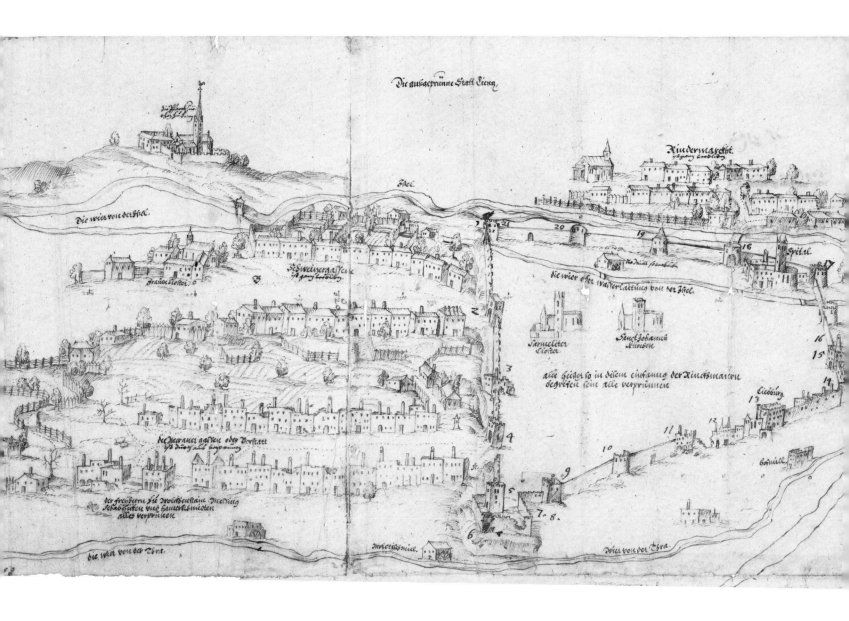

Die Stadt Lienz nach dem Brand vom 8. April 1609. Federzeichnung als Beilage zur Untersuchung der Katastrophe durch den tirolischen Kanzler Matthias Burgklechner. Innerhalb der Ringmauer sind keine Details dargestellt. Es ist nur vermerkt, daß hier „alle heißer verprunnen sein"

The town of Lienz after the fire of 8th April, 1609. A pen-and-ink drawing by Matthias Burgklechner, the Tyrolean Chancellor, supplementing the inquiry into the catastrophe. No details are shown within the town walls, but it is noted that all houses here were destroyed

La città di Lienz dopo l'incendio dell' 8 aprile 1609. Disegno allegato alla ricerca sulla catastrofe eseguita dal cancelliere tirolese Matthias Burgklechner. Entro le mura di cinta non sono segnati dettagli. Compare solo la notizia "tutte le case sono andate bruciate"

La ville de Lienz après l'incendie du 8 avril 1609. Dessin à la plume jointe au rapport sur la catastrophe fait par le chancelier Matthias Burgklechner. A l'intérieur des remparts, pas de détail représenté, seulement la mention que «ici toutes les maisons ont brûlé»

Slavic annexation must apparently have taken a peaceable course. The Bavarian infiltration, the Christianization of the Slavs and, finally, the supremacy of the Franks over Bavarians and Slavs led to a stabilization of conditions in the Lienz area. Aquileia, Salzburg and the Benedictine monastery of Innichen in the Pustertal – this was founded by the Bavarian Duke Tassilo III in 769 – all became involved in the new wave of Christianization. When Charlemagne established the river Drau as the boundary between the missionary areas of Aquileia and Salzburg in 811, all that remained north of the river for the patriarchate was the settlement around the church of St. Andrew. This shows how significant the place was; it was later referred to as "villa patriarchae", "Patriarchesdorf" and, in a document drawn up between 1022 and 1039, "locus Luenzina". The spelling of Lienz altered during subsequent centuries, its present form first being recorded in 1595.

Lienz became the seat of the regional administration under a dynasty of counts who first held the Lienz "Gau" in the Carinthian county of Lurngau. In around 1100 these counts acquired the stewardship of Aquileia, this entailing various rights and landed property. The dynasty then took the title "von Görz" and from this new position of might they succeeded in extending their rule across the entire Lurngau.

At the end of the 12th century, long after woodland clearance started on the low ground between the Isel and the Drau, the Counts of Görz founded a "Burgum" here, its layout an elongated triangle which corresponded to the main square of today's town. The major approach was from the west, the most endangered side; it was protected by a castle. With its 30 odd houses, the "Burgum" – it took the name "Lienz" from the settlement around St. Andrew's – was first administered by Görz retainers, or ministers. One of these was Burgrave Heinrich of Lienz, a talented minstrel whose songs are contained in the famous Manessian Manuscript, completed soon after 1300. The Görz ministers were gradually replaced by tradespeople and artisans. The settlement acquired various rights and slowly assumed the status of a mediaeval town, which is why no precise date can be given for its receiving a municipal charter. The first documentary mention of

Der Lienzer Talboden aus der Vogelschau, kolorierte Feder-zeichnung von 1750

Bird's-eye view of the Lienz valley, coloured pen drawing of 1750

Il fondovalle di Lienz visto dall'alto. Disegno a penna colorato del 1750

La cuvette de Lienz vue à vol d'oiseau, dessin à la plume coloré de 1750

Der Hauptplatz (auch „Unterer Stadtplatz") mit der gerade neu errichteten Liebburg (noch in ihrer alten Form) in einem Aquarell von 1608

The "Untere Stadtplatz" with the newly built Liebburg in a water-colour of 1608

La piazza principale (detta anche "Unterer Stadtplatz") con il palazzo Liebburg appena eretto. Acquarello del 1608

La place principale (également connue sous le nom de «Unterer Stadtplatz») avec le Liebburg tout juste terminé (encore dans son ancienne forme) sur une aquarelle de 1608

Das Erscheinungsbild des Hauptplatzes wird heute von den Türmen der Liebburg und des Antoniuskirchleins bestimmt (Aufnahme vor der Renovierung der Liebburg von 1985/87)

The appearance of the town square is characterized by the towers of the Liebburg and the Chapel of St. Anthony (photograph taken before the Liebburg was renovated in 1985/87)

L'immagine della piazza principale oggi è caratterizzata dalle torri del palazzo Liebburg e della chiesetta di S. Antonio. Fotografia fatta prima del restauro del palazzo Liebburg 1985/87

La place principale avec les tours du Liebburg et la petite église Saint-Antoine (photo prise avant la rénovation du Liebburg en 1985/87)

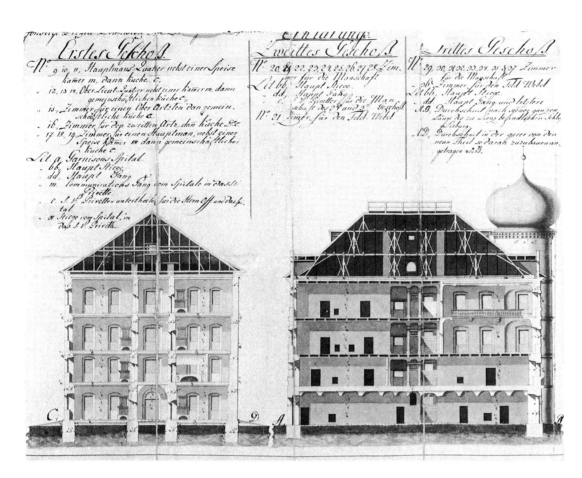

Erstes Geschoß.

Zweites Geschoß.

Drittes Geschoß.

*Planzeichnungen der Lieb-
burg, angefertigt aus Anlaß
einer Umgestaltung zu Ende
des 18. Jahrhunderts. Unten:
Die Liebburg im November
1987, nach der Renovierung*

*Plan of the Liebburg, drawn
during alterations at the end
of the 18th century. Below:
The Liebburg in November
1987 after renovation work*

*Progetti del palazzo Lieb-
burg, elaborati in occasione
di un restauro effettuato verso la fine del 18° secolo. Sotto: La Liebburg nel novembre 1987, dopo il restauro*

*Plans du Liebburg, réalisés à
l'occasion d'une transforma-
tion à la fin du 18ᵉ siècle. En
bas: Le Liebburg, en novembre 1987, après sa rénovation*

a town ("civitas") here is contained in an entry by a
notary public in Bozen, dated 25th February, 1242. It
is an indication of the town's significance that the old
"Burgum" had to be extended westwards between
1311 and around 1320.

A vibrant centre of economic life grew up outside
the west gate. Four roads started here and this was
the site of the Church of St. John. Not far away, a
Carmelite (now Franciscan) cloister was built in the
mid-14th century. The hospital, a social amenity
probably dating back to the 13th century, was also
situated outside the walls. A road led to the
Pfarrbrücke, the oldest bridge in Lienz, with the
nearby convent of Dominican nuns. North of the
Isel was the cattle market ("Rindermarkt") with
St. Michael's square as its centre. In a new phase of
urban extension in the late 15th and early 16th
century St. John's square with the church, Carmelite
monastery and hospital were all included within the
walls. This was the era in which the Turks first
menaced the Occident.

Far away from the town, on a knoll at the entrance
to the Iseltal, the new residence of the Counts of

*Die Kämpfe an der Lienzer Klause vom August 1809 hat der Maler Albin Egger-Lienz in seinem Ölgemälde „Das Kreuz"
(1898/1901) in dramatischer Weise geschildert*

*Albin Egger-Lienz immortalized the struggles of August 1809 at the Lienzer Klause in his oil-painting "Das Kreuz" ("The Cross"
1898/1901)*

*Il pittore Albin Egger-Lienz ha descritto con toni drammatici le battaglie nella chiusa di Lienz dell'agosto 1809 nel suo dipinto
ad olio "Das Kreuz" (La croce, 1898/1901)*

*Les combats à la cluse de Lienz d'août 1809 ont été peints d'une manière saisissante par Albin Egger-Lienz dans son tableau «Das
Kreuz» («La croix»), peinture à l'huile de 1898/1901*

Görz was built in the third quarter of the 13th century: Schloss Bruck. At the zenith of its might the dynasty ruled over vast areas of the Pustertal, Upper Carinthia and Friuli with property extending as far as Carniola and Istria. One branch of the dynasty acquired the county of Tyrol and the duchy of Carinthia. The Görz were able to consolidate full sovereign powers in their territories and they were recognized as rulers, immediately subject to the Empire.

As the capital and the residence of the Counts of Görz, Lienz experienced all the changing fortunes of history. Leonhard of Görz, the last of the dynasty, died at Schloss Bruck in 1500. Maximilian I, King and Emperor, was universal heir to the Görz. The territories in the Pustertal and the domain of Lienz were unified with the County of Tyrol. Lienz forfeited its central position as the residence.

Engaged in warlike action with his neighbours, Maximilian was constantly in need of arms and fortifications, but these necessitated vast sums of money. This was why Maximilian sold the domain of Lienz to Michael, Baron of Wolkenstein-Rodenegg,

Erinnerung an die Bayernzeit: Siegel und Typar des königlich-bayerischen Amtes Lienz, 1806/09

A reminder of the Bavarian era: the seal and type of the Royal Bavarian Office of Lienz, 1806/09

Un ricordo del tempo dell'occupazione bavarese: sigillo e tipario dell'ufficio regio-bavarese di Lienz, 1806/1809

Souvenir de l'époque bavaroise: sceau et cachet de l'administration royale bavaroise à Lienz (1806/09)

Alte Ansicht der Lienzer Klause (1799) und Erinnerungsfoto der Schützen an die Denkmalenthüllung von 1907

Old view of the Lienzer Klause (1799) and riflemen's commemorative photograph, taken at the memorial unveiling ceremony in 1907

Antica veduta della chiusa di Lienz (1799) e foto-ricordo degli Schützen in occasione dell'inaugurazione del monumento nel 1907

Vue ancienne de la cluse de Lienz (1799) et photo-souvenir des tireurs d'élite lors de l'inauguration du monument commémoratif de 1907

Andreas Hofers „Lienzer Aufruf" vom 28. Juli 1809

Andreas Hofer's "Lienz Appeal"

Il "Lienzer Aufruf" (adunata di Lienz) di Andreas Hofer

«L'appel de Lienz» de Andreas Hofer

Aufruf.

An die benachbarten Bewohner des ... Efer..., Möll, und
Halthulb!

Liebe brave Nachbarn! ... so willkommen, als ... wir sind
... von ... zu werden. Unser Herz ... stimmt ist also mit
... und wird selbst
... für Österreichs ... Schon steh ich mit ... Maße von
... an ... Grenzen, ... folgen mich. Mit ...
... wollen wir zum ... ... Ich stelle mich ...
Herrn ..., aber ... auf alle Ordnung, und gute ...
Jetzt ... vor allem auf Gott; haben wir den nicht schon ...
... über die ... nicht durch Menschen ...,
sondern durch ... Hilfe von oben. ... gibt neue Stärke,
und schafft den Schwachen zu neuen Helden um. Es gilt jetzt nicht bloß
... Gut, und ... frommen. Nein! ...
... ... unsere heilige Religion. ...
... Aber jetzt handelt es sich um ...
... derselben. Halb ..., ist nichts ...

... die Brüder, und Nachbarn! ..., ...
... wider den allgemeinen Feind Dunkels, und der ... Bedenkt
... daß jeder Augenblick ist kostbar, und ...
... und ... Aufschieben ... vor ...
... bleibt weg! Der einzige, und letzte ... von uns allen
sei – für Gott, und den Kaiser Franz – Siegen oder Sterben.

Linz den 24 July 809   ... ...

Municipalité de Lienz.

Oben: Amtsstempel und offizielles Emblem der „Illyrischen Provinzen" Frankreichs, zu denen Lienz gehörte

Above: Official stamp and emblem of the French "Illyrian Provinces" to which Lienz belonged

Sopra: Timbro ed emblema ufficiale delle "Province Illiriche" francesi, delle quali faceva parte anche Lienz

En haut: Cachet et emblème officiel des «provinces illyriennes» françaises auxquelles Lienz appartenait

Links: Amtsschild des Stadtmagistrats Lienz aus der Zeit der französischen Herrschaft, 1810/13

Left: Coat of arms of the Municipality of Lienz in the days of French rule, 1810/13

A sinistra: Insegna del magistrato cittadino di Lienz risalente al periodo della dominazione francese, 1810/1813

A gauche: Plaque de la mairie de Lienz au temps de la domination française en 1810/13

his councillor, in 1501. He did, however, reserve various rights, including that of re-purchase. One of the most momentous events during the Wolkenstein-Rodenegg administration – in 1630 they were elevated to the rank of counts – was the fire of 1609 which reduced the greater part of the town to ashes within three hours. During its course the Liebburg, their newly built residence in the main square, was destroyed. When it was re-erected, the Liebburg acquired the towers which are so characteristic of the town today. The Wolkensteins no longer recovered from the financial loss incurred due to the fire. In 1647 they were compelled to return the domain of Lienz to the Tyrolese ruler who, in turn, sold it to the Royal Ladies' Convent in Hall in 1653. Lienz remained in the Convent's hands for 120 years until Emperor Joseph I dissolved that institution in 1783. The administration then passed to the provincial and state authorities.

The Napoleonic era affected the whole of the Tyrol and Lienz was particularly involved. The Pustertal served as the most frequented route between Inner-Austria and the Tyrol. Quite apart from the warlike events here, on the borders of the Tyrol, the concentration of imperial and enemy troops in the area made high demands of the population. In 1797 Lienz was twice occupied by the French. The brief war of 1805 between Austria and her allies and the French had deeply disturbing consequences for the Tyrol: Austria was compelled to cede the Tyrol to Bavaria. Religious reforms, the wretched economic situation, the unpopular Bavarian rule, Austrian propaganda and the emergence of strong personalities prompted the Tyrolese to take up arms.

1809, the year of the struggles for liberation, was the culmination of those restless times. Forsaken by the Austrian military, the Tyrolese were left on their own. At the beginning of August French troops under General Rusca entered the Tyrol from Carinthia, attempting to reach the centre of the province. Stubborn fighting in the Lienzer Klause (8th August) prevented them from entering the Pustertal. Andreas Hofer, the commander of the Tyrolese forces, thus had not need to fear an attack from the rear, but was able to muster his men for the third battle of Bergisel. After the Tyrolese victory Hofer also took over the civil administration as the Emperor's representative, until the fighting broke out anew. Resistance continued until the end of December. The area of Lienz, the Lienzer Klause and the Iseltal were the final sites of fighting.

Napoleon then divided the Tyrol between the kingdoms of Bavaria and Italy and the Illyrian Provinces which were immediately subject to the French Empire. The new French administration was

Oben: Stadtansicht mit Spitalskirche und Spitalstor, der Spitzkofel im Hintergrund, Lithographie von Wolf De Ben, um 1840

Above: View of the town showing the Hospital Church and gateway with the Spitzkofel in the background, lithography by Wolf De Ben, c. 1840

Sopra: Veduta della città con la chiesa e il portone dell'ospedale; sullo sfondo lo Spitzkofel. Litografia di Wolf De Ben, ca. 1840

En haut: Vue de la ville avec l'église de l'hôpital et la porte de l'hôpital (Spitalkirche et Spitaltor), en arrière-plan le Spitzkofel – Lithographie de Wolf De Ben vers 1840

Rechte Seite: Teilansicht des Johannesplatzes mit der 1861 errichteten Mariensäule, Aufnahme von 1982

Right: Section of the Johannesplatz with the Column of the Virgin erected in 1861; a 1982 photograph

A destra: scorcio di piazza S. Giovanni ("Johannesplatz") con la colonna di Maria eretta nel 1861. Fotografia del 1982

A droite: Vue partielle de la place Saint-Jean ("Johannesplatz") avec la colonne mariale érigée en 1861 – Photo de 1982

just beginning to function when Austria again entered into armed conflict with Napoleon. In August 1813 Austrian troops entered the "Illyrian Tyrol" from Carinthia, Lienz being the first Tyrolean town to be liberated. Austrian rule was restored throughout the Tyrol in the following year.

The first half of the 19th century was one of the quietest periods in the history of Lienz. The appearance of the town changed, several old buildings and the mediaeval town gates disappearing. Outwardly, the dawning of a new age had been documented. With the introduction of political districts in 1868, Lienz became the district town, the administrative centre for the Isel region and the eastern Pustertal.

The opening of the Pustertal railway line (1871) signified a turning-point in the town's development and the beginning of a new era. The line provided the first rail link with Vienna, the capital of the monarchy. On the communal sector, the changes wrought in Lienz between c. 1870 and the First World War laid the foundations of a modern town. Political parties were established in the 1860s. In the

period up to the First World War the mayor frequently came from the liberal camp. Various communal amenities were introduced: a water system was installed, a cemetery was laid out, improvements were made on the public health sector and a "school of swimming" was built.

The great War put an end to such development; it brought Austria-Hungary's farewell and the loss of the South Tyrol. The District of Lienz became an isolated part of the Federal Province of the Tyrol. Even after the worst post-War misery had been overcome, it was no longer possible to recapture the auspicious pre-War years. The *Anschluss,* the annexation of Austria by Germany in 1938, brought great upheavals in all spheres of life. An undeniable enthusiasm shown by wide sections of the population in the town of Lienz, hopeful of economic improvements, soon gave way to disillusion. The Lienz district was separated from the Tyrol and unified with the administrative district of Carinthia. Lienz became a "Kreishauptstadt" under an appointed mayor. As from 1st January, 1939, the neighbouring village of Patriasdorf was incor-

Der westliche Teil des Hauptplatzes mit dem ehemaligen Gasthaus zur Post, Aquarell von ca. 1850

The west section of the main square with the old Gasthaus zur Post, water-colour c. 1850

Il lato occidentale della piazza principale con l'antica trattoria alla Posta. Acquarello del 1850 ca.

La partie ouest de la place principale avec l'ancienne auberge «Zur Post» – Aquarelle de 1850 environ

▷

Rechte Seite: Die Gemeinden Lienz und Patriasdorf in der Darstellung der „Urmappe", des ersten bildhaften Katasters, aus dem Jahr 1859. Gemauerte Häuser sind rosarot eingetragen, öffentliche Gebäude dunkelrot, Holzbauten, wie Stadel, Futterhäuser usw., gelb. Jede Gemeinde ist separat und auf mehreren Blättern festgehalten. Hier sind sie zusammenkopiert

Right: Lienz and Patriasdorf as shown in the first pictorial land register, dating back to 1859. Stone buildings are coloured pink, public buildings dark red, wooden structures (barns, sheds etc.) yellow

Pagina a destra: I comuni di Lienz e Patriasdorf nella prima mappa catastale illustrata del 1859. Le case di muratura sono indicate con il colore rosa, gli edifici pubblici in rosso scuro, le costruzioni in legno come i fienili e i depositi di mangime ecc. in giallo

Page de droite: Les communes de Lienz et de Patriasdorf selon la représentation de la «Urmappe», le premier cadastre illustré de 1859. Les maisons en pierre sont en rose, les bâtiments officiels en rouge foncé, les bâtiments en bois comme les hangars et les granges en jaune

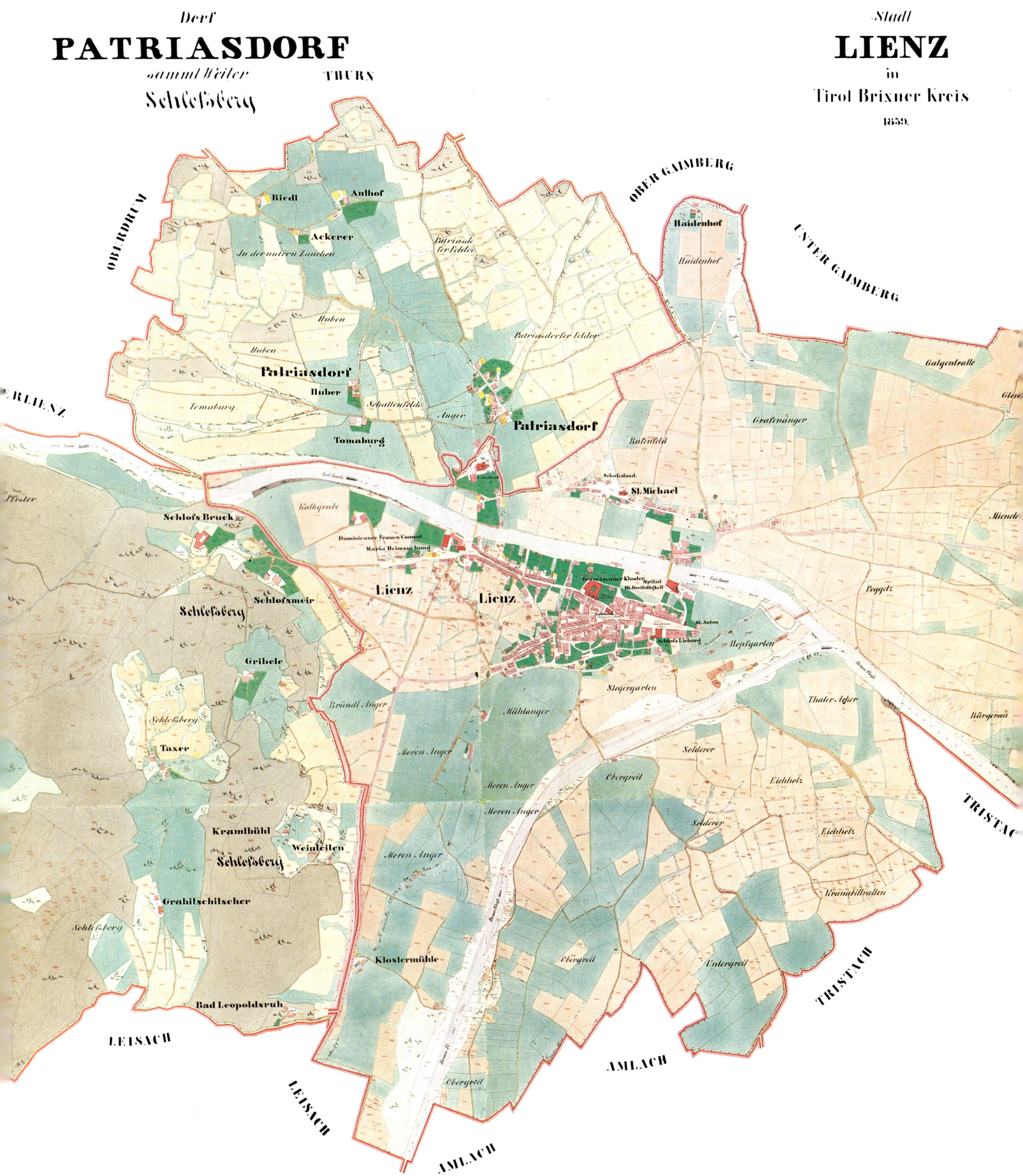

Derf
PATRIASDORF
sammt Weiler THURN
Schlefsberg

Stadt
LIENZ
in
Tirol Brixner Kreis
1859.

OBER GAIMBERG

UNTER GAIMBERG

OBERDRUM

Riedl
Anthof
Ackerer
In der untern Zauchen
Patriasderfer Felder

Haidenhof
Haidenhof

Galgenbrülle
Glen

Huben
Huben
Patriasdorf
Huber
Patriasderfer Felder
Grafenänger

ERLIENZ
Tomaburg
Schattenfelde
Anger
Patriasdorf
Rafenfeld

Mench

Tomaburg
St. Andreas
Schiefsland
St. Michael

Pfister
Kalkgrube

Schlofs Bruck
Dominicaner Frauen Convent
Maria Heimsuchung
Peggetz

Schlofsmeir
Lienz
Lienz
Franciscaner Kloster Spital
Hl. Dreifaltigkeit

Schlefsberg
Gribele
Rathhaus
St. Anton
Schlofs Liebург
Hopfgarten

Bründl Anger
Mühlanger
Stagergarten
Thaler Acker
Bürgerau

Schlefsberg
Taxer
Meren Anger
Meren Anger
Obergreil
Solderer
Eichholz
TRISTAG

Kramlbühl
Weinleiten
Meren Anger
Solderer
Eichholz

Schlefsberg
Meren Anger
Kranabitkralen

Grabilschilscher
Obergreil
Untergreil
TRISTACH

Schlefsberg
Klostermühle
Obergreil

Bad Leopoldsruh

LEISACH
LEISACH
Obergreil
AMLACH

AMLACH

porated in the town. This brought an increase in the population, as did the arrival of numerous South Tyroleans who were to be resettled, having opted for the German Reich and having left their home. With the outbreak of War in September 1939, many Lienz people became directly involved in the fighting and the civil population were not left unscathed either. After November 1943 the air raid warnings became more frequent in the town and by the end of the War enemy aircraft had dropped some 1,000 bombs on Lienz. The destruction was considerable and human life did not escape. In all, the Second World War cost the town 360 lives. The arrival of British troops on 8th May, 1945 signified the end of an unhappy era.

Culminating on 1st June, 1945, the tragedy in the Lienz suburb of Peggetz must also be seen in connection with the War. The Cossack people had dissociated themselves from the U.S.S.R. and had fought on Germany's side against the Red Army and Tito's partisans. The Cossacks were surprised in Upper Carinthia and the Lienz basin at the end of the War. The British attempt to hand over the Cossacks to the Soviet Union resulted in terrible massacres, in the course of which 3,000 Cossacks, among them old people, women and children, were killed, trampled to death and crushed by British tanks. A cemetery with 18 mass graves is a permanent reminder of this tragic event.

After the collapse of Hitler Germany, Austria again took shape. It took until October 1947 for the Lienz district to be reunited with the Tyrol, however. The general turn for the better meant that life gradually returned to normal. Incidentally, in October 1953 Lienz was one of the first Austrian towns to be relinquished by the occupying forces.

It was during the mayoralty of Michael Meirer (1950–62) that the town of Lienz really flourished again. Living accommodation and school buildings were a prime concern in those years and Lienz began to prosper as a school centre, the outward sign of a town that has remained young and has an eye to the future.

La storia della città

La città di Lienz è una città relativamente giovane, se si tiene conto delle prime tracce di insediamenti umani nella conca. Tornando indietro nel tempo ci si può immaginare la pianura di Lienz come una specie di prateria umida che fungeva da zona di inondazione dei fiumi Isel e Drava, mentre gli insediamenti umani si trovavano sulle alture circostanti. Ci sono due reperti – due scuri – datati intorno al duemila avanti Cristo e che appartengono quindi all'età neolitica. Essi sono la testimonianza più antica della presenza dell'uomo sullo Schloßberg di Lienz.

Il primo insediamento di un qualche rilievo si trovava, secondo i reperti finora raccolti, sul Breitegg, un'altura vicino a Nußdorf ad est di Lienz. Questa colonia si trovava su una delle grandi vie di comunicazione di allora. Lo possiamo sostenere in base a materiale ceramico risalente al 1800 a. C. circa, che lascia intendere legami con centri culturali preistorici nelle Alpi meridionali.

Nel 400 a. C. circa i Celti sono immigrati nelle regioni delle Alpi orientali, e proprio in quest'area vi fu una sorta di intreccio delle tribù celtiche. I tesori presenti nelle montagne costituirono la maggiore attrattiva per gli abitanti delle regioni più a sud e cioè dell'impero romano. Un'alleanza pose limiti all'indipendenza dello Stato celtico. Verso la metà del primo secolo d. C. la regione fu degradata a provincia dell'impero romano. In seguito a ciò la colonia presso il fiume Debant, fondata nel periodo preaugustiano, fu promossa, sotto l'imperatore Claudio (41–54 d. C.), "Municipium Claudium Aguntum". Da anni sono in corso scavi scientifici che hanno portato alla luce l'immagine di una fiorente città di provincia romana che fino alla seconda metà del terzo secolo d. C. vantò stabilità politica, benessere economico e vivacità culturale. Ad Aguntum ebbe la sue residenza anche un vescovo ausiliario di Aquileia. Sulla scia di Aquileia, città del nordest d'Italia, nel quarto secolo venne cristianizzata la regione delle Alpi orientali. Gli scavi archeologici hanno portato alla luce un numero considerevole di chiese del periodo neocristiano nella zona di Lienz, per esempio ad Aguntum, a Lavant, St. Andrä a Lienz ed Ober-

Beim Bau der Bahnstation Lienz im Jahr 1871

Construction of Lienz railway station in 1871

Costruzione della stazione ferroviaria di Lienz nell'anno 1871

Pendant la construction de la gare ferroviaire de Lienz en 1871

71

Werbeplakat der 1871 eröffneten Pustertal-bahn (entstanden gegen 1900)

Poster advertising the Pustertal railway line (c. 1900), opened in 1871

Manifesto pubblicitario relativo alla linea ferro-viaria della Pusteria (1900 ca.) inaugurata nel 1871

Affiche publicitaire (vers 1900) sur le che-min de fer du Pustertal ouvert en 1871

Lienz gegen Süden, fotografiert zur Zeit des Bahnbaus um 1870

Lienz, looking southward, photographed during railway construction work in around 1870

Veduta verso sud di Lienz in una fotografia del periodo della costruzione della ferrovia, 1870 ca.

Vue de Lienz vers le sud photographiée à l'époque de la construction du chemin de fer vers 1870

lienz. Aguntum ha risentito più volte in modo pesante della migrazione dei popoli. La colonia è stata abbandonata in seguito alla battaglia tra baiuvari e slavi, occorsa, secondo lo storiografo longobardo Paulus Diaconus, intorno al 610 nei pressi di Aguntum. I baiuvari furono sconfitti e ciò condizionò notevolmente la creazione dei confini politici e dei territori.

La Pusteria apparteneva al ducato bavarese, mentre la regione di Lienz, assieme alla regione dell'Isel, fu accorpata nel ducato di Carinzia. Sembra che l'occupazione slava avesse avuto carattere pacifico. Infiltrazione bavarese, cristianizzazione degli slavi ed infine la sovranità dei franchi su baiuvari e slavi, hanno contribuito alla stabilizzazione della situazione nella zona di Lienz. Hanno preso parte alla nuova ondata di cristianizzazione non solo Aquileia ma anche Salisburgo ed il convento dei frati benedettini di S. Candido nell'Alta Val Pusteria, fondato dall'arciduca Tassilo III nel 769. Carlomagno fissò, nell' 811, il fiume Drava come confine tra le regione missionarie di Aquileia e Salisburgo. Allora il Patriarcato di Aquileia dovette accontentarsi, a nord del fiume, della sola colonia intorno alla chiesa di St. Andrä. Il fatto sottolinea l'importanza particolare di questo luogo che in seguito fu denominato "villa patriarchae" oppure "patriarchesdorf" (Patriasdorf). Per la prima volta, in un documento redatto tra il 1022 ed il 1039, troviamo il nome di "locus Luenzina". Nei secoli successivi il nome "Lienz" ha conosciuto diversi modi di scrittura. Solo nel 1595 troviamo propriamente la forma "Lienz".

Patriarchesdorf-Lienz divenne sede di un'amministrazione regionale a guida nobiliare che dapprima controllava il distretto di Lienz nella contea Lurngau della Carinzia. Nel 1100 i conti assunsero il baliato (protettorato) su Aquileia che comportò loro specifici diritti e proprietà. In seguito all'aumentato potere nel sud, la stirpe nobiliare assunse l'appellativo "von Görz" ("di Gorizia"). Sulla base di questa posizione di forza i "Goriziani" riuscirono ad estendere il loro potere su tutto il Lurngau.

L'opera di bonifica della valle tra i fiumi Isel e Drava aveva avuto inizio molto tempo prima. E proprio qui, verso la fine del 12° secolo, i conti di Gorizia fondarono un "Burgum" (insediamento fortificato) colla pianta a forma di triangolo allungato. Al suo posto oggi sorge la piazza principale di Lienz. L'ac-

cesso più importante era situato sul lato ovest che però era anche quello più minacciato. Ma ebbe la protezione da parte di un castello dei conti.

Il "Burgum", al quale venne trasferito il nome "Lienz" prima attribuito ad una colonia formatasi intorno alla chiesa di St. Andrä, comprendeva circa trenta case, possedute originariamente da "ministeriali" goriziani. Uno di loro si chiamava burgravio Heinrich (morto nel 1256); era un personaggio affascinante che si dedicò anche all'arte del canto. Le sue canzoni sono contenute in un famoso manoscritto, la "Manessische Liederhandschrift", che ha visto la luce poco dopo il 1300. Poco a poco, i "ministeriali" dei conti di Gorizia a "Burgum" furono sostituiti da commercianti ed artigiani. L'insediamento acquistò diversi diritti e crebbe, fino a diventare, col passare dei decenni, una vera città medioevale. Poiché l'ampliamento avvenne gradualmente, non si può individuare una data precisa a cui far risalire il passaggio a città. E' quindi di particolare importanza la data in cui, per la prima volta, si fa il nome di Lienz come "città" (civitas) in un documento ufficiale. Ciò avvenne, con iscrizione di un notaio di Bolzano, il 25 febbraio del 1242. L'importanza della città è provata anche dal fatto che il vecchio "Burgum" dovette essere ampliato sul lato ovest, tra il 1311 ed il 1320. Davanti al portone ovest si sviluppò un florido centro di scambi ed attività economiche. Da qui si diramavano quattro strade. In questa piazza venne eretta la chiesa di San Giovanni, della quale non si conosce l'epoca di costruzione. A breve distanza è stato eretto, verso la metà del quattrocento, il convento dei carmelitani (che è oggi dei francescani). All'esterno delle mura si trovavano l'ospedale con la chiesa, struttura sociale che dovrebbe risalire al tredicesimo secolo. Una strada conduceva alla Pfarrbrükke, il ponte più vecchio di Lienz, accanto al quale sorgeva il convento delle suore domenicane.

A nord del fiume Isel si trovava il mercato del bestiame ("Rindermarkt") con al centro la piazza S. Michele. Nel corso di un'ulteriore espansione della città, tra il 15° ed il 16° secolo, la piazza San Giovanni ("Johannesplatz") e la chiesa, il convento delle carmelitane e l'ospedale, vennero inglobati entro la cinta murale. Era il periodo in cui i turchi minacciarono per la prima volta l'occidente. Molto lontano dalla città, su un'altura all'imbocco della valle dell'Isel, venne costruito, sul finire del 13° secolo, il castello di

Der Lienzer Hauptplatz mit der Liebburg in einer Aufnahme von 1870/75

The main square and the Liebburg in around 1870/75

La piazza principale con il palazzo Liebburg in una fotografia del 1870/75

La place principale avec le Liebburg en 1870/75

residenza dei conti di Gorizia, castel Bruck. All'apice del suo potere tale casato dominò vaste parti della Val Pusteria, della Carinzia superiore e del Friuli. Le proprietà dei goriziani si estesero fino a Crain e nell'Istria. Un ramo di questo casato acquistò la contea del Tirolo ed il ducato di Carinzia. I conti di Gorizia potenziavano nella loro regione la propria sovranità.

Come capitale e come dimora dei conti di Gorizia, la città di Lienz visse gli eventi felici e infelici del casato. Leonhard von Görz, l'ultimo erede della stirpe, morì nell'anno 1500 a castel Bruck. Su moglie, proveniente dalla dinastia dei Gonzaga di Mantova, non gli aveva dato figli. Il re ed imperatore Massimiliano I fu suo erede universale. I comprensori della Val Pusteria ed il territorio di Lienz vennero annessi alla contea di Tirolo. Lienz perse allora il suo ruolo di città-residenziale.

Massimiliano condusse diverse guerre contro i suoi vicini; egli impegnò molto denaro nel riarmo e nella difesa. Per questo, già nel 1501, fu costretto a cedere il territorio di Lienz al suo consigliere e Landhofmeister (maestro di corte) della contea di Tirolo, Michael Freiherr von Wolkenstein-Rodenegg. Tuttavia si riservò alcuni diritti compreso quello di riscatto. Tra gli avvenimenti più importanti durante il periodo di amministrazione dei baroni di Wolkenstein-Rodenegg (che dal 1630 in poi ascesero al rango di conti) va ricordato l'incendio del 1609 che in meno di tre ore distrusse quasi completamente la città. Il rogo rase al suolo anche la loro residenza Liebburg che era stata costruita di recente. A seguito della sua ricostruzione fu adornata con le torri che ancora oggi costituiscono una delle caratteristiche della città.

Il danno finanziario, determinato dell'incendio, fu superiore alle possibilità economiche dei Wolkenstein che, nel 1647, furono costretti a restituire ai regnanti del Tirolo il territorio di Lienz. Pochi anni dopo, nel 1653, costoro lo vendettero alle Dame di Hall nel Tirolo. L'apparato amministrativo mantenne più o meno gli stessi criteri, ma l'organico venne aumentato di parecchio. L'amministrazione delle Dame di Hall durò circa 120 anni, fino a quando l'imperatore Giuseppe II abolì tale istituto. L'amministrazione passò allora all'ente regionale e allo Stato. L'era napoleonica ha lasciato tracce in tutto il Tirolo ed in particolar modo nella regione di Lienz, dato che la Val Pusteria rappresentava la principale via di

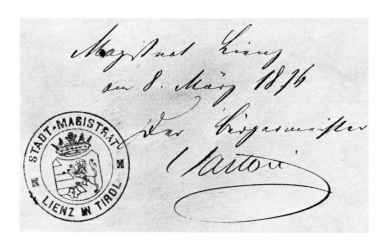

Zu den tatkräftigsten Lienzer Bürgermeistern in der Zeit vor dem Ersten Weltkrieg zählten Carl Sartori (Unterschrift oben) und Josef Anton Rohracher

Carl Sartori (signature, above) and Josef Anton Rohracher were two of Lienz' most dynamic mayors in the period before the First World War

Sono annoverati tra i più efficienti sindaci di Lienz nel periodo antecedente alla prima guerra mondiale Carl Sartori (firma sopra) e Josef Anton Rohracher

Carl Sartori (signature en haut) et Josef Anton Rohracher, deux des maires les plus actifs à l'époque précédant la 1ère Guerre Mondiale

Lienzer Bürger in der zweiten Hälfte des 19. Jahrhunderts   *Lienz citizens in the second half of the 19th century*

Cittadini di Lienz nella seconda metà del 19° secolo   *Des citoyens de Lienz dans la 2e moitié du 19e siècle*

Oben: Die alte Pfarrbrücke mit Gasthof Glöcklturm und St. Andrä in einer Fotografie von ca. 1880

Above: The old bridge with the "Glöcklturm" and St. Andrew's, photograph c. 1880

Sopra: Il vecchio ponte "Pfarrbrücke", coll'albergo "Glöcklturm" e St. Andrä in una fotografia del 1880 ca.

En haut: Le vieux Pfarrbrücke avec la «Glöcklturm» et Saint-André sur une photographie vers 1880

Rechte Seite: Lienz-Ansichten von ca. 1895 und ca. 1905, die sehr deutlich die fortschreitende Verbauung erkennen lassen

Right: Dating back to c. 1895 and c. 1905, these views of Lienz clearly show its growth

Pagina a destra: Vedute di Lienz del 1895 ca. e del 1905 ca. dalle quali si può desumere chiaramente la progressiva espansione edilizia

Page de droite: Vues de Lienz vers 1895 et 1905 qui laissent apparaître de façon évidente l'agrandissement de l'agglomération

comunicazione tra il cuore dell'Austria ed il Tirolo. Lo spiegamento e la partenza delle truppe austriache, ma anche di quelle del nemico, comportarono grandi problemi per la popolazione, oltre al peso rappresentato dalla attività belliche al confine del Tirolo. Nel 1797 Lienz è stata occupata due volte dai francesi.

La breve guerra del 1805 tra Austria, i suoi alleati da una parte e la Francia dall'altra parte, ebbe per il Tirolo conseguenze catastrofiche. L'Austria fu costretta a cedere il Tirolo alla Baviera. Seguirono riforme relative soprattutto alla sfera religiosa. La situazione economica era precaria, il padrone bavarese non era mai stato ben accetto, la propaganda austriaca, nonché l'entrata in scena di personalità di spicco, fecero il resto: i tirolesi presero le armi. Il 1809 fu l'anno delle lotte per la liberazione e costituì il culmine di un periodo di instabilità. Ma le forze armate austriache abbandonarono i tirolesi alla loro sorte ed essi furono costretti a provvedere a se stessi. Ai primi di agosto, le truppe francesi, comandate dal generale Rusca, invasero il Tirolo dalla Carinzia, tentando di raggiungere il centro del paese. Presso la chiusa di Lienz ("Lienzer Klause") ebbero luogo battaglie feroci (8 agosto), ma ai francesi venne impedito di raggiungere la Val Pusteria. Fu così che Andreas Hofer, comandante supremo delle forze di difesa del Tirolo, non dovette temere nessun attacco alle spalle e poté concentrare il suoi schieramenti nella terza battaglia di liberazione sul Bergisel, presso Innsbruck. Dopo la vittoria dei tirolesi, Hofer capeggiò, come luogotenente del Kaiser, anche l'amministrazione civile del Tirolo, finché le lotte non cominciarono di nuovo. La resistenza durò fino agli inizi di dicembre. Le ultime battaglie ebbero luogo nella regione di Lienz, presso la chiusa e presso Ainet, nella valle dell'Isel.

Vinta la battaglia contro i tirolesi, Napoleone spartì il Tirolo tra il regno di Baviera, l'Italia e le Province Illiriche ("Provinces Illyriennes"). Queste ultime dipendevano direttamente dall'impero francese. La nuova amministrazione francese aveva appena preso vita quando l'Austria decise di intraprendere una nuova campagna militare contro Napoleone. Nel l'agosto del 1813 le truppe austriache entrarono, dalla parte della Carinzia, nel "Tirolo illirico". Lienz fu la prima città tirolese ad essere liberata dalle truppe austriache. Nell'anno seguente il dominio austriaco si estese nuovamente su tutto il Tirolo.

La prima metà del 19° secolo rappresentò per Lienz senza dubbio uno dei periodi più tranquilli e felici della sua storia. La città cambiò volto. Scomparvero numerose vecchie costruzioni, tra cui i portoni medioevali: fu il riflesso verso l'esterno dell'avvio di una nuova era.

Quando vennero istituiti i distretti politici, Lienz divenne, nel 1868, città capo-distretto. In essa si concentrarono gli organi amministrativi della regione dell'Isel e della Val Pusteria orientale. La grande svolta, che diede inizio ad un periodo di crescita senza precedenti per la città, arrivò con la realizzazione, e la successiva entrata in funzione, della ferrovia della Val Pusteria, nel 1871. Quest'opera costituì il primo collegamento diretto tra il Tirolo e la capitale dell'impero austro-ungarico, Vienna. Il comune di Lienz subì, nei decenni compresi tra il 1870 e la prima guerra mondiale, dei cambiamenti che gettarono le basi per una città moderna. Negli anni sessanta videro la luce partiti politici nell'accezione attuale. Nel periodo precedente la prima guerra mondiale il primo cittadino provenne più volte dalle file liberali. Furono risolti diversi problemi. Ad esempio si procedette alla costruzione della conduttura d'acqua sino al cimitero cittadino. Si ebbero, inoltre, miglioramenti in campo sanitario e si approdò perfino alla costruzione di una "scuola di nuoto".

Lo scoppio del conflitto mondiale pose improvvisamente fine a tale sviluppo. La guerra andò persa, la monarchia austro-ungarica si frantumò, il Sudtirolo fu perduto. Il distretto di Lienz divenne allora una parte isolata del Land Federale del Tirolo. Benché si riuscì a superare le difficoltà più grosse del dopoguerra, non si poté mai più raggiungere quel trend positivo di sviluppo che aveva segnato il periodo prebellico.

Venne l'Anschluß dell'Austria al Reich tedesco, nel marzo del 1938, che segnò un profondo cambiamento in tutti i settori della vita. In un primo momento anche a Lienz vasti strati della popolazione mostrarono grande entusiasmo. Ci si attendeva un miglioramento economico, ma ben presto subentrò la delusione. Il distretto di Lienz venne separato dal Tirolo ed annesso alla Carinzia. Lienz divenne capoluogo di circondario con un sindaco imposto. Dal primo gennaio del 1939 il comune vicino di Patriasdorf venne incorporato di forza nel comune di Lienz. All'aumento della popolazione che seguì a questo incorpo-

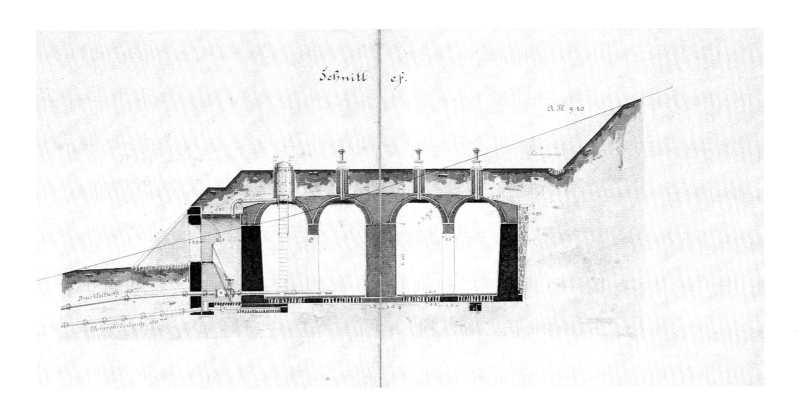

Seit dem Ende des 19. Jahrhunderts wurden im kommunalen Bereich laufend Verbesserungen durchgeführt: z. B. Bau einer Hochdruckwasserleitung, 1896/97 (oben), Einrichtung einer „Schwimmschule", 1890 (rechts)

As from the end of the 19th century the infrastructure was constantly improved, e. g. construction of a high pressure water system, 1896/97 (above), building of a "school of swimming" in 1890 (right)

A partire dalla fine del 19° secolo furono apportate, sul territorio comunale, diverse migliorie: ad esempio la costruzione di un acquedotto ad alta pressione, 1896/97 (sopra), la realizzazione di una scuola di nuoto 1890 (a destra)

Depuis la fin du 19e siècle, on fit sans cesse des améliorations dans le domaine communal: construction d'une conduite d'eau de haute pression en 1896/97 (en haut), d'une piscine en 1890 (à droite)

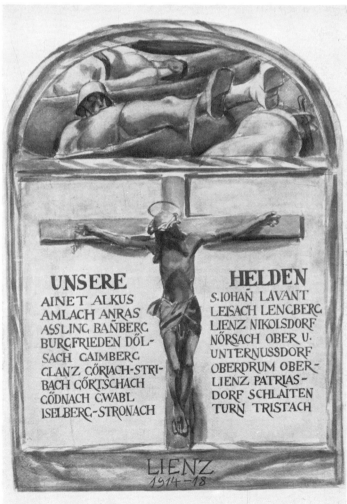

UNSERE HELDEN
AINET ALKUS
AMLACH ANRAS
ASSLINC BAÑBERC
BURCFRIEDEN DÖL-
SACH CAIMBERC
CLANZ CÖRIACH-STRI-
BACH CÖRTSCHACH
CÖDNACH CWABL
ISELBERC-STRONACH

S.IOHAÑ LAVANT
LEISACH LENCBERC
LIENZ NIKOLSDORF
NÖRSACH OBER U.
UNTERNUSSDORF
OBERDRUM OBER-
LIENZ PATRIAS-
DORF SCHLAITEN
TURN TRISTACH

LIENZ
1914 –18

Lienz und der Erste Weltkrieg: Vereidigung des in Lienz stationierten Militärs am 4. August 1914 (oben) und Titelblatt zum Bezirk Lienz der „Tiroler Heldenbücher" in der Gedenkstätte am Bergisel in Innsbruck, gestaltet von Albin Egger-Lienz

Lienz and the First World War: soldiers stationed in Lienz being sworn in on 4th August, 1914 (above) and an extract from the roll of honour for the Lienz district in the memorial site at Bergisel, Innsbruck, designed by Albin Egger-Lienz

Lienz e la prima guerra mondiale: giuramento dei militari di stanza a Lienz il 4 agosto 1914 (sopra) e frontespizio del circondario di Lienz nell'elenco degli eroi tirolesi ("Tiroler Heldenbücher"), conservato nel monumento commemorativo sul Bergisel a Innsbruck, realizzato da Albin Egger-Lienz

Lienz et la 1ere Guerre Mondiale: Prestation de serment des troupes stationnées à Lienz le 4 août 1914 (en haut) et page du titre des «Tiroler Heldenbücher» pour la région de Lienz dans la chapelle commémorative du Bergisel près d'Innsbruck, réalisée par Albin Egger-Lienz

ramento, si aggiunsero anche numerosi sudtirolesi che avevano optato per il Reich tedesco e quindi lasciato la loro patria in forza di un'accordo tra la Germania di Hitler e l'Italia di Mussolini.

Nel settembre del 1939, quando scoppiò la seconda guerra mondiale, furono coinvolti direttamente anche molti abitanti di Lienz che dovettero andare sotto le armi. La popolazione civile dovette patire tutte le durezze di quel difficile periodo. Con il novembre del 1943 si intensificarono a Lienz gli allarmi aerei. Fino alla fine della guerra i velivoli nemici scaricarono su Lienz un migliaio di bombe. La distruzione, soprattutto nel centro storico, fu pesantissima. Si persero molte vite umane. Complessivamente Lienz perse 360 vite umane, sia sui diversi fronti di guerra, sia a causa delle bombe esplose in città. L'otto maggio del 1945 arrivarono le truppe inglesi: ciò rappresentò per Lienz la fine dei tempi difficili. Sempre in relazione alle vicende di guerra è da menzionare la tragedia nel quartiere di Peggetz che raggiunse il suo culmine il primo di giugno del 1945: il popolo dei cosacchi si era staccato dall'Unione Sovietica, passando dalla parte della Germania e combattendo contro l'Armata Rossa ed i partigiani di Tito. La fine della guerra vide i cosacchi piazzati nella Carinzia superiore e nel bacino di Lienz. Quando gli inglesi tentarono di consegnarli ai sovietici, si verificarono massacri terribili: più di tremila cosacchi furono trucidati, calpestati a morte o schiacciati dai carri armati inglesi. Non vennero risparmiati neppure donne e bambini. Un cimitero con 18 fosse comuni

Als besondere Attraktion galt die Lienzer Flugwoche des Jahres 1927

The Lienz Air Show was a special attraction in 1927

Un'attrazione particolare fu la settimana di volo, nel 1927

Attraction spéciale: La semaine de l'aviation de 1927

▷

Eine bedeutende Verbesserung im Gesundheitswesen brachte der Neubau des Bezirkskrankenhauses, das 1931 eröffnet wurde

Opened in 1931, the new District Hospital constituted a great improvement on the health sector

Un significativo miglioramento nel settore della sanità è seguito alla costruzione dell'ospedale distrettuale, che venne aperto nel 1931

La construction de l'hôpital régional, ouvert en 1931, apporta une amélioration sensible dans le domaine de la santé

ricorda ancora oggi questa vicenda che è passata alla storia come "la tragedia sulla Drava".

Dopo la sconfitta della Germania di Hitler l'Austria è rinata a nuova vita. E' stato però necessario attendere l'ottobre del 1947 per vedere il distretto di Lienz ricongiunto al Tirolo. Fece seguito una ripresa generale e la vita tornò gradualmente alla normalità. Lienz fu una delle prime città austriache ad essere lasciata dalle truppe di occupazione. Ciò avvenne già nell'ottobre del 1953.

Il primo forte sviluppo di Lienz ebbe luogo durante l'amministrazione del sindaco Michael Meirer (1950–1962), uomo di grande efficienza. Egli ebbe particolarmente a cuore l'edilizia abitativa e scolastica. Proprio in questi anni Lienz acquistò crescente importanza come centro di istruzione, cosa, questa, che dava testimonianza di una città rimasta giovane e proiettata verso il futuro.

L'histoire de la ville

La ville de Lienz est relativement jeune si on la compare aux traces les plus anciennes de colonisation humaine dans les vallées. On peut se représenter le fond de la vallée comme région d'inondation de l'Isel et de la Drave tandis que les hauteurs étaient favorables à une colonisation éventuelle. Deux haches de pierre très récentes (environ 2000 ans avant J. C.) découvertes au Schlossberg sont jusqu'à présent les plus vieux témoins d'une présence humaine dans la région de Lienz. La première colonisation importante – selon les recherches scientifiques faites jusqu'à maintenant – se tint à Breitegg, un mamelon dans la région de Nussdorf à l'est de Lienz. Situées sur l'un des passages routiers de l'époque, les objets en céramique découverts (datés d'environ 1800 avant J. C.) montrent des relations avec les centres préhistoriques des Alpes du Sud.

Vers l'an 400, les Celtes arrivèrent dans les Alpes de l'Est et il se forma un groupement lâche de tribus celtes. Ce furent avant tout les richesses de la montagne qui attirèrent le voisin du sud, l'Empire romain. Un traité d'alliance réduisit l'indépendance de la nation celte et au milieu du 1er siècle après J. C., elle devint une province romaine. Il advint également que la colonie fondée à l'époque pré-augustine sur les bords du Debant sous l'empereur Claude (41–54 après J. C.) devint «Municipium Claudium Aguntum».

Les résultats de fouilles effectuées depuis des années donnent l'image d'une ville provinciale romaine florissante, qui vécut jusqu'à la 2e moitié du 3e siècle

Der Lienzer Hauptplatz am Beginn und am Ende der nationalsozialistischen Ära

The main square at the beginning and at the end of the National Socialist era

La piazza principale all'inizio e alla fine dell'era nazionalsocialista

La place principale au début et à la fin de l'époque nationale-socialiste

Durch die Bombardements der Alliierten wurden weite Teile der Stadt Lienz zerstört; rechts unten ein Schnappschuß aus den ersten Tagen nach Kriegsende: Brite mit deutschen Soldaten vor dem zerstörten Rathaus

Considerable parts of the town were destroyed by the Allied bombing; below right, a snapshot taken in the first days of peace: a British soldier with Germans in front of the devastated town hall

I bombardamenti alleati distrussero gran parte della città di Lienz; sotto a destra un flash dei primi giorni dopo la fine della guerra: un inglese con soldati tedeschi di fronte al municipio distrutto

Des parties importantes de la ville de Lienz furent dé truites par les bombardements des Alliés; en bas à droite, un instantané des premiers jours après la fin de la guerre: un Britannique avec des soldats allemands devant l'Hôtel de ville en ruines

après J. C. dans une prospérité économique et culturelle due à une situation politique stable. A Aguntum résidait un évêque indépendant d'Aquileia. Cette ville au nord-est de l'Italie fut le point de départ de la christianisation des Alpes de l'Est au 4e siècle. On découvrit un grand nombre de bâtiments religieux du début de l'ère chrétienne au cours de fouilles archéologiques dans la région de Lienz: à Aguntum même, à Lavant, à St. Andrä, à Lienz et Oberlienz. Les grandes invasions ne furent pas sans conséquences pour Aguntum. La bataille entre Bavarois et Slaves, qui, selon la relation faite par l'historien longobard Paulus Diaconus vers 610, eut lieu près d'Aguntum, dut être une des causes principales de l'abandon de la colonie. La défaite des Bavarois eut une influence sur la constitution des frontières politiques et des territoires: tandis que le Pustertal passa au duché de Bavière, la région autour de Lienz ainsi que celle autour de l'Isel passa au duché de Carinthie. L'infiltration bavaroise, la christianisation des Slaves et finalement la domination des Francs sur les Bavarois et les Slaves aidèrent à la stabilisation de la situation dans la région de Lienz.

Salzbourg et l'abbaye bénédictine d'Innichen (Hochpustertal), fondée en 769 par le duc bavarois Tassilo III, participèrent avec Aquileia à la nouvelle vague de christianisation. Quand Charlemagne, en 811, fixa la frontière entre les régions à christianiser d'Aquileia et de Salzbourg à la Drave, la colonie établie autour de l'église Saint-André au nord de la Drave resta au patriarcat. Cela démontre déjà l'importance très grande de cet endroit pour lequel, plus tard, les termes «villa patriarchae» ou «Patriarchesdorf» et – pour la première fois dans un document fait entre 1022 et 1039 – celui de «locus Luenzina» furent employés. Les formes écrites du nom moderne Lienz changèrent au cours des siècles. En 1595, la forme Lienz apparaît pour la première fois.

Patriarchesdorf-Lienz devint le siège de l'administration régionale sous une lignée de comtes qui d'abord tint la région de Lienz dans le comté carinthien de Lurngau. En 1100, la lignée acquit l'avouerie sur Aquileia, ce qui était lié à des droits et des terres. A cause de cet agrandissement de puissance au sud, la lignée se fit appeler «von Görz» à partir de cette époque. Cette nouvelle position de force permit aux «Görz» d'étendre leur domination à tout le Lurngau. Le défrichement de la vallée entre les rivières de l'Isel

Britische Besatzungssoldaten eines schottischen Hochlandregiments im Hof der alten Kaserne

Soldiers from a Highland regiment in the courtyard of the old barracks

Soldati inglesi di occupazione di un reggimento di "highlander" scozzesi nel cortile della vecchia caserma

Des soldats d'occupation britanniques d'un régiment écossais dans la cour de l'ancienne caserne

et de la Drave avait déjà commencé depuis longtemps, lorsque les Görz fondèrent vers la fin du 12e siècle un «burgum» (un bourg) en forme de triangle. La place principale actuelle (Hauptplatz) se trouve sur son emplacement. L'entrée la plus importante se trouvait sur le côté ouest, côté le plus exposé mais cependant protégé par un château. Le «burgum», qui prit le nom de Lienz, avec ses quelques 30 maisons, appartint d'abord aux châtelains de la famille Görz.

L'un de ces derniers fut le burgrave Heinrich (mort en 1256) qui n'est pas sans intérêt puisqu'il fut aussi poète. Ses compositions sont contenues dans le célèbre «Manessische Liederhandschrift» qui date du début du 14e siècle. Les châtelains des Görz furent peu à peu remplacés par des commerçants et des artisans. La colonie obtint divers droits et son statut devint de cette manière équivalent à celui d'une ville moyenâgeuse, ce qui empêche de dater précisément le moment où elle obtint son statut de ville. De fait la première citation dans des documents comme «ville» (civitas) prend un sens tout particulier; c'est dans un acte transcrit par un notaire de Bolzano le 25 février 1242. Ce qui montre également l'importance de la ville, ce fut l'agrandissement du «burgum» dans sa partie ouest dans les années 1311 à 1320 environ.

Devant la porte ouest se monta un centre économique important. De là partaient quatre routes. Sur cet emplacement on bâtit l'église Saint-Jean (Johanneskirche) dont on ne connaît pas l'âge exact. Non loin de là, on construisit le couvent des Carmélites, aujourd'hui des Franciscains (Franziskanerkloster). En dehors des murs, on installa en outre un hôpital avec une église dont la construction devrait remonter au 13e siècle. Une rue conduisait au Pfarrbrücke, le pont le plus ancien de Lienz, dans le voisinage du couvent des Dominicains. Au nord de l'Isel, se trouvait le marché aux bestiaux (Rindermarkt) avec la place autour de l'église Saint-Michel comme centre. La place Saint-Jean avec l'église, le couvent des Carmélites et l'hôpital furent, dans une nouvelle phase d'agrandissement de la ville (fin du 15e et début du 16e siècle), enclavés dans les remparts. Ce fut l'époque où la menace turque se présenta pour la première fois.

Bien en dehors de la ville, sur un mont à l'entrée de la vallée de l'Isel, on bâtit vers 1260 le nouveau château, résidence des comtes de Görz: le château de Bruck (Schloss Bruck). A l'apogée de leur puissance, la lignée des Görz fut maîtresse d'une grande partie du Pustertal, de la Carinthie du nord et du Frioul. Les possessions des Görz atteignirent la Carniole et l'Istrie. Une branche de la lignée obtint le comté de Carinthie. Les Görz purent développer leur souveraineté dans leurs régions et furent en retour reconnus comme les seigneurs de ces régions. En tant que capitale et lieu de résidence principale des comtes de Görz, Lienz ent le destin plus ou moins brillant de ses seigneurs.

Leonhard von Görz, le dernier de sa lignée, mourut au château de Bruck en 1500. L'empereur Maximilien Ier, fut en quelque sorte l'héritier universel des Görz. La seigneurie de Lienz fut réunie au comté du Tyrol. Lienz perdit alors sa position centrale comme ville de résidence. Impliqué dans des actions guerrières avec ses voisins, Maximilien porta ses efforts sur l'armement et la défense, ce qui amena de grandes dépenses. C'est pour cette raison que Maximilien vendit Lienz en 1501 à son conseiller et intendant du comté du Tyrol, Michael Freiherr von Wolkenstein-Rodenegg. L'empereur se garda évidemment certains droits ainsi que celui de préemption. Parmi les événements les plus marquants pendant l'administration des barons – comtes depuis 1609 – de Wolkenstein-Rodenegg, on trouve l'incendie de 1609, qui réduisit en trois heures la plus grande partie de la ville en cendres. La demeure du Liebburg tout juste terminée sur la place principale fut également détruite. Au cours de la reconstruction, le Liebburg fut orné des tours qui font aujourd'hui partie de la physionomie de la ville.

Financièrement les Wolkenstein ne se remirent plus des dommages causés par cet incendie. En 1647, ils se virent contraints de redonner Lienz aux Habsbourg qui, quelques années plus tard en 1653, la vendirent à l'abbaye royale (Königliches Damenstift) de Hall. L'administration resta en principe la même, on augmenta cependant le nombre des fonctionnaires. Il en resta ainsi pendant 120 ans, jusqu'à ce que l'empereur Joseph II dissolve cette institution et que l'administration passe aux mains des autorités de la province et du pays.

L'époque napoléonienne a laissé des traces dans tout le Tyrol et particulièrement à Lienz. Le Pustertal représentait le moyen de communication le plus emprunté entre l'Autriche centrale et le Tyrol. Déploiement et retrait des troupes impériales, mais aussi des troupes ennemies, laissèrent des traces dans la population – sans parler des batailles sur les frontières du Tyrol. En 1805, la courte guerre entre l'Autriche, ses alliés et la France amenèrent des conséquences catastrophiques pour le Tyrol: l'Autriche fut contrainte àbandonner le Tyrol à la Bavière. Des réformes, avant tout dans le domaine de la politique vis-à-vis de l'église, la mauvaise situation économique, la do-

Luftaufnahme von Lienz mit Blick ins Iseltal aus dem Jahr 1959

Aerial view of Lienz and the Iseltal, 1959

Foto aerea di Lienz con veduta della valle dell'Isel del 1959

Vue d'avion sur Lienz et la vallée de l'Isel de 1959

mination bavaroise détestée dès le début, la propagande faite par l'Autriche et l'apparition de fortes personnalités amenèrent les Tyroliens à prendre les armes.

Le soulèvement populaire de l'année 1809 fut le point culminant de cette époque troublée. Finalement abandonnés par l'armée autrichienne, les Tyroliens se retrouvèrent vite seuls. Au début d'août, les troupes françaises sous le commandement du général Rusca entrèrent dans le Tyrol par la Carinthie et essayèrent d'atteindre le centre du pays. L'entrée dans le Pustertal leur fut barrée dans des combats acharnés à la cluse de Lienz le 8 août. De cette manière, Andreas Hofer, commandant en chef de la défense du territoire, n'eut pas à redouter une attaque par l'arrière et put rassembler ses troupes pour la troisième bataille du Bergisel près d'Innsbruck. Après la victoire des Tyroliens, Hofer dirigea l'administration civile comme lieutenant général de l'empereur jusqu'à la reprise des combats. La résistance dura jusqu'au début de décembre. Les derniers combats eurent lieu autour de Lienz, dans la cluse de Lienz et près d'Ainet dans la vallée de l'Isel.

Napoléon partagea alors le Tyrol entre le royaume de Bavière, l'Italie et les Provinces Illyriennes, dépendantes de l'Empire français. La nouvelle administration française commençait à peine son travail que l'Autriche se décida à reprendre la guerre contre Napoléon. En août 1813, les troupes autrichiennes venues de Carinthie, entrèrent dans le «Tyrol illyrien» et c'est ainsi que Lienz fut la première ville tyrolienne à être libérée. L'année suivante, tout le Tyrol retourna sous la domination autrichienne.

La première partie du 19e siècle est certainement l'une des périodes les plus tranquilles de l'histoire de Lienz. La physionomie de la ville se transforma à cette époque-là; on fit disparaître de nombreuses constructions anciennes telles que les portes médiévales de la ville, voulant par là montrer, du moins extérieurement, le début d'une ère nouvelle. Avec la constitution des cantons politiques, Lienz devint chef-lieu de canton (Bezirkshauptstadt), ce qui concentra à Lienz toute l'administration de la région de l'Isel et du Pustertal de l'est.

En 1871, l'ouverture d'une ligne de chemin de fer dans le Pustertal amena un tournant dans le développement de Lienz et le début d'une conjoncture très favorable. Cela continua par la première liaison ferroviaire entre le Tyrol et la capitale Vienne. Dans le domaine communal, Lienz subit des transformations durant les décades entre 1870 et la première Guerre Mondiale, transformations qui furent les bases d'une ville moderne. Pendant ces mêmes années, les partis politiques s'étaient déjà constitués d'une manière semblable à celle que nous connaissons aujourd'hui. Avant la première Guerre Mondiale, le parti libéral donna plusieurs fois un maire à la ville. Divers projets communaux furent réalisés: construction d'une canalisation, d'un cimetière communal, amélioration sanitaire et même une piscine.

La fin soudaine d'un développement positif arriva avec le début de la première Guerre Mondiale. La défaite amena la dissolution de la monarchie austro-hongroise et par là aussi la perte du Tyrol du Sud.

Même après avoir surmonté les plus grands problèmes de l'après-guerre, Lienz ne put reprendre le développement positif de l'avant-guerre. L'anschluss de l'Autriche à l'Allemagne nazie en mars 1938 apporta des changements profonds dans tous les domaines. Dans la ville de Lienz, il y eut un enthousiasme certain dans la population qui attendait une amélioration économique. Cet espoir fut rapidement déçu. D'abord le canton de Lienz fut séparé du Tyrol et rattaché à la Carinthie. Lienz devint une ville de canton (Kreishauptstadt), avec à sa tête un maire nommé. A partir du 1er janvier 1939, la commune de Patriasdorf lui fut adjointe sur ordre du gouvernement central. A cette augmentation de population, s'ajoutèrent de nombreux Tyroliens du Sud qui avaient opté pour l'Allemagne et abandonnaient leur patrie.

En septembre 1939, non seulement beaucoup d'habitants de Lienz furent mobilisés mais la population civile aussi commença à sentir les effets de la guerre. A partir de 1943, il y eut de plus en plus d'alertes aériennes. L'aviation ennemie lança environ 1000 bombes sur Lienz jusqu'à la fin des hostilités. Les destructions furent énormes, surtout dans le centre de la ville. Il y eut aussi des pertes en vies humaines: en tout 360 habitants de Lienz laissèrent leur vie soit sous les bombardements soit sur les champs de bataille. Le 8 mai 1945, l'arrivée des troupes britanniques mit fin à cette période qui fut également tragique pour Lienz.

En relation avec la guerre, on notera la tragédie dans le quartier de Peggetz à Lienz (juin 1945). Beaucoup de Cosaques s'étaient détachés de l'Union Soviétique et avaient combattu aux côtés de l'Allemagne contre l'Armée Rouge et les partisans de Tito. En Carinthie du nord et dans le bassin de Lienz, les Cosaques furent surpris par la fin de la guerre. Les Britanniques, en essayant de livrer les Cosaques aux Soviétiques, provoquèrent d'affreux massacres dans lesquels 3000 Cosaques – parmi eux, femmes, vieillards et enfants – furent massacrés et écrasés par les blindés britanniques. Un cimetière avec 18 fosses communes restera le triste témoin de cette tragédie au bord de la Drave.

Après la défaite de l'Allemagne hitlérienne, l'Autriche renaquit. Il fallut cependant attendre octobre 1947 pour que la région de Lienz fut à nouveau réunie au Tyrol. Peu à peu, la vie redevint normale.

Links und unten: An der Stelle eines NS-Barackenlagers entstand 1959/60 der Neubau des Bundesrealgymnasiums

Left and below: The new grammar school was built in 1959/60 on the site of a former German encampment

A sinistra e sotto: Al posto di un baraccamento nazista sorse, nel 1959/60, il nuovo edificio del liceo scientifico statale

A gauche et en bas: A la place de baraques datant de l'époque nationale-socialiste, on construisit le lycée en 1959/60

Il est à noter que Lienz fut l'une des premières villes à être débarassée des troupes d'occupation (octobre 1953).

La grande expansion de Lienz se déroula sous Michael Meirer (1950–1962), un maire fort capable qui s'attacha aux problèmes de logement et d'éducation. Pendant ces années-là, Lienz connut un essor sur le plan de l'éducation, signe extérieur d'une ville restée jeune et par là tournée vers l'avenir.

Bundespräsident Theodor Körner (links) und Bürgermeister Michael Meirer bei der 700-Jahr-Feier der Stadt Lienz im Juli 1952

Theodor Körner, President of Austria (front left) and Michael Meirer, mayor of Lienz, at the town's 700th jubilee in July 1952

Il Presidente della Repubblica Austriaca Theodor Körner (davanti a sinistra) e il sindaco Michael Meirer durante i festeggiamenti per il settecentesimo anniversario della città di Lienz, nel luglio 1952

Le président de la république Autriche Theodor Körner (devant à gauche) et le maire Michael Meirer pour la commémoration du 7e centenaire de la ville de Lienz en juillet 1952

WIRTSCHAFT UND SOZIALE STRUKTUR

The Economy and the Social Structure in the Early Days • Economia e struttura sociale nel passato • Economie et structure sociale dans le passé

Das am Ende des 12. Jahrhunderts gegründete ritterständische Burgum Lienz bot sich seiner zentralen Lage halber als natürliches Zentrum der görzischen Besitzungen im Pustertal und in Oberkärnten an. Dieser Umstand wiederum förderte Handel und Gewerbe. In einer Urkunde von 1237 sind erstmals Lienzer „Bürger" („cives in Luonz") genannt. Der Stadtherr selbst, der Graf von Görz, förderte das bürgerliche Element, dessen Aktivitäten letztlich Einkünfte brachten. Hatten auch im Bereich des Burgums Handel- und Gewerbetreibende sich ansiedeln können, so entstand doch vor dem westlichen Tor, am Platz bei der Johanneskirche, das eigentliche „bürgerliche" Lienz mit Gewerbebetrieben, Läden, Tavernen und Herbergen. Die Anfänge des Zunftwesens lassen sich in Lienz weiter zurückverfolgen als in anderen Tiroler Städten. Die Zünfte hatten durch den Zusammenschluß von Gewerbetreibenden einer Berufssparte oder ähnlicher Gewerbe das Ziel einer wirtschaftlichen Sicherstellung.

Bedingt durch den schwunghaften Handel, machte sich das Bedürfnis nach Kredit und Wechselgeschäft breit, dessen sich zunächst in erster Linie Florentiner und Juden annahmen.

Der Stadtherr zog nicht nur aus Maut, Zöllen usw. Gewinn, sondern auch aus dem Bergrecht und der Münzprägung. In der näheren und weiteren Umgebung von Lienz betrieben die Görzer Bergbau. Graf Leonhard erließ 1486 eine schriftlich fixierte Bergordnung für seine Lande. – Die aus dem Bergbau gewonnenen Edelmetalle, vorwiegend Silber, wurden in erster Linie zur Münzprägung verwendet. Die wichtigste der Görzer Münzstätten befand sich in Lienz, wo die Prägung bereits um 1200 eingesetzt

hatte. Hier wurden vorwiegend Denare (= Pfennige) nach dem Vorbild von Aquileia geprägt. Unter der Regierung des letzten Görzers ist eine Hinwendung zum Tiroler Münzsystem gegeben, wo Erzherzog Sigmund der Münzreiche eine Münzreform durchgeführt hatte.

Die Görzer Grafen lenkten das aufblühende städtische Leben in geregelte Bahnen, wobei ihnen das Stadtrecht von Aquileia als Vorbild diente. Dieses begünstigte zwar Handel und Gewerbe, ließ aber der bürgerlichen Selbstverwaltung nur wenig Spielraum. Die Rechte und Freiheiten, die die Lienzer genossen, wurden bezeichnenderweise von den Görzern nie schriftlich bestätigt. Sie beruhten auf dem Gewohnheitsrecht und mündlichen Zusagen. Der Stadtrichter, vergleichbar mit dem späteren Bürgermeister, scheint zwar gewohnheitsrechtlich aus der Mitte der Bürger gewählt worden zu sein, stand aber in Abhängigkeit vom Stadt- und Landesherrn. In Lienz hatte aber nicht nur der Stadtrichter seinen Sitz, hier arbeiteten auch die zentralen Behörden der Grafschaft, und immer wieder wurde hier auch der Landtag einberufen, die Versammlung der Landstände. In der Stadt hatte weiters der Landrichter seinen Sitz, dessen Amtsbereich weit über die Stadt hinausragte und der auch die Gewalt innehatte, über Leben und Tod zu entscheiden.

Von Maximilian I., dem Erben der Görzer, wurden die gewohnheitsmäßigen Freiheiten der Lienzer noch im Jahr 1500 schriftlich verbrieft und von seinen Nachfolgern als Landesfürsten in Tirol immer wieder bestätigt. In der Zeit der wolkensteinischen Verwaltung wurde 1638 das Amt eines „Bürgermeisters" neu eingeführt. Ihn unterstützten Ratschreiber und Ratsdiener. Der Bürgermeister hatte zwar keine richterlichen Befugnisse inne, war aber mit Überwachungsdiensten ziemlich ausgelastet. Er mußte z. B. die Sonntagsruhe überwachen, die Qualität von Brot und Fleisch kontrollieren, für die Einhaltung der Feuerordnung sorgen, die Abrechnungen der Kirchen und des Bürgerspitals überprüfen, sich um die Erhaltung der Brücken, Wasserschutz- und anderer städtischer Bauten kümmern, für einen städtischen Getreidevorrat sorgen und auch Sitte und Moral der Bevölkerung im Auge behalten.

Die wirtschaftliche und soziale Struktur der Stadt Lienz in der Zeit der Verwaltung durch die Familie der Wolkensteiner und das Haller Damenstift ist von einer gewissen Stagnation gekennzeichnet. Der Verlust der Residenz wirkte sich entsprechend aus. Handel und Luxusgewerbe erfuhren Einbußen, der ehemals görzische Ministerialadel wanderte ab, neuer, verhältnismäßig wenig bedeutender Adel kam hinzu, wobei es sich vielfach um geadelte bürgerliche Familien handelte.

In der sozialen Struktur der Stadt zählten Geistlichkeit, Adel, die wenigen Akademiker und die höchsten Beamten zur Oberschicht. Es folgten Handel und Gastgewerbe, die Angehörigen der verschiedenen Handwerkssparten. Niedere Beamte und Bedienstete rangierten weit hinten, nur gefolgt von Lohnarbeitern bzw. Taglöhnern. Unter der Bevölkerung wurde unterschieden zwischen „Bürgern" und „Inwohnern" und den wenigen, die weder Bürger- noch Inwohnerrecht besaßen. Um als Bürger aufgenommen zu werden, mußte der Nachweis einer gediegenen Berufsausbildung und der Besitz eines „Burglehens" nachgewiesen werden. Außerdem mußte eine beträchtliche Geldsumme an die Stadt bezahlt werden. Vom Mittelalter bis herauf in neuere Zeit war zahlreichen Häusern eine Landwirtschaft angeschlossen, die neben Gewerbe oder Handelsgeschäft zur Abdeckung des Eigenbedarfs bzw. eines Teiles davon betrieben wurde. Der „Ackerbürger" prägte das soziale Erscheinungsbild durch Jahrhunderte.

Über die Einwohnerzahl von Lienz weiß man bis zum Ende des 18. Jahrhunderts nicht genau Bescheid. Sie kann nur aus verschiedenen Steuer- und Häuserverzeichnissen annäherungsweise erschlossen werden. Mit leicht steigender Tendenz hielt sie sich zwischen 1300 und 1500 Einwohnern. Nach dem

Siegel von Lienzer Bürgern, z. T. mit Symbolen ihres Berufs (1381–1479)

Seals of Lienz citizens, some showing the emblems of their trade (1381–1479)

Sigilli di cittadini di Lienz, alcuni con i simboli dei mestieri (1381–1479)

Sceau des citoyens de Lienz, avec en partie les symboles de leur profession (1381–1479)

Tiroler Generalkataster von 1782, der erstmals genaue Einwohnerzahlen bietet, beherbergte die Stadt Lienz damals 1506 Personen, wobei das Verhältnis zwischen Bürgern und Inwohnern ca. 40:60 betrug. Handwerk und Gewerbe spielten die größte Rolle. Es folgten Taglöhner und Messingarbeiter und die im Handel und Transportgewerbe Tätigen. Zu den Lienzer „Handelsherren" zählten die Familien Kranz, Hibler, Unterhueber, Oberhueber.

Die Betriebsgrößen waren durchwegs klein, nur das von den Wolkensteinern 1564 gegründete Messingwerk beschäftigte auf seinem Höhepunkt mehr als 100 Personen. Eine große Krise für dieses Werk trat am Ende des 18. Jahrhunderts ein. Die Auflassung der Lienzer Messingfabrik erfolgte zu Beginn des 19. Jahrhunderts.

Die Napoleonische Ära an der Wende vom 18. zum 19. Jahrhundert hat für die Bevölkerung zahlreiche Belastungen gebracht und das soziale, noch mehr das wirtschaftliche Gefüge zerrüttet. Erst die Rückkehr unter österreichische Herrschaft 1813/14 brachte wieder dauerhafte Verhältnisse. Das städtische Bürgertum fand nach der langen Zeit der Demütigung sein Selbstbewußtsein wieder. Bis zum Jahr 1830 stand dem Kommunalwesen der äußerst fähige Bürgermeister Johann Franz Röck vor, der sich u. a. mit Fragen des Armenwesens, der Steuerregulierung und einer neuen Gesindeordnung befaßte. Er trat für die Schaffung eines Waldamtes, eines Grundbuches und eines Landwirtschaftlichen Vereins für Lienz ein. Im Sinne der Förderung der heimischen Wirtschaft befürwortete er den Ausbau der Straße über den Plöckenpaß, der das benachbarte Oberkärnten mit Karnien verbindet. Auch auf Landesebene setzte Röck als Förderer der Landwirtschaft zukunftsweisende Impulse.

Ein tiefgreifender Wandel erfaßte Lienz ab ca. 1870. Im Jahr 1871 wurde die Pustertalbahn fertiggestellt. Lienz war auch Personalstation, was einen plötzlichen Zuwachs an Bevölkerung brachte. Im Jahr des Baubeginns, 1869, als in Österreich-Ungarn die erste offizielle Volkszählung durchgeführt wurde, hatte Lienz noch 2111 Einwohner; 1880 waren es 2823 und 1890 bereits 3603 Einwohner. Damit hatte die Lienzer Bevölkerung in 21 Jahren um 70,6 Prozent zugenommen. Von 1890 bis 1910 stieg die Einwohnerzahl von 3603 auf 6045 Personen bzw. neuerlich um 67,8 Prozent. Lienz war inzwischen auch Garnisonsstadt. Mit 347 Personen bei der Volkszählung von 1910 war der Anteil des Militärs nicht unerheblich.

Diese extreme Bevölkerungszunahme zeitigte selbstverständlich große Probleme. Relativ rasch bahnte sich ein Wandel des gesellschaftlichen und wirt-

Siegel von Lienzer Zünften des 17. und 18. Jahrhunderts (von oben nach unten): Hafner, Maurer, Schuster/Lederer, Schlosser/Glaser/Uhrmacher

17th and 18th cent. guild seals in Lienz (top to bottom): stove and tile makers, masons, cobbler/tanner, locksmith/glazier/watchmaker

Sigilli delle corporazioni di Lienz del 17° e 18° secolo (dall'alto in basso): vasai, muratori, calzolai/coramai, carpentieri/vetrai/orologiai

Sceau des corporations de Lienz au 17ᵉ et 18ᵉ siècles (de haut en bas): potiers-céramistes, maçons, cordonniers/celliers, serruriers/vitriers/horlogers

schaftlichen Gefüges an, wobei die Infrastruktur der Entwicklung angepaßt werden mußte. Die rapide Zunahme der Bevölkerung kurbelte auch die Konjunktur an, was wiederum eine Vermehrung von Gewerbe- und Handelsbetrieben bewirkte. Die wirtschaftliche Aufwärtsentwicklung drückte sich in der Gründung der Lienzer Sparkasse aus (1878), des ersten modernen Bankinstituts des Bezirkes, dem weitere folgten.

Der Fremdenverkehr, der schon in der ersten Jahrhunderthälfte zögernd eingesetzt hatte, spielte seit der Eröffnung der Bahnlinie einen gewichtigen wirtschaftlichen Faktor. Es wurde allerdings immer wieder bedauert, daß Lienz in erster Linie als Durchgangsstation angesehen würde. Von offizieller und privater Seite versuchte man durch verschiedenste fördernde Maßnahmen, den Gast in der Stadt zu halten. Diesen Bestrebungen war zu verdanken, daß Lienz eine saubere und ansprechende Stadt wurde, die sehr positive Beurteilungen fand.

Im und nach dem Ersten Weltkrieg war die wirtschaftliche Lage – nicht nur in Lienz, sondern in ganz Österreich – nicht sehr günstig. Zu Beginn der dreißiger Jahre bekam auch Lienz voll die Auswir-

Prozessionsstange einer Lienzer Zunft und Zunfttruhe der Sattler, beides gegen 1700

Processional mace belonging to a Lienz guild and the chest of the saddlers' guild, both c. 1700

Vessillo per processione di una corporazione di Lienz e cassone della corporazione dei sellai, entrambi del 1700 ca.

Enseigne de procession d'une corporation à Lienz et coffre des bourreliers, deux objets de 1700 environ

kungen der Weltwirtschaftskrise zu spüren und im Fremdenverkehr war es die 1933 von seiten Deutschlands gegenüber Österreich verhängte „Tausend-Mark-Sperre", die den mühsam wieder aufgebauten Fremdenverkehr vorerst zum Erliegen brachte, wenn auch bald schon andere europäische Länder mit Erfolg angesprochen wurden.

Bezeichnend für die „mageren" Jahre der Lienzer Stadtentwicklung ist die ziemlich stagnierende Bevölkerungszahl in der Zwischenkriegszeit. Nach dem Anschluß Österreichs an Deutschland (März 1938) wurde im Rahmen von Verwaltungsänderungen die Gemeinde Patriasdorf mit Lienz vereinigt. Zu den rund 700 Einwohnern des Dorfes kamen bald schon viele Hundert Umsiedler aus Südtirol. Der Krieg, der im Herbst 1939 ausbrach, wirkte sich auf alle Lebensbereiche negativ aus.

Für den Wiederaufbau nach dem Zusammenbruch des „Dritten Reiches" und die Ankurbelung der Wirtschaft kam der Stadt Lienz besonders die Hilfe der USA zugute. Im Jahr 1948 lief der „Marshallplan" an, dessen offizielle Bezeichnung „European Recovery Programm" („ERP") lautete. Die Stadtverwaltung setzte mit der Ansiedlung gewerblicher und industrieller Mittelbetriebe und der Förderung heimischer Unternehmen starke Impulse in Richtung Wirtschaftswachstum. Auch im Fremdenverkehr konnten jährliche Steigerungen verbucht werden. An die fünfziger Jahre, die auf wirtschaftlichem Gebiet eine Konsolidierung gebracht hatten, schließt die jüngste Epoche der Stadtentwicklung an.

Vom ehemaligen Bergbau der Lienzer Gegend sind bei Thurn noch Stollen erhalten

These tunnels near Thurn are reminders of mining in the Lienz area

Alcune gallerie delle antiche miniere della zona di Lienz sono ancora conservate nei pressi di Thurn

Près de Thurn, on peut encore voir des galeries des anciennes mines de la région de Lienz

The Economy and the Social Structure in the Early Days

Rechte Seite: In Lienz geprägte Görzer Münzen – Silberdinar (um 1200) und Goldgulden Meinhards VII. († 1385) in vierfacher Vergrößerung

Right: Görz coins minted in Lienz – silver dinar (c. 1200) and gold guilder of Meinhard VII's reign († 1385), four times the original size

Pagina a destra: Monete coniate a Lienz nel periodo dei Goriziani – denaro d'argento (intorno al 1200), e fiorino d'oro di Meinhard VII († 1385) ingranditi quattro volte

Page de droite: Pièces de monnaie frappées à Lienz au temps des Görz – denier en argent (vers 1200) et gulden en or du temps de Meinhard VII (mort en 1385), 4 fois agrandis

Thanks to its central position, Lienz constituted a natural centre for the Görz properties in the Pustertal and Upper Carinthia. This circumstance helped to foster trade and handicraft. A document of 1237 first refers to the people of Lienz as "citizens" ("cives in Luonz"). The Count of Görz himself, the

lord of the manor, encouraged this element, since the citizens' activities brought income. Tradespeople could have settled in the area of the "Burgum", but in fact the handicrafts, shops, taverns and lodging-houses all grew up outside the west gate, in the square near St. John's Church. Guilds were formed at an early date, associations of craftsmen from the same branch of trade, economic security their aim. The flourishing trade brought the need for money-lending and exchange which was primarily the sphere of Florentines and Jews.

The lord of the manor received income from mining rights and the minting of coins, as well as from toll fees and duties. The Görz dynasty mined in the immediate vicinity of Lienz and further afield. In 1486 Count Leonhard issued set written regulations pertaining to mining in his territories. The precious metals extracted, mainly silver, were used first and foremost for minting purposes. The most important Görz mint was located at Lienz and coins were first struck there in 1200, predominantly denarii (pennies) modelled on those of Aquileia. During the rule of the last Görz the Tyrolese system of coinage was adopted, Archduke Sigmund having introduced reforms there.

The Counts of Görz regulated flourishing urban life in orderly fashion, taking the municipal laws of Aquileia as their model. This favoured trade and handicraft, but did not leave much scope for civic self-administration. The rights and liberties enjoyed by the people of Lienz were never confirmed in writing by the Görz. They were founded on common law and verbal assurances. The recorder, or municipal judge, was apparently elected from among the citizens, like the later mayors, but he was

Münzen aus der Lienzer Prägestätte (13. bis 15. Jahrhundert) in Originalgröße. Darunter eine besondere Rarität, ein 3-Kreuzer-Stück Graf Leonhards von 1498 (Originaldurchmesser 20 mm)

Coins from the Lienz mint (13th to 15th cent.) in original size. Below, a particular rarity, a 1498 Count Leonhard kreuzer (original diameter 20 mm)

Monete della zecca di Lienz (dal 13° al 15° secolo) in grandezza originale. Sotto una vera rarità: una moneta 3 kreuzer del conte Leonhard del 1498 (diametro originale 20 mm)

Pièces de monnaie de l'Hôtel de la Monnaie à Lienz (13e au 15e siècle) en grandeur originelle. Dessous une rarité, une pièce de 3 kreutzer de l'époque du comte Leonhard de 1498 (diamètre 20 mm)

Einen bedeutenden Platz in der Stadtgeschichte nimmt die adelige Familie von
Graben ein: Oben Grabplatte für den Stadtrichter Andrä von Graben, angefertigt 1520, rechts Grabstein für Rosina von Rain, geborene Graben (1534)

The von Graben family take a special place in the town's history: above,
tombstone (1520) for Andrä von Graben, municipal recorder; right, tombstone
for Rosina von Rain, née Graben (1534)

Nella storia della città ha giocato un ruolo significativo la famiglia nobiliare von
Graben: sopra la copertura tombale per il giudice cittadino Andrä von Graben,
1520; a destra pietra tombale per Rosina von Rain, nata Graben (1534)

La famille noble des von Graben a une place importante dans l'histoire de la
ville: en haut, une plaque funéraire pour le juge Andrä von Graben, faite en
1520; à droite, une pierre tombale pour Rosina von Rain, née Graben

Linke Seite unten: Die Lienzer Beamtenfamilie Eysank von Marienfels auf
einem Votivbild von 1720

Below left: The Lienz family of civil servants, Eysank von Marienfels, on a
votive picture of 1720

Pagina sinistra sotto: La famiglia di funzionari di Lienz Eysank von Marienfels su un'immagine votiva del 1720

Page de gauche en bas: La famille du fonctionnaire Eysank von Marienfels sur
une image votive de 1720

answerable to the municipal and provincial lords. As well as being the seat of the recorder, Lienz also housed the central county authorities and the *Landtag,* or provincial diet, frequently convened there. The provincial judge was also established in the town; his judicature extended far beyond the confines of the town and he was also empowered to decide over life and death.

Maximilian I, the heir to the Görz, confirmed the common law rights of the Lienz people in writing in 1500; they were in turn ratified by his successors. In 1638, during the Wolkenstein administration, the office of mayor was introduced. Assisted by clerks and beadles, the mayor held no judicial powers, but was greatly occupied with inspection duties. He had to ensure that Sundays were observed, inspect the quality of bread and meat, see that fire regulations were kept, check the church and hospital accounts, supervise the maintenance of bridges and other municipal buildings, provide for urban corn supplies and keep an eye on the people's morals and manners.

The economic and social structure of the town of Lienz under the administration of the Wolkenstein family and the Ladies' Convent in Hall was marked by a certain stagnation. The loss of the residence had its effect. Trade suffered, luxury merchandise being particularly affected. The Görz ministers left, their place being taken by other aristocrats of lesser significance, frequently commoners who had received titles.

In the social structure of the town the upper class was composed of the clergy, the nobles, a few academics and the highest civil servants. They were followed by tradesmen, innkeepers and various craftsmen. Lower civil servants and domestic staff came far down the scale and only the labourers were more lowly. In the population a distinction was made between "citizens" and "inhabitants" and those few people who held neither the rights of citizen nor inhabitant. In order to be registered as a citizen evidence was required of the person's professional training and his possession of a fief. A considerable sum of money also had to be paid to the town. From the Middle Ages until more recent times a farm was attached to many houses, serving to cover the householder's needs in addition to his income from trade or handicraft.

Until the end of the 18th century no precise figures are available in respect of the population of Lienz. It can only be deduced approximately from various taxation and property registers. Tending to rise slightly, it remained at between 1,330 and 1,500 inhabitants. According to the General Tyrolean Land Register of 1782 – the first precise figures we have – the town of Lienz numbered 1,506 people, the proportion of citizens and inhabitants being approx. 40 : 60. Trade and handicraft played a major part, followed by labourers, brass workers and those employed in trade and transport.

The businesses were all small, although the brass foundry established by the Wolkensteins in 1564 employed more than 100 people in its heyday. At the end of the 18th century this foundry suffered a crisis and it was finally closed down at the beginning of the 19th century.

The Napoleonic era put a heavy strain on the population, destroying the social and economic structure. It was not until the restoration of Austrian rule in 1813/14 that stable conditions returned. The citizens again recovered their self-assurance.

As from c. 1870 Lienz was marked by great changes. The Pustertal railway line was completed in 1871 and the staff stationed in the town brought a sudden increase in population. In 1869, when the first official census was carried out in Austria-Hungary, Lienz had 2,111 inhabitants; by 1880 the figure had risen to 2,823 and by 1890 it was 3,603. The population of Lienz had thus risen by 70.6% in 21 years. Between 1890 and 1910 the population again rose by 67.8% from 3,603 to 6,045. Lienz had meanwhile become a garrison town and the military accounted for 347 people in the census of 1910.

This great rise in population brought problems in its wake. Social and economic structures quickly altered, the infrastructure having to be adapted to developments. The rapid increase in population boosted the economy, bringing an increase in trade and handicraft. The foundation of the Sparkasse in 1878 was indicative of the prosperous trend. The first bank in the district, it was followed by others. Tourism had gradually made its appearance in the first half of the century, but the opening of the railway provided tremendous impetus. It was noted with regret, however, that Lienz was primarily regarded as a transit station. Various official and private measures were introduced to try and keep

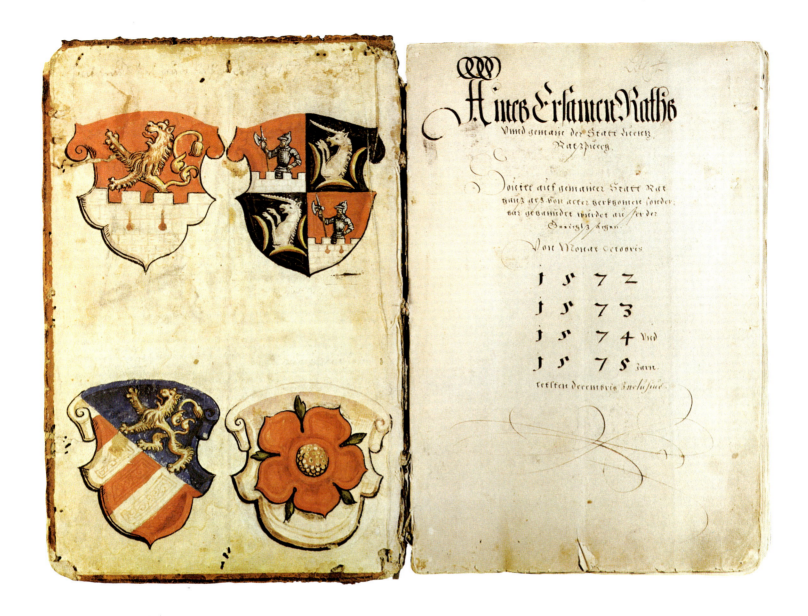

Das älteste Ratsprotokoll der Stadt Lienz aus den Jahren 1572/75 mit dem Wappen des Stadtrichters Hans Vasolt (oben links), des höchsten Beamten der Herrschaft (Anwalt) Veit Netlich (oben rechts), der Herrschaft Lienz (unten links) und der Stadt (unten rechts)

The oldest record of proceedings of the Town Council (1572/75) with the coats of arms of the recorder, Hans Vasolt (above left), the highest ranking civil servant ("Anwalt"), Veit Netlich (above right), the manor of Lienz (below left) and the town (below right)

Il più antico protocollo municipale della città di Lienz degli anni 1572/75 con il sigillo del giudice cittadino Hans Vasolt (in alto a sinistra), del funzionario più insigne della signoria ("Anwalt") Veit Netlich (sopra a destra), della signoria di Lienz (sotto a sinistra) e della città (sotto a destra)

Le plus vieux protocole du conseil municipal de Lienz des années 1572/75 avec les armes du juge Hans Vasolt (en haut à gauche), celles du plus haut fonctionnaire de la seigneurie Veit Netlich (en haut à droite), celles de la seigneurie de Lienz (en bas à gauche) et celles de la ville (en bas à droite)

visitors in the town. Thanks to this initiative, Lienz became a clean and attractive place, the subject of much praise.

During and after the First World War the economic situation was unpropitious throughout Austria. At the beginning of the Thirties Lienz began to feel the full effects of the Depression and the "thousand mark restriction" imposed by Germany on its citizens travelling to Austria put a damper on tourism, although visitors from other European countries were soon attracted. The stagnating population figure between the Wars is typical of the "lean" years in the town's development.

After the annexation of Austria by Germany in March 1938 the village of Patriasdorf became a part of Lienz in the course of administrative changes. The 700 inhabitants from that village and several hundred people resettled from the South Tyrol again increased the population. The War that broke out in September 1939 affected all spheres of life.

In restoring the economy and recovering after the collapse of the Third Reich, Lienz was particularly aided by the USA. The Marshall Plan got going in 1948, its official designation being the "European Recovery Programme" (ERP). Settling trade and industry in the town, the municipal authority provided tremendous economic impetus. In tourism, too, the results were more encouraging each year. This growing prosperity was consolidated during the Fifties.

Economia e struttura sociale nel passato

Per la sua posizione centrale, la città di Lienz era predestinata ad essere il punto-chiave delle proprietà dei conti di Gorizia nella Val Pusteria e nella Carinzia superiore. Questa condizione fu favorevole al fiorire del commercio e delle attività artigianali. Nel 1237 sono menzionati, per la prima volta, in un documento, i "cittadini di Lienz" ("cives in Luonz"). Il padrone stesso della città, conte di Gorizia, favorì la cresci-

„Wirtsordnung" für Stadt und Herrschaft Lienz aus dem Jahr 1726

"Tavern Regulations" for the town and manor of Lienz, 1726

Regolamento per gli esercizi pubblici della città e della signoria di Lienz del 1726

Le statut des aubergistes pour la ville et la seigneurie de Lienz de 1726

ta della borghesia, le cui attività, in definitiva, gli procurarono degli introiti. Commercianti ed esercenti si erano potuti insediare anche nel "Burgum", ma il nucleo della Lienz borghese si formò davanti al portale occidentale, sulla piazza presso la Chiesa di San Giovanni. Vi sorsero diversi esercizi, negozi, taverne ed osterie. Molto presto si formarono le corporazioni, vale a dire le associazioni degli appartenenti ad un settore professionale ed alle sue attività affini. Esse ebbero lo scopo di dare sicurezza economica ai propri affiliati.

Poiché il commercio era fiorente ben presto sorse il bisogno di credito e di attività di cambio, attività di cui si appropriarono più che altro fiorentini ed ebrei. Il padrone della città ebbe i suoi ricavi non solo da pedaggi, dogane ecc., bensì anche da diritti di miniera e dalla zecca. Nei dintorni di Lienz, i goriziani introdussero l'industria mineraria. Il conte Leonhart emanò, nel 1486, un regolamento scritto per le miniere, valido per tutte le sue proprietà. I metalli preziosi ricavati dall'attività estrattiva – si trattava per lo più di argento – furono impiegati soprattutto per la zecca. La più importante zecca dei conti di Gorizia si trovava a Lienz, dove si era incominciato a battere moneta già intorno al 1200. Furono coniati soprattutto denari, secondo l'esempio di Aquileia. Sotto il governo dell'ultimo dei conti di Gorizia, vi fu un avvicinamento al sistema monetario del Tirolo, ove l'arciduca Sigismondo il Ricco avera introdotto una riforma della zecca.

I conti di Gorizia cercarono di assicurare alla fiorente vita cittadina uno svolgimento regolare, assumendo come esempio il diritto vigente nella città di Aquileia. Tale normativa, pur favorendo il commercio, gli esercizi pubblici e le attività produttive in genere,

Wurths-Ordnung

Welcher massen auß Befelch Hochlöblicher O. O.

Regierung die Wirth vnd Gastgeb der Herrschafft Lientz auff dises gegenwärtige 1726 Jahr die Wein außschencken / die Mahlzeiten außhalten : Item wie sie sich in anderen Policey- vnd Wirthschafftlichen Gewerb-Weesen verhalten sollen.

Wein ein Viertl / deren 46. ein Boßner-
Ahr machen.

Eytacher / Vernätscher vnd andere Hortwein - - - - -	20	
Boßner / Traminer / Griesser / Kalterer / Malser vnd der Enden gute gerechte Vergerner-	18	
Clausner / Brixner / vnd andere obere Wein - - - -	16	Kreutzer.
Welsche gerechte Kinigloner / Prasegger / Ranusl / Ragager vnd Wippacher -	18	
Andere gemeine Welsche Wein - - - - -	16	
Brandtwein alla minuta das Fraggele - - - - -	5	

Mahlzeiten außzuhalten.

Ein ordinari Burgerliches Hochzeit-Mahl - - - - -	36	
Ein Gerichts-Mahlzeit Fleisch- vnd Fasttägen - - - -	26	Kreutzer.
Baurn-Hochzeit von 10. Speisen / vnd jeder Person ein Maß Wein -	26	
Fuhrmanns-Mahl - - - - - - -	1 20	

Fuetterey vnd Stallmueth.

Ein Vierling Haaber vor das Gast-Pferdt - - - - -	20	
Ein dopbel-Mäßl Haaber - - - - -	6	Kreutzer.
Stallmueth von einem Pferdt Tag vnd Nachts - - - -	12	

So dann weil man diß Orts / zu wider der Lands- vnd Policey Ordnung / jeweils Hochzeiten von 10. biß 12. Tisch außgehalten / dahero bey vntergesetzter Straff verbotten /! kein Hochzeit über die verwilligte 4. Tisch außzuhalten / da aber die Vmbstände je ein mehreres erforderen / wird man sich vmb die Licenz diß Orts gebührend anzumelten wissen. Nächstdeme ist auch verbotten / daß die innheimbische Zöch-Leuth Winters- über 9. vnd Sommers-Zeit über 10. Uhr Abends keines wegs geduldet werden. Es sollen auch die Rauff-Händel / verbottene Spilen / Fluchen vnd andere Insolentien möglichist verhütet / vnd die Vbertretter der Obrigkeit / zu Vornehmung der Gebühr / alsobalden angezeigt werden. Auch die Wirth vnd Gastgeb die Ordnung an ein sichtbares Ort affigiren / damit dise jedermann sehen vnd lesen kan / vnd welcher wider dise Ordnung sträff- vnd vermessentlich handlen / vnd darwider betretten wirdet / der solle 25. fl. Straff verfallen / vnd dißfalls fernere Ordnung vorzukehren vorbehalten seyn.

Herauff vnd deß zu wahren Vrkundt Hat der Hoch-Edlgeborne

Herr Johann Sigmund von Rost zu Kelburg vnd Aufhofen / Tyrolischer Herr vnd Landmann / Verwalter der Herrschafft Lientz / rc. von mehrerer Obrigkeit wegen / sein Hoch-Adelich angebornes Erb-Sigil (doch anderwerths ohne Schaden) hierunter gestellet. Beschehen den 6. Tag Monats April, im 1726: Jahr

lasciò tuttavia poco spazio all'autogoverno della cittadinanza borghese. Mai i conti di Gorizia confermarono per iscritto i diritti e le libertà di cui godeva la popolazione di Lienz. Erano diritti che avevano il loro fondamento solo nella consuetudine e nelle promesse orali. Il "giudice cittadino" (Stadtrichter), comparabile al sindaco dei tempi a seguire, che per consuetudine veniva scelto tra i cittadini, dipendeva dal signore della città e dal principe del Land. A Lienz non si trovava solo la sede dello Stadtrichter, ma anche degli enti centrali della contea: di frequente vi fu convocata, la dieta degli stati provinciali (Landtag). In città aveva inoltre la propria sede anche il giudice distrettuale, le cui competenze andavano ben oltre i confini della città. Egli aveva anche il potere di vita e di morte sugli amministrati.

Massimiliano I, erede dei conti di Gorizia, diede, nel 1500, forma scritta ai diritti consuetudinari della popolazione di Lienz. Tali diritti furono riconfermati

Ehemaliges Weißgerberhaus (17./18. Jahrhundert) am rechten Iselweg in einer Aufnahme von 1965

The former tawers' house (17th/18th cent.) on the right bank of the Isel in a 1965 photograph

Un'antica conceria (17°/18° secolo) al lato destro della via Iselweg, in una fotografia del 1965

Ancienne mégisserie (17e/18e siècle) sur la rive droite de l'Isel; photo de 1965

Oben: Der Handelsmann Johann Ignaz Oberhueber, porträtiert 1762 von Josef Adam Mölk

Above: Johann Ignaz Oberhueber, merchant, portrayed in 1762 by Josef Adam Mölk

Sopra: Il commerciante Johann Ignaz Oberhueber, ritratto nel 1762 da Josef Adam Mölk

En haut: Le commerçant Johann Ignaz Oberhueber; portrait réalisé par Josef Adam Mölk

Rechte Seite: Zeugnis beachtlicher Handwerkskunst: Lebzelt- oder Marzipanmodel von 1644 mit Darstellung der Heiligen Drei Könige

Right: Evidence of craftsmanship: gingerbread or marzipan moulds (1644) showing the Three Kings

Pagina a destra: Testimonianze dell'alto livello dell'artigianato: stampi per panpepato e marzapane del 1644 raffiguranti i Tre Re Magi

A droite: Modèles d'une grande habileté manuelle en pain d'epice ou en pâte d'amande de 1644 représentant le rois mages

dai suoi successori nella veste di principi del Land Tirolo. Durante l'amministrazione dei von Wolkenstein, nel 1638, venne introdotta la carica di sindaco, da cui dipendevano scrivani e commessi. Il sindaco non aveva poteri giurisdizionali, tuttavia i suoi compiti di controllo erano vasti. Era, per esempio, sua funzione controllare che venisse rispettato il riposo domenicale, badare alla qualità del pane e della carne, far rispettare l'ordinamento antiincendi, esaminare i resoconti delle chiese e dell'ospedale civile, sorvegliare la manutenzione dei ponti, degli impianti idrici e di altri edifici cittadini. Era suo compito anche assicurare le provviste di grano per la città e vegliare sugli usi e sulla morale degli abitanti.

Durante l'amministrazione dei conti von Wolkenstein e delle Dame di Hall, la struttura economica e sociale della città di Lienz fu caratterizzata da una certa stagnazione. L'assenza dei conti si fece sentire: vi fu una recessione nel commercio e nelle attività per il ceto elevato, le cosiddette "attività di lusso". La nobiltà amministrativa venuta dalla Gorizia emigrò. Prese il suo posto una nobiltà di rango inferiore; si trattava per lo più di famiglie borghesi nobilitate.

Nella struttura sociale della città il ceto elevato era costituito da clero, nobiltà, alcuni laureati e da funzionari pubblici nelle posizioni più importanti. Facevano seguito gli addetti al commercio, gli osti e gli appartenenti ai diversi settori dell'artigianato. Molto più in basso figuravano i piccoli impiegati e gli inservienti. Più in basso ancora i lavoratori salariati ed i braccianti. Si faceva una netta distinzione tra "cittadini" ed "abitanti" (residenti) e tra i pochi che non avevano né il diritto di cittadinanza nè quello di abitazione (residenza). Per essere ammesso al titolo di cittadino, bisognava dare prova di una buona preparazione professionale e dimostrare la proprietà di un "Burglehen" (feudo). Inoltre la città esigeva una cospicua somma di denaro. Dal medioeva fino ai tempi moderni, a numerose case erano annesse anche attività e proprietà agricole, che, aggiungendosi all'attività commerciale, consentivano di coprire il fabbisogno personale o parte di esso.

Non si sa quanti erano esattamente gli abitanti di Lienz alla fine del 18° secolo. Si possono fare delle deduzioni in riferimento alle liste degli edifici e ai ruoli delle tasse. La popolazione fluttuava tra le 1330 e le 1500 persone ed era in leggera crescita. Secondo il catasto generale del Tirolo del 1782, che per la prima volte offre cifre precise sulla popolazione, la città di Lienz contava allora 1506 anime. Il rapporto tra cittadini e residenti era di 40 : 60. Il settore di occupazione più importante era rappresentato da artigianato ed attività produttive in genere. Facevano seguito quelli dei braccianti, dei lavoratori dell'ottone e degli addetti ai settori del commercio e dei trasporti. Le imprese erano per lo più di modeste dimensioni ad eccezione della fabbrica di ottone, fondata nel 1564 dai baroni von Wolkenstein, che nel periodo della massima fioritura occupò più di cento persone. Alla fine del 18° secolo l'impresa conobbe una pesante crisi, e agli inizi del 19° secolo venne chiusa.

L'era napoleonica, a cavallo tra il 18° ed il 19° secolo, comportò per la popolazione di Lienz numerosi aggravi; la struttura sociale ed economica venne profondamente scossa. Solo quando si riaffermò il dominio austriaco, nel 1813/14, la situazione si stabilizzò. Dopo un lungo periodo di umiliazione, la borghesia cittadina ritrovò il suo orgoglio.

Dal 1870 in poi Lienz subì un profondo cambiamento. Nel 1871 fu completata la ferrovia della Val Pusteria. Lienz era diventata un'importante stazione ferroviaria; la popolazione aumentò velocemente. Nel 1869, quando venne effettuato il primo censi-

Erinnerungen an das Lienzer Messingwerk: Verwaltungsgebäude (Aufnahme von ca. 1960); ehemaliges Hammerwerk mit dahinterliegender Schmelzhütte (Zustand 1975); Gebäude, in dem sich ehemals die „Beizkuchl" und „Schabstube" befanden (Aufnahme 1975)

Reminders of Lienz brass foundry: administrative building (photograph c. 1960); iron and smelting works (1975); building that once housed the "Beizkuchl" and "Schabstube" (1975)

Ricordi della fabbrica di ottone di Lienz: edificio dell'amministrazione (fotografia del 1960 ca.); antica ferriera con dietro la fonderia (come si presentava nel 1975); edificio che ospitava la "Beizkuchl" (il reparto di corrosione) e la "Schabstube" (reparto raschiatura). La fotografia è del 1975

Souvenirs de l'usine de cuivre jaune à Lienz: Bâtiments administratifs (photo de 1960 environ); différentes parties ainsi que la fonderie (photo de 1975)

mento ufficiale nell'Austria-Ungheria, Lienz contava solo 2111 abitanti. Nel 1880 gli abitanti erano diventati 2823, nel 1890 già 3603. In soli ventun anni la popolazione di Lienz era cresciuta del 70,6 per cento. Dal 1890 al 1910 la popolazione passò da 3603 a 6045 persone, con un aumento pari al 67,8 per cento. Nel frattempo Lienz era diventata anche città-presidio. Nel censimento del 1910 il numero dei militari presenti in città arrivò alla considerevole cifra di 347 unità. Va da sé che tale aumento vertiginoso della popolazione creò grandi problemi. Una delle conseguenze fu il rapido cambiamento delle strutture sociali ed economiche. Era indispensabile adeguare le infrastrutture al rapido sviluppo.

Il boom demografico ebbe effetti importanti sulla congiuntura: aumentarono le imprese commerciali ed economiche in genere. Il progresso economico trovò la sua espressione più felice nella fondazione della Cassa di Risparmio di Lienz, nel 1878. Fu il primo istituto di credito del distretto; in seguito ne vennero fondati altri.

Il turismo si era affacciato al panorama economico già nella prima metà del secolo, ma lo aveva fatto con esitazione. Dal momento dell'apertura della linea ferroviaria però esso divenne un fattore importante dell'economia locale. Tuttavia Lienz era in primo luogo stazione di passaggio, con grande dispiacere della popolazione. Furono fatti molti sforzi, sia da parte di privati che di enti pubblici, per indurre il turista a soggiornare in città. Furono proprio questi sforzi che resero Lienz una città molto pulita e simpatica, che suscitava un'impressione favorevole in chi vi passava.

Durante la prima guerra mondiale e negli anni a seguire la situazione economica di Lienz – e di tutta l'Austria – fu tutt'altro che favorevole. Agli inizi

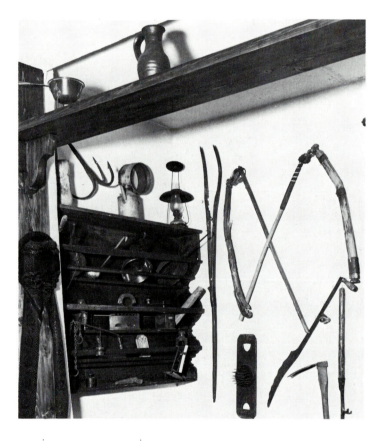

Oben: In einigen Bürgerhäusern sind noch die Arbeitsgeräte erhalten geblieben, die früher in der zu vielen städtischen Haushalten gehörigen Landwirtschaft verwendet wurden

Above: Some of the town houses still contain equipment once used on the small farms belonging to many an urban household

Sopra: In alcune abitazioni della borghesia sono rimasti conservati gli attrezzi di lavoro che erano stati utilizzati per scopi agricoli nelle tenute annesse a numerose case della città

En haut: Dans quelques maisons bourgeoises, on trouve encore des instruments de travail qui auparavant servaient à la ferme attachée à beaucoup de foyers de la ville

Der Ortskern von Patriasdorf in einer Aufnahme von ca. 1890, damals noch eine rein bäuerliche Siedlung

The centre of Patriasdorf in 1890 when it was still a purely farming community

Il cuore di Patriasdorf in un'immagine del 1890 ca. quando era ancora un insediamento prettamente rurale

Le centre de Patriasdorf en 1890, à l'époque un village seulement paysan

◁

Links: Im Gebiet der früher selbständigen Gemeinde Patriasdorf, wozu auch der Schloßberg (Bild) gehört, spielt die Landwirtschaft heute noch eine wichtige Rolle

Left: Farming still plays an important part in the Patriasdorf area – once a separate commune – to which the Schlossberg (photo) belongs

A sinistra: Nella zona di Patriasdorf, che in origine era un comune a se stante, al quale appartiene anche lo Schloßberg (foto), l'agricoltura ha ancora oggi un ruolo molto importante

A gauche: Autour de la commune autrefois indépendante de Patriasdorf à laquelle le Schloßberg (vue) appartient, l'agriculture joue encore aujourd'hui un grand rôle

Johann Franz Röck, der 1815 bis 1830 Lienzer Bürgermeister war und sich große Verdienste erwarb

Johann Franz Röck, deserving mayor of Lienz between 1815 and 1830

Johann Franz Röck, sindaco di Lienz dal 1815 al 1830, si distinse per grandi meriti

Johann Franz Röck, qui fut maire de Lienz de 1815 à 1830 et eut de grands mérites

Silbermedaille als Prämie bei der Zuchtviehausstellung in Lienz im Jahr 1887 (Originaldurchmesser 55 mm)

Silver medal presented at the Lienz Cattle Show in 1887 (original diameter 55 mm)

Medaglia d'argento come premio per la sfilata di bestiame a Lienz nel 1887 (diametro originale 55 mm)

Médaille d'argent comme prix à une exposition d'élevage de bestiaux à Lienz en 1887 (diamètre 55 mm)

Das Ölgemälde „Der Weber" von Albin Egger-Lienz (1890) gibt einen Störweber in einer Stube in Patriasdorf wieder

Albin Egger-Lienz' oil-painting "The Weaver" depicts a travelling weaver in a Patriasdorf parlour

Il dipinto "Der Weber" (Il tessitore) di Albin Egger-Lienz (1890) riproduce un tessitore ambulante in una stube di Patriasdorf

La peinture à l'huile «Der Weber» («Le tisserand») de Albin Egger-Lienz (1890) reproduit un tisserand itinérant dans une «Stube» à Patriasdorf

degli anni trenta la depressione mondiale ebbe pieno impatto sulla città. Il turismo subì le conseguenze negative della "barriera dei mille marchi", imposta dalla Germania nei confronti dell'Austria. A causa di tale misura protezionistica il turismo, che era appena risorto con grande sforzo degli interessati, subì una ricaduta. Ma ben presto altri paesi europei colmarono il vuoto lasciato dalla Germania.

Abitualmente la stagnazione dello sviluppo economico ha ripercussioni anche a livello demografico. Ecco spiegato perché in questi anni la popolazione di Lienz ebbe una crescita molto medesta. Dopo l'annessione (Anschluß) dell'Austria al Reich tedesco, nel marzo del 1938, si verificarono alcuni significativi cambiamenti amministrativi: il comune di Patriasdorf fu incorporato nella città di Lienz. Ai circa 700 abitanti di questo paese si aggiunsero ben presto molte centinaia di sudtirolesi che avevano optato per la Germania ed erano quindi costretti a lasciare la loro patria. La guerra che scoppiò nell'autunno del 1939, produsse effetti negativi su tutti i settori della vita.

Dopo il collasso del "Terzo Reich", l'aiuto dato dagli Stati Uniti d'America per la ricostruzione e l'avviamento dell'economia, fu notevole anche per Lienz. Nel 1948 fu avviato il piano "Marshall" denominato "European Recovery Program" ("ERP"). Gli amministratori della città favorirono l'insediamento di imprese industriali di media grandezza, dando impulsi con ciò alla crescita economica. Anche nel settore turistico si registrò un'espansione costante. Agli anni cinquanta, che portarono al consolidamento economico, ha fatto seguito l'ultimo periodo di sviluppo della città.

Economie et structure sociale dans le passé

A cause de sa situation centrale, Lienz se trouva tout naturellement le centre des possessions des Görz dans le Pustertal et le nord de la Carinthie. Cet état de choses favorisa le commerce et l'artisanat. Dans un document de 1237, il est fait pour la première fois mention des «citoyens de la ville de Lienz» («cives in Luonz»). Le comte de Görz favorisa l'élément «bourgeois» dont les activités en fin de compte apportaient des revenus. Bien que des commerçants et artisans aient pu s'installer dans le «burgum», le Lienz des commerces, des boutiques, des tavernes et de l'hôtellerie s'installa devant la porte ouest, sur la place près de l'église Saint-Jean. Très tôt, il y eut des corporations, c'est-à-dire des associations de professionnels d'un même corps de métier dont le but était la sauvegarde de leurs intérêts économiques.

A cause du commerce florissant, on eut besoin de crédit et de change, domaines qui furent d'abord l'apanage des Florentins et des Juifs.

Le comte de Görz tirait ses revenus non seulement des droits de péage, de douane etc., mais aussi des droits provenant de l'exploitation des mines et de la frappe de la monnaie. Dans la région de Lienz, les Görz exploitaient les mines. En 1486, le comte Leonhard publia un code minier écrit pour son territoire. Les métaux ainsi extraits, surtout l'argent, servaient à faire de la monnaie. L'Hôtel de la Monnaie principal fondé par les Görz, s'établit à Lienz où l'on commença à frapper la monnaie dès 1200. On y frappa surtout des deniers («Pfennige»). Sous le gouvernement du dernier Görz, on se tourna vers le système monétaire tyrolien, l'archiduc Sigismond le Riche ayant fait une réforme monétaire.

Les comtes de Görz réglèrent la vie citadine selon les coutumes de la ville d'Aquileia. Cela favorisa le commerce et l'artisanat, laissa cependant peu de liberté à l'autonomie citadine. Les droits et les libertés des habitants de Lienz ne furent malheureusement jamais confirmés par écrit par les Görz; ces prérogatives découlaient du droit d'usage et de promesses orales. Le juge (Stadtrichter), l'équivalent du maire

ultèrieur, était selon la coutume élu parmi les citoyens de la ville, mais dépendait des comtes. Lienz
n'était pas seulement le siège du juge, mais aussi celui
de l'administration centrale du comté. De même la
diète, l'assemblée des états provinciaux, se tenait à
Lienz. La ville était également le siège de l'intendant
dont le pouvoir s'étendait bien au-delà de la ville et
qui possédait la juridiction capitale. En 1500, Maximilien Ier, l'héritier des Görz, garantit par écrit les
libertés acquises par la coutume, ce qui fut toujours
à nouveau ratifié par ses successeurs, les comtes du
Tyrol. Sous l'administration des Wolkenstein, on
institua la fonction de maire pour la première fois en
1638. Le maire n'avait aucun pouvoir judiciaire, mais
avait assez à faire avec la surveillance, par exemple,
du repos dominical, le contrôle de la qualité de la
viande et du pain, le respect des règlements concer-
nant la prévention de l'incendie, le contrôle des
comptes des églises et de l'hôpital communal, l'entre-
tien des ponts, le contrôle de l'eau potable et des
autres bâtiments publics; enfin il devait s'occuper du
stockage des céréales pour la ville et garder un œil sur
les mœurs et la morale de la population.

La structure économique et sociale à Lienz sous les
Wolkenstein et sous l'administration de l'abbaye
royale de Hall est caractérisée par un certain maras-
me. Suite à la perte de la Résidence, le commerce et
l'artisanat de luxe connurent une récession et les gens
de la cour des Görz quittèrent la ville.
Dans la structure sociale de la ville, la couche supé-
rieure de la population était représentée par le clergé,
la noblesse, quelques universitaires et les hauts fonctionnaires. Suivaient les commerçants et les hôteliers,
ainsi que les membres des différents corps de métier.

*Zeitungsinserat, das auf die Eröffnung der Lienzer Sparkasse
im Jahr 1878 aufmerksam machte*

*Newspaper advertisement referring to the opening of the Sa-
vings Bank in 1878*

*Inserzione di giornale che annunciava l'apertura della cassa di
risparmio di Lienz nel 1878*

*Annonce dans un journal, faisant part de l'ouverture de la
Sparkasse à Lienz en 1878*

Links: Am Schalter der 1913 eröffneten Bauernsparkasse

*Left: At the counter of the Farmers' Savings Bank, opened in
1913*

A sinistra: Allo sportello della cassa rurale aperta nel 1913

*A gauche: Au guichet de la "Bauernsparkasse" (banque des
agriculteurs) ouverte en 1913*

Les petits fonctionnaires et les employés venaient bien après dans l'échelle sociale, seulement suivis par les salariés et les journaliers. Parmi la population, on faisait la différence entre les citoyens (Bürger) et les habitants (Inwohner) et le petit nombre qui ne possédaient ni les droits des citoyens ni ceux des habitants. Pour être accepté comme citoyen, il fallait faire preuve d'une formation professionnelle solide et posséder une propriété foncière; en outre il fallait payer une somme importante à la ville. Du moyen âge jusqu'à une époque récente beaucoup de ménages pratiquaient un peu d'agriculture, ce qui permettait une certaine autonomie.

On ne connaît pas de manière précise le nombre des habitants de Lienz jusqu'à la fin du 18e siècle. On peut cependant l'évaluer approximativement, entre autres grâce aux registres d'impôts. Avec une légère tendance à l'augmentation, la population se situait entre 1330 et 1500. D'après le cadastre général de 1782, qui offre pour la première fois un chiffre exact, la ville de Lienz abritait 1506 personnes (avec une relation citoyens/habitants d'environ 40 à 60). Artisans et commerçants étaient les plus nombreux, venaient ensuite journaliers et travailleurs du cuivre jaune, commerçants et transporteurs.

Les commerces étaient de petite taille, seul le centre d'exploitation du cuivre jaune fondé en 1564 par les Wolkenstein employait à son apogée plus de 100 personnes. Suite à une grande crise à la fin du 18e siècle, l'usine de cuivre jaune de Lienz (Lienzer Messingwerk) ferma ses portes au début du 19e siècle. L'ère napoléonienne (fin 18e début 19e siècle) apporta de grandes difficultés à la population, mais avec le retour sous la puissance autrichienne en 1813/14, la situation redevint stable. En 1871, un grand tournant s'amorça avec la construction du chemin de fer dans le Pustertal. Lienz devint une gare de voyageurs et par là sa population augmenta. En 1869 (l'année du début des travaux), Lienz comptait 2111 habitants lors du premier recensement officiel fait dans l'empire austro-hongrois; en 1880, 2823 et en 1890, déjà 3603 habitants: en 21 ans une progression de 70,6%. De 1890 à 1910, la population passa de 3603 à 6045 personnes, soit une augmentation de 67,8%. Lienz devint entre-temps ville de garnison. Avec 347 personnes (recensement de 1910), le nombre des militaires n'était pas sans importance.

Mais cette croissance extrême de la population ne fut

Oben und rechts: Lienzer Geschäfte um die Jahrhundertwende

Above and right: Lienz shops at the turn of the century

In alto e a destra: Negozi di Lienz al volgere del secolo

En haut et à droite: Magasins à Lienz aux alentours de 1900

Linke Seite: Ob Gemälde oder Foto, Bilder von Lienzer Geschäftsleuten des 19. Jahrhunderts dokumentieren Bürgerstolz und Selbstbewußtsein

Left: Pictures of 19th century Lienz shopkeepers reflect civic pride and self-assurance

Pagina a sinistra: Sia nei dipinti che nelle fotografie, vengono posti in evidenza l'orgoglio borghese e l'autoconsiderazione dei negozianti di Lienz del 19° secolo

Page de gauche: En tableaux ou en photos, les représentations des commerçants de Lienz au 19e siècle démontrent la fierté et la confiance en soi des citoyens

Ein Kammmacher-Lehrjunge

wird aufgenommen. Näheres schriftlich oder mündlich bei Andrä Pienz, Kammmacher in Lienz.

Möbel-Lager
Eugen Walter
Rosengasse Nr. 144. **Lienz.** Rosengasse Nr. 144.

Empfehle mein reich assortirtes Lager für **Gasthof-** und **Wohnungs-Einrichtungen.**

Complette **Braut-Ausstattungen** stets am Lager.

Kinder-Wagen von 5 bis 50 fl. aufwärts.

Anfertigung u. Lager sämtlicher **Polstermöbel**

als: **Divane, Salongarnituren, Ottomanen, Ruhebetten, ꝛc.**

Federeinsätze, Roßhaar-, Crin d'Afrique und **Seegrasmatratzen** in nur solider und geschmackvoller Ausführung.

Großes Lager in **Weichholz-Möbeln** von nur gut ausgetrocknetem Holze.

Sessel, Spiegel, Teppiche, Vorhänge, Linoleum-Teppiche, Linoleumvorleger etc. etc.

Auswärtige Aufträge werden sofort effectuirt.

HEINRICH DOBNIG
Branntwein und Spirituosen-Geschäft.

Weiteres Geschäftsfoto von der Jahrhundertwende

Another shop at the turn of the century

Altra immagine di negozi sul finire del secolo

Autre photo de magasin aux alentours du siècle

Links und rechte Seite: Inserate von Lienzer Betrieben in der „Lienzer Zeitung"

Left and right: Advertisements placed in the "Lienzer Zeitung" by local companies

A sinistra e a destra: Inserzioni di imprese di Lienz nella "Lienzer Zeitung"

A gauche et à droite: Annonces faites par les commerces au début du siècle dans la «Lienzer Zeitung»

pas sans poser de grands problèmes. Assez rapidement s'installa un changement dans la structure sociale et économique. L'épanouissement économique se refléta dans la création de la Lienzer Sparkasse en 1878, première banque du canton, bientôt suivie par d'autres.

Le tourisme, qui avait timidement débuté dans la première moitié du siècle, devint à partir de la mise en service de la ligne ferroviaire, un facteur économique de poids. Mais, fait regrettable, Lienz fut toujours considérée comme gare de passage. On essaya d'une manière privée ou officielle d'attirer le touriste dans la ville. Grâce à ces efforts, Lienz devint une ville propre et attrayante, appréciée par bien des touristes.

La situation économique pendant et après la 1ère Guerre Mondiale ne fut pas très favorable non seulement à Lienz mais aussi dans toute l'Autriche. Au début des années 30, la crise économique mondiale toucha très gravement Lienz. Typique pour les années de «vaches maigres» fut la stagnation de la population entre les deux guerres.

Après l'anschluss le rattachement de l'Autriche à l'Allemagne en mars 1938, la commune de Patriasdorf fut réunie à Lienz dans le cadre des changements d'administration. Il s'ajouta bientôt plusieurs centaines de personnes déplacées venant du Tyrol du Sud aux quelques 700 habitants du village. L'aide américaine fut précieuse pour la reconstruction et la reprise économique après l'effondrement du 3e Reich. En 1948, il y eut le «plan Marshall» (European Recovery Program). Dans une époque toute récente, l'établissement d'industries et d'entreprises commerciales ainsi que l'augmentation rapide du tourisme amenèrent une consolidation dans le domaine économique.

Arbeiterfoto aus der Zeit des Baubooms um die Jahrhundertwende

Workmen during the building boom at the turn of the century

Foto di operai nel periodo del boom edilizio a fine secolo

Photo de travailleurs à l'époque du «boom» de la construction (vers 1900)

◁

Links: Lienzer Eisenbahner nach erfolgreichem Abschluß der Lokführerprüfung im Jahr 1910

Left: Lienz railwaymen after passing the engine drivers' test in 1910

A sinistra: Ferrovieri di Lienz dopo il superamento dell'esame di macchinista nel 1910

A gauche: Des cheminots après l'examen de conducteur de train en 1910

KÜNSTLERISCHES SCHAFFEN DURCH DIE JAHRHUNDERTE

Artistic Creativity down the Centuries ● La produzione artistica nel corso dei secoli ● La vie artistique au long des siècles

Wenn man von der Anlage des Burgums Lienz als städtebauliches Zeugnis und der ersten Bauphase von Schloß Bruck als hochmittelalterlicher Burganlage absieht, dann war in Lienz in der Zeit der Romanik fast ausschließlich die Kirche Auftraggeberin für alle Sparten künstlerischen Schaffens. Von den Kirchenbauten dieser Epoche kennen wir im Fall der Stadtpfarrkirche St. Andrä und der St.-Michaels-Kirche im wesentlichen nur den Grundriß, während das aufgehende Mauerwerk in die jeweiligen Folgebauten einbezogen wurde. Die plastischen Kunstwerke der Zeit der Romanik beschränkten sich mehr oder weniger auf die Bauplastik, die in St. Andrä von dem im Jahr 1204 geweihten Bau stammen, darunter zwei ehemalige Portallöwen und Reliefsteine. Zwei romanische Säulen mit Kapitell sind auch im Bergfrit von Schloß Bruck erhalten.

Im Jahr 1285 ist in Lienz erstmals ein Maler genannt: Wernher Bürger und Maler zu Lienz. Freilich kann man ihn nicht mit einem der erhaltenen Werke in direkte Verbindung bringen: Heiligendarstellungen in der Kapelle von Schloß Bruck (1270/80), Reste eines alttestamentarischen Zyklus (um 1300) in der Stadtpfarrkirche St. Andrä und Wandmalereien mit thronender Madonna und Kreuzigungsszene (um 1300) an der Außenwand von St. Michael. Aus dem 14. und beginnenden 15. Jahrhundert ist nur bruchstückhaftes Kunstschaffen überliefert. Auf der ehemaligen Westfassade von St. Andreas – heute hinter dem spätgotischen Vorbau – blieb ein Teil einer weitläufigen Komposition „Jüngstes Gericht" erhalten. In den Fresken wird venezianisch-friaulischer Einfluß spürbar. Vielleicht sind sie Werke eines Wan-

dermalers. Beim Siechenhaus in der Fortsetzung des Rindermarktes steht der älteste erhaltene bemalte Bildstock Tirols (um 1410).

Der Höhepunkt im mittelalterlichen Kunstschaffen von Lienz ist im 15. Jahrhundert anzusetzen, wobei in der Architektur, in der Malerei und im Kunsthandwerk einheimische Leistungen im Vordergrund stehen, während in der Plastik hauptsächlich auswärtiges Material, zum Teil von höchster Qualität, angeschafft worden ist. Im Bauwesen bahnte sich noch in der ersten Hälfte des 15. Jahrhunderts mit der Ausbildung der Görzer Bauhütte mit Lienz als Zentrum eine bemerkenswerte regionale Entwicklung an. Die Satzungen der Bauhütte wurden in der zweiten Jahrhunderthälfte schriftlich fixiert, indem Graf Leonhard von Görz dem Handwerk der Steinmetzen und

Madonna mit Kind und Kreuzigungsszene, spätromanische Fresken (gegen 1300) an der Außenwand von St. Michael

Madonna and child and Crucifixion scene, late Romanesque frescos (c. 1300) on the outside wall of St. Michael's

Madonna con bambino e crocefissione, affreschi tardo-romanici (verso il 1300) sulla parete esterna di St. Michael

Madone avec enfant Jésus et crucifixion, fresques du roman tardif (vers 1300) sur le mur extérieur de Saint-Michel

Links: Romanischer Portallöwe von St. Andrä, um 1200

Left: Romanesque lion in the portico of St. Andrew's, c. 1200

A sinistra: Decorazione di portale romanico a forma di leone di St. Andrä, 1200 ca.

A gauche: Lion du portail roman de Saint-André, vers 1200

Rechts: Zwei Apostel von einem Fresko „Jüngstes Gericht" in St. Andrä (Ende 14. Jh.)

Right: Two apostles from a Last Judgement fresco in St. Andrew's, late 14th cent.

A destra: Due apostoli dell'affresco "Giudizio universale" nella chiesa di St. Andrä (fine del 14° secolo)

A droite: Deux apôtres d'une fresque «Le Jugement dernier» à Saint-André (fin du 14e siècle)

Unten: Der alte Bildstock beim Siechenhaus, dessen Freskenschmuck (Einzelbild rechts aus der Zeit um 1410) verhältnismäßig gut erhalten ist

Below: The old wayside shrine by the Siechenhaus for incurables with relatively well preserved frescos (right) dating back to around 1410

Sotto: L'antica edicola presso la Siechenhaus, la cui decorazione con affreschi (immagine singola a destra) risalente al 1410 circa è relativamente ben conservata

En bas: L'ancien calvaire près de Siechenhaus (l'hospice) dont les fresques (à droite) de 1410 environ sont relativement bien conservées

Das Hauptwerk der Görzer Bauhütte ist die Stadtpfarrkirche zum hl. Andreas als gotische dreischiffige Basilika

The Parish Church of St. Andrew's, a Gothic triple-aisled basilica, is the main work by the Görz association of builders

La più importante realizzazione del cantiere dei goriziani è la chiesa parrocchiale di San Andrea; si tratta di una basilica gotica a tre navate

L'ouvrage principal réalisé par la «Bauhütte» des Görz est l'église paroissiale Saint-André, basilique gothique à 3 vaisseaux

▷

St. Andrä, Grundriß mit Eintragung der Rippenstruktur des Gewölbes

St. Andrew's, ground-plan with the ribbed structure of the vaulting

St. Andrä, pianta con le strutture della volta

Saint-André, plan avec structure de la voûte ogivale

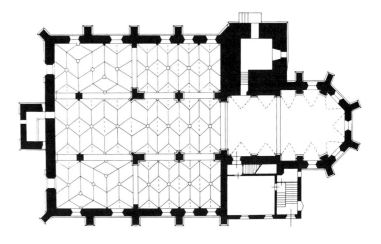

Bauinschrift in der Kirche St. Leonhard in St. Jakob in Defereggen, die an Hans von Lienz, einen Hauptmeister der Görzer Bauhütte, erinnert

Building inscription in the Church of St. Leonhard in St. Jakob in Defereggen, a reminder of Hans of Lienz, a chief master of the Görz building association

Indicazione di costruzione nella chiesa St. Leonhard a St. Jakob a Defereggen che ricorda Hans von Lienz, un capomastro del cantiere edile dei goriziani

Inscription dans l'église Saint-Leonhard à St. Jakob in Defereggen, qui rappelle Hans von Lienz, un des maîtres principaux de la Görzer Bauhütte

Unten: Die Krypta von St. Andrä, ein spätgotischer Zentralraum

Below: The crypt of St. Andrew's, a late Gothic room

Sotto: La cripta di St. Andrä, area centrale tardo-gotica

En bas: La crypte de Saint-André du gothique tardif

Maurer in der gesamten Grafschaft Görz mit 26. Juli 1476 eigene Statuten gab, die sich an der Regensburger Steinmetzordnung von 1459 orientierten.

Die Tätigkeit der Bauhütte erstreckte sich in erster Linie über das Pustertal und Oberkärnten. Gemessen an den zahlreichen Bauten sind nur wenige Namen von Meistern bekannt. Zwei ihrer Hauptwerke sind in Lienz erhalten: die Stadtpfarrkirche St. Andrä und die ehemalige Klosterkirche der Karmeliten (heute Franziskanerkirche). In St. Andrä erfolgte ab ca. 1430 der Umbau von einer romanischen einschiffigen Kirche zu einer gotischen dreischiffigen Basilika, einer architektonischen Besonderheit. Unter anderem wurde von der Görzer Bauhütte auch in der romanischen zweigeschoßigen Kapelle von Schloß Bruck ein einfaches Kreuzrippengewölbe mit rundem Schlußstein eingebaut.

In den in großer Zahl erhaltenen Fresken des 15. Jahrhunderts äußert sich ein stilistischer Zusammenhang mit der Kunst der Bischofsstadt Brixen. Man kennt einige Namen von Künstlern: Hans Frey, 1430 im Dienst der Grafen von Görz, Nikolaus Kenntner, von 1440 bis gegen 1460 nachzuweisen, Meister Kunz, 1452 als „Maler Bürger" in Lienz, Sebastian Gerumer, von 1463 bis 1498 faßbar, und Jakob Maler, 1494/98 aufscheinend, doch nur die Bildwerke von Kenntner und Gerumer sind signiert. Die Arbeiten dieser beiden Meister sind in der Stadtpfarrkirche, in der Karmeliten-Franziskanerkirche und auf Schloß Bruck anzutreffen, abgesehen von den Arbeiten außerhalb der Stadt Lienz.

In besonderer Weise verdient Simon Marenkl oder Mareigl, genannt „von Taisten", erwähnt zu werden. Zwar nicht aus Lienz, sondern aus dem Hochpustertal stammend, darf er als görzischer „Hofmaler" angesprochen werden. Denn mehrfach war er im Auftrag Graf Leonhards von Görz tätig. Kolorit und Linienführung sind bei ihm durchwegs hart, und ein Zug ins Stereotype ist unverkennbar. Da er bereits die Technik des „reinen Freskos" beherrschte, sind die Farben noch leuchtend frisch erhalten. Wie „Bildteppiche" überziehen seine Fresken die Wände von Sakralräumen und sind zugleich ein reicher Schatz für die realienkundliche Erforschung des ausgehenden Mittelalters. Das Werk des Simon von Taisten ist über das Pustertal und Oberkärnten verbreitet. Seine Hauptwerke befinden sich in der Wallfahrtskirche von Obermauern (1484/88) und in der

Die ehemalige Karmeliten- und heutige Franziskanerkirche gibt in Architektur und Freskenschmuck ein ziemlich einheitliches spätgotisches Erscheinungsbild wieder

The former Carmelite, now Franciscan, Church displays a late Gothic unity in its architecture and frescos

L'antica chiesa dei carmelitani, oggi dei francescani, offre, nella sua architettura e nelle sue decorazioni murali, un'immagine abbastanza uniforme del tardo gotico

L'ancienne église des Carmélites, aujourd'hui église des Franciscains est par l'architecture et la décoration des fresques un ensemble assez homogène du gothique tardif

Kapelle von Schloß Bruck, ausgeführt 1490/96. Das künstlerische Programm greift hier Szenen aus dem Leben Mariens („Verkündigung", „Schutzmantelmadonna", „Tod Mariens") und Jesu (Passionsszenen) auf, enthält einen Nothelferzyklus und einzelne Heiligendarstellungen.

Selbstverständlich sind auch noch mehrere spätgotische Bildwerke erhalten, die keinem bekannten Meister zugeordnet werden können. Was auch für die Zeugnisse des Kunsthandwerks, besonders der Goldschmiede, gilt. Vieles vom Kunstschaffen des Mittelalters ist verlorengegangen, der Schatz an Überkommenem aber ist reich genug, um die görzische Residenzstadt als Kunstzentrum mit Ausstrahlung zu erfassen.

In der Zeit nach dem Aussterben der Grafen von Görz (1500) wirkte die Görzer Bauhütte noch wei-

ter, wobei die bedeutendsten Meister, Andrä und Bartlmä Viertaler, aus Innichen kamen, die u. a. die Lienzer St.-Michaels-Kirche umgestaltet haben. Die Rippenstruktur der Gewölbe weist bei Bartlmä Viertaler als Besonderheit durchwegs achtblättrige Blütensterne auf. – Als nach 1500, in der Zeit der auslaufenden Gotik, die Bildhauerwerkstätten des Brixner Raumes bzw. des westlichen Pustertales, woher hauptsächlich die plastischen Werke bezogen worden waren, zu arbeiten aufhörten, übernahm man Arbeiten von Bildschnitzern der Villacher Gegend. Ein sehr gutes Beispiel dafür ist die Altarbauwerkstätte des Lienzer Malers Peter Peisch, der mit Kärntner Bildhauern zusammenarbeitete.

Kunst der Renaissance findet man in Lienz nur ansatzweise vor. Als ausgesprochen höfische Kunst konnte sie mit ihrem eher nüchternen Formkodex

◁

„St. Elisabeth" im „weichen Stil" der Hochgotik (um 1430), erhalten in St. Andrä

St. Elizabeth in the "soft" High Gothic style (c. 1430) in St. Andrew's

"St. Elisabeth" nello stile dolce dell'alto-gotico (1430 ca.), conservata in St. Andrä

Sainte Elisabeth, du gothique à son apogée (vers 1430) conservée à Saint-André

▷

Rechte Seite: Die „Leiblichen Werke der Barmherzigkeit", Fresko des Lienzer Malers Nikolaus Kenntner von 1454 in St. Andrä

Right: "Earthly Works of Compassion", a 1454 fresco by Nikolaus Kenntner of Lienz in St. Andrew's

Pagina a destra: Le opere della misericordia, affresco del pittore di Lienz Nikolaus Kenntner del 1454, a St. Andrä

Page de droite: «Leibliche Werke der Barmherzigkeit», fresque du peintre Nikolaus Kenntner de 1454 à Saint-André

weite Bevölkerungskreise nicht ansprechen. Die Renaissance tritt eigentlich nur in Zusammenhang mit der Familie derer von Graben bzw. den mit ihr verwandten Geschlechtern auf: Grabdenkmäler und Wappensteine und wenige Malereien, darunter ein ikonographisch bemerkenswertes gemaltes Reiterstandbild in Verbindung mit einer St.-Georgs-Darstellung in St. Michael. Die Tradition der Gotik geht nebenher und wurde gegen Ende des 16. Jahrhunderts sogar wieder stärker, deutlich zu erkennen

in den Malereien von Andrä Peuerweg und Stefan Flaschberger. Peuerweg vollendete in der Zeit von 1560 bis 1580 den Schmuck der Kapelle von Schloß Bruck mit Darstellungen aus der Passion Christi und dem Jüngsten Gericht, während sein Hauptwerk der vielteilige Bilderzyklus in St. Korbinian (Thal-Aßling) ist. Von Flaschberger ist u. a. ein großes Fastentuch (1598) aus Virgen erhalten, das sich im Museum auf Schloß Bruck befindet.
Die Zeit des Barock und zunächst die zweite Hälfte

Links: „Fastenmahnung" in Verbindung mit dem Memento-mori-Motiv in St. Andrä, Ende 15. Jh.

Left: "Lent Admonition" in connection with the "memento mori" motif in St. Andrew's, late 15th cent.

A sinistra: Esortazione alla quaresima ("Fastenmahnung") legata ad un motivo memento-mori a St. Andrä, fine del 15° secolo

A gauche: «L'exhortation au jeûne» avec le motif «memento mori» à Saint-André, fin du 15e siècle

Rechte Seite: „Krönung Mariens" durch die Dreifaltigkeit als Hochaltarfresko von Sebastian Gerumer in der Karmeliten-Franziskanerkirche (um 1480)

Right: "Coronation of the Virgin" by the Trinity, a high altar fresco by Sebastian Gerumer in the Carmelite-Franciscan Church (c. 1480)

Pagina a destra: "Incoronazione di Maria" nell'affresco dell'altare maggiore di Sebastian Gerumer nella chiesa dei carmelitani-francescani (1480 ca.)

Page de droite: «Krönung Mariens» («Le couronnement de la Vierge Marie») par la Sainte Trinité, fresque de l'autel réalisé par Sebastian Gerumer dans l'église des Franciscains (vers 1480)

des 17. Jahrhunderts war für das Lienzer Kunstschaffen eine besonders ergiebige Epoche, die sich zunächst in einer regen Bautätigkeit äußerte. Kapellen wurden errichtet und Renovierungen durchgeführt. Zum Beispiel wurde der Chor der St.-Michaels-Kirche erneuert. Vor allem aber wirkte diese Bauhütte, deren Tätigkeit man an verschiedenen Stileigenheiten verfolgen kann, außerhalb der Stadt Lienz. Zu den größeren Lienzer Bauvorhaben zählen im 17. Jahrhundert der Ausbau der Kapelle zum hl. Antonius am Hauptplatz (um 1660), im 18. Jahrhundert der Umbau der Liebburg nach dem Brand von 1723 und – als bedeutendster Lienzer Barockbau – die Heilig-Geist-Kirche des Bürgerspitals (ab 1727). In der gotischen Stadtpfarrkirche St. Andrä mußte nach einer Zerstörung durch Brand die Ausstattung des Presbyteriums erneuert werden, was mit viel Geschmack und anerkannten auswärtigen Künstlern um 1760 durchgeführt wurde. Als wichtigster einheimischer Baumeister des Barock ist Thomas Mayr (1733–1810) zu nennen. Mehrere Profan- und besonders Kirchenbauten im südöstlichen Tirol (Matrei, Ainet, Lavant, Asch, Abfaltersbach, Strassen, Außervillgraten, Innichen) sind sein Werk.

In der Zeit des frühen Barock, zu Beginn des 17. Jahrhunderts, wirkte Adam Baldauf (Paldauf) aus Meran in Lienz. Dieser wohl bedeutendste Tiroler Bildhauer seiner Zeit, der später sogar nach Wien berufen worden ist, schuf in Lienz u. a. den noch erhaltenen plastischen Schmuck des Orgelgehäuses (1618) von St. Andrä. Aus der Reihe der einheimischen Bildhauer des 17. und 18. Jahrhunderts ragt der aus Defereggen stammende Johann Paterer (1712–1785) hervor. Er war ein ungeheuer fleißiger und vielbeschäftigter Künstler. Sein reiches Œuvre ist über das östliche Pustertal, das Iseltal und selbst Oberkärnten verstreut. Seine Arbeiten für die Lienzer Kirchen sind zum Teil wieder verschwunden, in St. Andrä aber sind einige seiner qualitätvollen Werke zu sehen, darunter der Figurenschmuck am Kreuzaltar und eine Prozessionsfigur des Schutzengels in Schwebehaltung.

Vom frühen bis in das späte Barock hinein mangelte es der Stadt Lienz nie an Malern, die über eine mehr oder weniger große Kunstfertigkeit verfügten. Erasmus Hämmerl, die „Malerfamilie" der Hofmann, Thomas Valtiner oder Johann Georg Waginger haben uns Werke hinterlassen, die von entsprechendem

In der Kapelle von Schloß Bruck hat der Maler Simon von Taisten seinen Auftraggeber Graf Leonhard von Görz und dessen Gemahlin verewigt (1490/96)

Simon von Taisten, the painter, immortalized his patron, Count Leonhard of Görz, and the latter's wife in the chapel at Schloss Bruck (1490/96)

Il pittore Simon von Taisten ha immortalato il suo committente, il conte Leonhard von Görz, e la sua consorte nella cappella di castel Bruck (1490/96)

Dans la chapelle du château de Bruck, le peintre Simon von Taisten a immortalisé son commenditaire, le comte Leonhard von Görz et sa femme (1490/96)

Rechte Seite: Blick in die doppelgeschoßige Kapelle von Schloß Bruck, wobei die Wände mit spätmittelalterlichen Gemälden geschmückt sind

Right: A view of the two-storeyed chapel at Schloss Bruck, its walls adorned with late mediaeval paintings

Pagina a destra: Veduta della cappella a due piani di castel Bruck, con le pareti decorate con dipinti del tardo medioevo

Page de droite: Vue dans la chapelle à deux étages du château de Bruck, dont les murs sont décorés de peintures du moyen âge tardif

Hohe Qualität besitzen die Lienzer Goldschmiedearbeiten des
15. Jahrhunderts

15th century Lienz goldsmith work displays high quality

I lavori degli orafi del quindicesimo secolo sono contrassegnati
da alta qualità

Les travaux des orfèvres de Lienz au 15e siècle sont d'une
remarquable qualité

Links: „Schutzmantelmadonna", Fresko des Simon von Taisten in der Dreifaltigkeitskapelle von Schloß Bruck (1490/96)

Left: "Madonna of Mercy" fresco by Simon von Taisten in
the Trinity Chapel at Schloss Bruck (1490/96)

A sinistra: "Madonna con manto", affresco di Simon von
Taisten nella cappella della Trinità di castel Bruck (1490/96)

Page de gauche: «Schutzmantelmadonna» («Madone au
manteau protecteur»), fresque de Simon von Taisten dans la
chapelle de la Sainte Trinité au château de Bruck (1490/96)

Können zeugen. Dennoch scheute man sich in Lienz nie, auch auswärtige Künstler von Rang zu engagieren, so Anton Zoller aus Telfs, Josef Adam Mölck aus Rodaun bei Wien, Josef Ferdinand Fromiller aus Klagenfurt. Neben diesen Malern arbeiteten in Lienz z. B. die Stukkateure und Altarbauer Johann Mussack d. J. aus Sistrans bei Innsbruck oder die Brüder Moosbrugger aus Vorarlberg. Die Kunstgesinnung der Stadt und ihrer Bürger beweisen auch zahlreiche erhaltene Arbeiten des Kunsthandwerks, von Goldschmieden über Zinngießer und Kunstschmiede bis zu den Kachlern.

Im 19. Jahrhundert hat man allgemein die Stile der Vergangenheit wiederentdeckt, was sich u. a. bei diversen Kirchenrenovierungen auswirkte. Viele damals geschaffene Werke sind wieder beseitigt. Erhalten blieben z. B. in St. Andrä der klassizistische „Rosenkranzaltar" (1829/31), die neugotische Kanzel (1859) und die Kirchenbänke und -fenster. Seit ca. 1870 setzte in Lienz ein Bauboom ein, der mit der explosionsartigen Zunahme der Bevölkerung zusammenhängt. Kunsthistorisch interessant sind v. a. die Villen im Neo-Renaissancestil, die im Westen des bisher verbauten Gebietes errichtet wurden. Auch im alten Stadtbereich entstanden laufend qualitätvolle Neu- und Umbauten, wie z. B. das Knabenschulhaus (heute Hauptschule Zentrum) in der Muchargasse (1903/04), das Hotel „Lienzerhof" (1908/10) oder die Kaiser-Franz-Joseph-Kaserne (1910/11). Um 1910 kehrte man sich von historischen oder pseudohistorischen Stilen ab. Während Einflüsse des Jugendstils nur an wenigen Lienzer Bauten nachzuweisen sind (u. a. Villa „Sonnenhof"), errichtete man manche Villen nun in einer phantasievollen Mischung verschiedener Stile oder in einem „einheimischen Stil", einem bewußten Tiroler Stil.

Die Malerpersönlichkeiten des 19. Jahrhunderts, die Lienz hervorgebracht hat, haben zum Teil weit über ihre Heimat hinaus Bedeutung erlangt. Andreas Gatterer (1810–1868) erhielt seine Ausbildung an der Münchner Akademie. Die Stärke dieses typischen Biedermeiermalers war das Porträt, mit dem er sich in München einen Namen gemacht hat. Karl Hofmann (1852–1926), als Maler Autodidakt, hinterließ ein umfangreiches Werk. Zahlreich sind seine Landschaftsbilder, überlegt komponiert und duftig gemalt, mit Anklängen an den Impressionismus. Hugo Engl (1852–1926) studierte in München und wandte

Die kurz nach 1500 erneuerte Kirche St. Michael mit dem zu Beginn des 18. Jahrhunderts errichteten barocken Turm

The Church of St. Michael, rebuilt shortly after 1500, and the baroque tower erected in the early 18th century

La chiesa di St. Michael, ristrutturata poco dopo il 1500 con la torre barocca eretta all'inizio del 18° secolo

L'église Saint-Michel rénovée peu après 1500 avec la tour baroque érigée au début du 18e siècle

Unten: Grabstein des Ritters Virgil von Graben († 1507), der das Benefizium bei St. Michael gestiftet hat

Below: Tombstone of Virgil von Graben († 1507), the knight who donated the benefice of St. Michael

Sotto: Pietra tombale del cavaliere Virgil von Graben († 1507), che ha lasciato il beneficio (prebenda) di St. Michael

En bas: Pierre tombale du chevalier Virgil von Graben (mort en 1507) qui a fait don du bénéfice près de Saint-Michel

Blick in das Gewölbe von St. Michael, ein Werk des Bartlmä Viertaler vom Beginn des 16. Jahrhunderts

View of the vaulting in St. Michael's, early 16th cent., by Bartlmä Viertaler

Veduta della volta di St. Michael, opera di Bartlmä Viertaler dell'inizio del 16° secolo

Vue sur la voûte de Saint-Michel, ouvrage du début du 16ᵉ siècle de Bartlmä Viertaler

sich der Genre- und vor allem der Jagdmalerei zu, mit der er bald große Anerkennung fand.

München besaß in der zweiten Hälfte des 19. Jahrhunderts durch die Anwesenheit Franz von Defreggers (1835–1921), der an der Akademie lehrte, große Anziehungskraft. Er stammte aus der Lienzer Gegend, aus Stronach am Iselsberg. Sein Naturalismus kommt besonders im Landschaftsbild und im Porträt zum Ausdruck. Seinen Genrebildern liegt keine dramatische Auffassung zugrunde; seine schildernde Malerei wollte keine großen Probleme aufrollen. In seinen bekannten Historienbildern befaßte er sich mit dem Tiroler Freiheitskampf des Jahres 1809. Welche Begeisterung seiner Kunst heute noch entgegengebracht wird, bewies der Erfolg der 1987 in Lienz durchgeführten Tiroler Landesausstellung „Franz von Defregger und sein Kreis".

In München studierte auch Albin Egger-Lienz (1868–1926). Wenn er auch nie unmittelbarer Schüler Defreggers war, verschrieb er sich doch wie dieser der Darstellung des bäuerlichen Menschen und dem Historienbild. Allerdings entfernte er sich bald schon weit von Defregger, denn seine in Form und Farbe vereinfachte Darstellungsweise erhebt den Tiroler Bauern immer mehr zu einem Symbol für den Menschen schlechthin. Eines seiner ersten aufsehenerregenden Gemälde war „Das Kreuz" (1898/1901), das eine Episode des Freiheitskampfes von 1809 an der Lienzer Klause aufgreift. Entsprechend seinem Sinn für Gewaltiges und Monumentales beschäftigte ihn auch das menschliche Schicksal im Kriegsgeschehen des Ersten Weltkrieges. In Eggers letzten Lebensjahren entstanden die großen Gedankenmalereien wie „Kriegsfrauen", „Generationen" oder „Auferstehung". Das letzte große Werk von Albin Egger-Lienz ist der Gemäldezyklus in der Kriegergedächtniskapelle (1925) in Lienz, die der Architekt Clemens Holzmeister errichtet hatte. – Indem Egger-Lienz mit der Tradition brach, wurde er zu Lebzeiten vielfach mißverstanden. Aber gerade dieser Umstand kennzeichnet ihn als Avantgardisten in der österreichischen Malerei.

Nicht in der bildenden Kunst, sondern in einem anderen Metier, der Musik, hat der aus Lienz gebürtige Komponist Josef Gasser (1873–1957) in den zwanziger und dreißiger Jahren den Höhepunkt seiner Schaffenskraft erreicht. Ab 1922 wirkte er als Chorregent im Kloster Neustift bei Brixen und als Hauskapellmeister des Brixner Domchores. Er hinterließ ein umfangreiches Werk, geprägt vom Stil der Spätromantik, mit vielen Messen, Motetten, Singspielen, Kammermusik, Liedern usw.

Ungefähr gleichzeitig wirkte hauptsächlich in Lienz Anton Linder (1864–1951), ein hervorragender Zithervirtuose, der durch seine Liederkompositionen, vorwiegend für Männerchöre, über Österreich hinaus bekannt wurde.

Auf literarischem Gebiet hat Fanny Wibmer-Pedit (1890–1967) noch in der Zwischenkriegszeit ihre Karriere als Tiroler Heimatschriftstellerin beginnen können. Vor allem war sie von der bäuerlichen Welt und der Geschichte des Landes Tirol so fasziniert, daß sie sich diesen Themen hauptsächlich zuwandte. Ihr erster Roman „Medardus Siegenwart" erschien 1929. Ihr Schaffen leitet in die Nachkriegszeit über und erreicht in den fünfziger und sechziger Jahren seinen Höhepunkt. Einen besonderen Erfolg bedeutet die Romantrilogie „Meinhard II.", „Um Kronen und Reiche", „Margarethe Maultasch" (1953). Zu Recht wird Fanny Wibmer-Pedit mit den Dichterinnen Enrica Handel-Mazzetti und Paula Grogger in einem Atemzug genannt, womit ihr ein fester Platz in der österreichischen Literaturgeschichte gesichert ist.

Zum geistigen Image der Stadt tragen auch jene Lienzer bei, die ihr Wirken weit außerhalb ihrer Heimat entfaltet haben. Diesbezüglich waren im 19. Jahrhundert die bekanntesten Persönlichkeiten Albert Muchar von Bied und Rangfeld OSB (1786–1849), Historiker an der Universität Graz, der u. a. eine achtbändige Geschichte der Steiermark verfaßte, und Beda Weber (1798–1858), Theologe, Historiker, Volkskundler, Topograph, Dichter und Schriftsteller, überdies politisch tätig, insgesamt eine der führenden Persönlichkeiten im Geistesleben des tirolischen Vormärz. Im Jahr 1848 in die Deutsche Nationalversammlung in Frankfurt entsandt, avancierte er zum dortigen Stadtpfarrer. – Zwei weitere Geisteswissenschafter sind die in Bozen bzw. Hall in Tirol wirkenden Franziskanerpatres Markus Vergeiner (1801–1883), ein Sprachwissenschafter, der sich besonders mit orientalischen Sprachen beschäftigte, und Flavian Orgler (1825–1896). Er befaßte sich mit der Erforschung des tirolischen Altertums und mit biographischen Studien. – Emanuel von Hibler (1865–1911), Inhaber des Lehrstuhls für pathologische Anatomie an der Universität Innsbruck, publizierte wissenschaftliche Arbeiten, die in der Fachwelt mit großer Begeisterung aufgenommen wurden. – Josef Rheden (1873–1946), dessen Eltern allerdings von Lienz in das Nachbardorf Amlach umgezogen waren, erlangte als Professor für Astronomie und Leiter der Universitätssternwarte in Wien u. a. durch die Erstellung der „Rhedenschen Belichtungstabelle" einen internationalen Bekanntheitsgrad. – Josef Wartscher (1879–1926) wanderte nach Amerika aus. Zu seinen Erfindungen zählte der „plastische Film". Zu den bedeutendsten, im 20. Jahrhundert auswärts wirkenden Lienzern gehört DDDr. Andreas Rohracher (1892–1976), Erzbischof von Salzburg. – Univ.-Prof. DDr. Hubert Rohracher (1903–1972),

Vorstand des Instituts für Psychologie der Universität Wien und mehrjähriger Präsident der Österreichischen Akademie der Wissenschaften, kam bei seinen Forschungen zu bedeutenden, international beachteten Ergebnissen. – Monsignore DDr. Jakob Obersteiner (geb. 1902) in Klagenfurt besticht durch sein außerordentliches Sprachgenie und hat auch bibelwissenschaftliche und historische Werke vorgelegt. – Univ.-Prof. Dr. Hermann Wiesflecker (geb. 1913) in Graz hat besonders durch die Aufarbeitung der Persönlichkeit Kaiser Maximilians I. und seiner Zeit höchste Wertschätzung erlangt. – Univ.-Prof. Dipl.-Ing. Dr. Karl Schedl (1898–1979), Naturwissenschafter von internationalem Rang, befaßte sich mit Käferforschung und der praktischen Schädlingsbe-

Heimerand Freiherr von Rain († 1543) als St. Georg auf einem Seccogemälde in St. Michael

Heimerand, Baron von Rain († 1543), depicted as St. George on a secco painting in St. Michael's

Il barone Heimerand von Rain († 1543) ritratto come San Giorgio su un dipinto a secco nella chiesa di St. Michael

Heimerand, baron de Rain (mort en 1543) en Saint-Georges sur une peinture «a secco» à Saint-Michel

kämpfung. Er wirkte in Kanada, Wien, München, Hannoveranisch Münden und Eberwalde, um nach dem Zweiten Weltkrieg wieder nach Österreich zurückzukehren.

Eine kulturelle Tat von bleibendem Wert, die in der nationalsozialistischen Ära initiiert worden ist, war die Erwerbung von Schloß Bruck durch die Stadt Lienz und seine Adaptierung als Museum. Ein Museumsverein war schon 1907 gegründet worden, die gesammelten Objekte besaßen jedoch keine Heimstatt von Dauer. Das Museum auf Schloß Bruck wurde am 14. Juni 1943 eröffnet. Inzwischen ist es um zahllose Objekte bereichert worden und bildet einen kulturellen Konzentrationspunkt inmitten des Bezirkes Lienz. Durch Sonderausstellungen vor allem lebender Künstler hat es auch in der aktuellen Kunstförderung große Bedeutung.

Die bildende Kunst der Nachkriegszeit weist eine erstaunliche Vielfalt auf. Unter Bildhauern, Malern und Graphikern finden sich dem Traditionellen verpflichtete Strömungen, ebenso wie Anhänger der Abstraktion, der Pop-art, des Phantastischen Realismus oder der wieder neu entdeckten Gegenständlichkeit. Mehrfach ist es zu Zusammenschlüssen von Künstlern gekommen, wobei vor allem Josef Manfreda (1890–1967) und Franz Walchegger (1913 bis 1965) zunächst die treibenden Kräfte waren. Andere Künstler, wie Elisabeth Ohnweiler, Gertrude Purtscher-Kallab, Cornelia Mayer, Sepp Defregger, Franz Wimmer und Toni Fronthaler, hatten in der Kunstszene nach 1945 in Lienz ihren Stellenwert. Einer jüngeren Generation gehören Hermann Pedit und Leo Ganzer an, der Lienz schon lange verlassen hat. Internationale Bedeutung darf Jos (José) Pirkner zugebilligt werden, der sehr viele Jahre in den Niederlanden gewirkt hat und in seiner Heimatstadt mit mehreren Arbeiten vertreten ist. In Lienz arbeiten natürlich nicht nur hier geborene Künstler, auch auswärtige haben sich hier niedergelassen, zum Beispiel Kurt Baluch, Michaela Hirtl, Hans Steininger. So wie die Stadt für die schöpferischen Kräfte im ganzen Bezirk Anziehung besitzt, so ist sie ein wenig geistige Heimat auch für jene Künstler geblieben, die nach auswärts gegangen sind, wie der Architekt Raimund Abraham (New York) und die Maler, Graphiker bzw. Bildhauer Othmar Eder, Michael Hedwig, Hilke Lob, Franziska Mikl-Wibmer (†), Hannes Neuhold, German Pizzinini, Maria Romay, Constanze Stotter, Heinz Waschgler.

Unter den Künstlern der Gegenwart, die hauptsächlich in Lienz bzw. seiner näheren und weiteren Umgebung ansässig und hier mit bedeutenden Werken vertreten sind, dürfen – unabhängig von ihrer Ausbildung – genannt werden: Adrian Egger (†), Gottfried Fuetsch, Oswald Kollreider, Siegfried Lindner, Hannelore Nenning-Bodner, Hermann Pedit, Jos Pirkner, Georg Reitter, Lois Salcher, Othmar Sieger, Fausto (Verra), Gerhard Wassnig, Lorenz (Wendlinger) u. a. Auch die Bildhauer, die aus der Grödner Schnitzertradition kommen, bereichern das Lienzer Kunstgeschehen. Mittlerfunktion zwischen den Künstlern und dem aufgeschlossenen Publikum übernehmen seit Jahren die Städtische Galerie, eine dem Museum der Stadt Lienz auf Schloß Bruck angeschlossene Sondergalerie und private Galerien. Unter diesen teils kurzlebigen Institutionen ragt die Galerie „Rondula" hervor.

Gedenktafel für Paul und Ursula von Leubelfing in St. Michael, eine Arbeit des Lienzer Malers Andrä Peuerweg von 1578

Memorial tablet to Paul and Ursula von Leubelfing in St. Michael's, a work by the Lienz painter Andrä Peuerweg (1578)

Tavola votiva per Paul e Ursula von Leubelfing nella chiesa St. Michael, un'opera del pittore di Lienz Andrä Peuerweg del 1578

Tableau en souvenir de Paul et Ursula von Leubelfing à Saint-Michel, un travail du peintre Andrä Peuerweg de 1578

Artistic Creativity down the Centuries

During the Romanesque period the Church constituted more or less the sole patron for all spheres of art. Of the church buildings of that epoch, we are only familiar with the ground plan of St. Andrew's and St. Michael's; the walls merged into subsequent buildings. Sculptural works in the Romanesque period are limited more or less to those which formed part of the building of St. Andrew, consecrated in 1204. They include two lions, which once adorned the main entrance, and relief stones. Two Romanesque columns with capitals are preserved in the keep of Schloss Bruck; the first phase of that building also dates back to the Romanesque period.

The first mention of a painter in Lienz, Wernher, is recorded in 1285, although it is not possible to associate him directly with any of the remaining works, such as the saints depicted in the chapel of Schloss Bruck (1270/80), the remains of an Old Testament cycle (c. 1300) in the Parish Church of St. Andrew or the enthroned madonna and the Crucifixion scene (c. 1300) on the outside wall of St. Michael's. Only fragments of 14th and early 15th century art remain. Part of a "Last Judgement" composition was preserved on the former west façade of St. Andrew's, now hidden by the late Gothic front. The influence of Venice and Friuli can be sensed in the frescos. Perhaps they were the work of a wandering painter. The wayside shrine by the hospital for incurables ("Siechenhaus") is the oldest such painted shrine to have been preserved in the Tyrol (c. 1410).

The heyday of mediaeval art in Lienz was the 15th century, local artists featuring prominently in architecture, painting and the decorative arts, whereas the sculpture works, some of them of the very highest quality, were created by outside artists. The development of the Görz association of builders in the first half of the 15th century – Lienz was its centre – signified a remarkable regional development. Its statutes were established in writing in the second half of the century: primarily, its work extended over the Pustertal and Upper Carinthia. Only a few of the master builders' names are known. Two of their main works have been preserved in Lienz: the Parish Church of St. Andrew and the former Carmelite, now Franciscan, Church. As from c. 1430 St. Andrew's was converted from a Romanesque aisleless church to a Gothic triple-aisled basilica, an architectonic speciality.

The many 15th century frescos that have been preserved show a stylistic link with the art of Brixen, the seat of the bishop. Several artists are known by name, but only the works of Nikolaus Kenntner and Sebastian Gerumer are signed. They are to be found in the Parish Church, the Carmelite-Franciscan Church and at Schloss Bruck, apart from works by these masters outside the town of Lienz. Simon Marenkl, called "von Taisten" is worthy of special mention. A native of the Pustertal, he can be regarded as the court painter to the Görz since he carried out various commissions for Count Leonhard of Görz. His command of the true fresco technique meant that his wall decorations have remained freshly radiant. Simon von Taisten's main works are to be found in the Pilgrimage Church of Obermauern (1484/88) and in the chapel at Schloss Bruck, executed in 1490/96.

Various late Gothic sculptures have also been preserved, but these cannot be attributed to any of the masters. The same applies to the decorative arts, particularly the work of goldsmiths. Many mediaeval

$\triangleright$

Rechte Seite: Ausschnitt aus dem „Virger Fastentuch" des Lienzer Malers Stefan Flaschberger von 1598 (Schloß Bruck)

Right: Section of the Lenten cloth by Stefan Flaschberger, 1598 (Schloss Bruck)

Pagina a destra: Scorcio della tela quaresimale di Virgen del pittore di Lienz Stefan Flaschberger del 1598 (castel Bruck)

Page de droite: Partie du «Virger Fastentuch» (tenture de carême) de 1598 du peintre de Lienz Stefan Flaschberger (château de Bruck)

landrichter Zu eins · · Fridreg Gewit · haus pfleger auf Schloß priug · · Idem leutehaus ·

Borg wazmstat · schreiber zu kientz · · Chorraude ferbe · in sein heist reo · · Borg Doser Cassier ·

hanns Negele zu pagen · · Andre Troier bey Sant Andre · · hanns paurthein ·

Die Spitalskirche mit ihrer qualitätvollen spätbarocken Ausstattung fiel 1945 den Bomben zum Opfer

The Hospital Church and its high quality, late baroque interior became a victim of the bombing in 1945

La chiesa dell'ospedale con le sue opere tardo-barocche di alto livello venne distrutta dalle bombe nel 1945

L'église de l'hôpital (Spitalskirche) avec son interieur du gothique tardif très beau fut la victime des bombes en 1945

▷

Rechts: Das Antoniuskirchlein am Hauptplatz wurde gegen 1660 errichtet

Right: The Chapel of St. Anthony in the main square was built in around 1660

A destra: La chiesetta di S. Antonio sulla piazza principale venne costruita intorno al 1660

A droite: La petite église Saint-Antoine sur la place principale fut construite vers 1660

Rechte Seite: Das Presbyterium von St. Andrä wurde um 1760 barockisiert

Right: The presbytery of St. Andrew's was baroquified in around 1760

Pagina a destra: Il presbiterio di St. Andrä subì una trasformazione barocca nel 1760 circa

Page de droite: Le presbytère de Saint-André baroquisé en 1760

works of art have been lost, but the wealth of what remains is sufficient to classify the residential town of the Görz as a radiant centre of art.

After the Görz line died out (1500), their building association continued its work. Andrä and Bartlmä Viertaler, the association's most outstanding masters, were responsible for the alteration work in St. Michael's Church in Lienz. Only the rudiments of Renaissance art are to be found in Lienz. Unmistakably courtly in character, its classically restrained code did not appeal to wide sections of the population. The Renaissance only really makes its appearance in connection with the Graben family and related dynasties: tombstones, armorial tablets and few paintings, or an iconographically remarkable painted equestrian statue in connection with a representation of St. George in St. Michael's. The Gothic tradition actually became stronger towards the end of the 16th century and is plainly recognizable in the paintings of Andrä Peuerweg and Stefan Flaschberger. Peuerweg completed the decorations for the chapel at Schloss Bruck in the

Der Hochaltar von St. Korbinian in Thal (Assling) entstand – wie andere Altäre – um 1660 in Zusammenarbeit von drei Lienzer Künstlern: Tischler Adam Kopfgueter, Bildhauer Niklas Egger, Maler Johann Hofmann d. Ä.

The high altar of St. Korbinian in Thal (Assling) was the combined work of Adam Kopfgueter, cabinet-maker, Niklas Egger, sculptor, and Johann Hofmann the elder, painter, in around 1660

L'altare maggiore di St. Korbinian in Thal (Assling) è stato realizzato, come altri, intorno al 1660 grazie alla collaborazione di tre artisti di Lienz: il falegname Adam Kopfgueter, lo sculture Niklas Egger, il pittore Johann Hofmann il vecchio

L'autel principal de Saint-Corbinien à Thal (Assling) fut le résultat de la collaboration de 3 artistes de Lienz en 1660: le menuisier Adam Kopfgueter, le sculpteur Niklas Egger, le peintre Johann Hofmann l'ancien

144

Rechts: Der einheimische Barockbildhauer Johann Paterer hinterließ eine Reihe qualitätvoller Werke, wozu auch die Kirchenväter-Büsten von St. Michael gehören (um 1750/60)

Right: Johann Paterer, the local baroque sculptor, left a series of high quality works, among them the busts of the Fathers of the Church in St. Michael's (c. 1750/60)

A destra: Lo scultore barocco del posto, Johann Paterer, ha lasciato una grande quantità di opere di alto pregio, tra cui i busti dei padri della chiesa di St. Michael (1750/60 ca.)

A droite: Le sculpteur local du baroque, Johann Paterer, laissa une série d'œuvres excellentes, parmi lesquelles les bustes des Pères de L'Eglise dans l'église Saint-Michel (vers 1750/60)

◁

Links: Als Werk des Bildhauers Adam Baldauf blieb der plastische Schmuck der Orgel von St. Andrä aus dem Jahr 1618 erhalten

Left: Dating back to 1618, the sculptural work by Adam Baldauf on the organ in St. Andrew's has been preserved

A sinistra: E' rimasta conservata la decorazione plastica dell'organo di St. Andrä, risalente al 1618, realizzata dallo scultore Adam Baldauf

A gauche: La décoration plastique de l'orgue de Saint-André de l'année 1618 a été conservée (travail de Adam Baldauf)

period between 1560 and 1580. The Lenten cloth (1598) from Virgen is one of Flaschberger's remaining works and can be viewed in the Municipal Museum of Lienz at Schloss Bruck.

The baroque age and the second half of the 17th century constituted a fruitful epoch in Lienz art. This was at first expressed in great building activity, chapels being erected and renovation work carried out. The chancel of St. Michael's Church was restored at that time. This building association, its work characterized by various peculiarities of style, was particularly active outside Lienz, however. Among the major Lienz building projects in the 17th century was the enlargement of the Chapel of St. Anthony (c. 1660) in the main square and, in the 18th century, the renovation of the Liebburg after the fire of 1723 or – the most outstanding baroque building in Lienz – the Holy Ghost Church at the hospital (after 1727). The presbytery in the Gothic Parish Church of St. Andrew had to be redecorated after a fire and this was carried out most tastefully in around 1760 by acknowledged artists from elsewhere. Thomas Mayr (1733–1810) is regarded as the major baroque architect. Several profane buildings, but particularly churches in the south-east Tyrol are his work.

During the early baroque era, at the beginning of the 17th century, Adam Baldauf of Meran worked in Lienz. The most outstanding Tyrolean sculptor of his age, he was later summoned to Vienna. Still preserved today, the sculptural decorations on the organ casing (1618) at St. Andrew's are his creation. Johann Paterer (1712–1785) of Defereggen stands out from all other local 17th and 18th century sculptors. An industrious and frequently employed artist, his works can be found in the east of the Pustertal, the Iseltal and Upper Carinthia. Some of his sculptures for Lienz churches have disappeared, but there are several examples of a high quality in St. Andrew's Church, among them the figures decorating the altar of the Cross, to which the church is dedicated, and a processional figure of a hovering guardian angel.

From the early to the late baroque period the town of Lienz never lacked painters of talent. Erasmus Hämmerl, the Hofmann "painting family", Thomas Valtiner and Johann Georg Waginger have all left works which demonstrate their skill. And yet, Lienz never hesitated to engage artists from elsewhere, among them Anton Zoller of Telfs, Josef Adam Mölck of Rodaun near Vienna and Josef Ferdinand Fromiller of Klagenfurt. Further evidence of the discernment shown by the town and its citizens is also provided by the many remaining examples of decorative art, the work of the goldsmith, the pewterer, the locksmith and the tiler.

In the 19th century past styles were rediscovered and this had an impact on church renovation and new buildings. As from c. 1870 a building boom was registered in Lienz in connection, no doubt, with the sudden increase in population. The villas in neo-Renaissance style are particularly interesting from an artistic and historical point of view, so are several major projects, such as the boys' school in the Muchargasse. In around 1910 there was a general withdrawal from historical styles; art nouveau influences are only evident in a few Lienz buildings, many of the villas now being built in a "domestic style".

The 19th century painters from the Lienz area were personalities of sigificance far beyond the confines of their home. Andreas Gatterer (1810–1868) received his training at the Munich Academy; this Biedermeier painter's forte was portraiture. Karl Hofmann (1852–1926), an autodidact, left an

Der spätbarocke „Kreuzaltar" in St. Andrä, ein 1774/76 entstandenes Werk des Johann Mussack d. J. aus Sistrans bei Innsbruck, wobei der Großteil des plastischen Schmucks von Johann Paterer herrührt

The late baroque Altar of the Cross in St. Andrew's (1774/76) was the work of Johann Mussack the younger of Sistrans, most of the sculpture work is by Johann Paterer

L'altare della croce tardo-barocco di St. Andrä, è un'opera realizzata nel 1774/76 da Johann Mussack il giovane, da Sistrans vicino ad Innsbruck. La maggior parte della decorazione plastica è stata creata da Johann Paterer

L'autel du baroque tardif à Saint-André, une œuvre de Johann Mussack le jeune (venu de Sistrans près d'Innsbruck), réalisée en 1774/76; la plus grande partie de la décoration plastique provient de Johann Paterer

extensive legacy that includes numerous landscapes, composed carefully and with a light touch, with echoes of Impressionism. Hugo Engl (1852–1926) studied in Munich and favoured genre painting and hunting scenes which were much acclaimed.

Thanks to the presence of Franz von Defregger (1835–1921), who taught at the Academy, Munich possessed great attraction in the second half of the 19th century. Defregger came from the Lienz area, from Stronach on the Iselsberg. His naturalism came into play particularly in landscapes and portraits. His genre paintings were by no means dramatically conceived, he was a narrator with no desire to broach major problems. In his history paintings he dealt with the Tyrolean struggles of 1809.

Munich was also the place where Albin Egger-Lienz (1868–1926) studied. Although never an immediate pupil of Defregger's, he, too, was pledged to depicting peasant life and to history painting. He moved further and further away from Defregger, his simplified method of depiction exalting the Tyrolean peasant who becomes the very symbol of man. One of his first paintings to attract attention was "The Cross" (1898/1901), depicting an episode during the struggles of 1809. His sense of the monumental prompted his concern for human fate during the First World War. Egger-Lienz' last great work was the cycle of paintings for the War Memorial Chapel (1925) in Lienz, designed by the famous Clemens Holzmeister. During his lifetime Egger-Lienz was frequently misunderstood, but this very circumstance distinguishes him as one of the Austrian art avantgarde.

It was not in the visual arts, but in music that Josef Gasser (1873–1957) made his mark. This composer reached the height of his creative powers in the Twenties and Thirties, working as choir director in Neustift Abbey and as resident conductor of Brixen cathedral choir. He left extensive works in the late romantic style, including masses, motets, *Singspiele,* chamber music, *Lieder* etc.

One cultural act of permanent value, initiated during the National Socialist era, was the acquisition of Schloss Bruck by the Municipality of Lienz and its conversion into a museum. A museum association had been founded in 1907, but the collected objects found no permanent home. The museum at Schloss Bruck was opened in June 1943, the collections have meanwhile been greatly augmented and provide a cultural focal point in the Lienz district. Special exhibitions are also held here to promote the work of contemporary artists.

The fine arts in the post-War era exhibit an astonishing variety. Amongst the sculptors, painters and graphic artists, traditional tendencies are found alongside abstract art, pop art, "fantastic realism" and the rediscovered objectivity. The name of Franz Walchegger (1913–1965) is taken to represent them all here.

La produzione artistica nel corso dei secoli

Nel periodo romanico era quasi esclusivamente la chiesa a commissionare le opere nei diversi settori dell'arte. Delle chiese costruite in quel periodo – la chiesa parrocchiale di St. Andrä e la chiesa di St. Michael – ci è nota solo la pianta, mentre le mura sono state assorbite dagli edifici eretti in seguito. Le opere plastiche del periodo romanico si limitano alla decorazione della chiesa di St. Andrä, consacrata nel 1204, che comprende anche due leoni ai lati del portone nonché pietre in rilievo. Nella torre della rocca di castel Bruck sono conservate due colonne romaniche con capitello. La prima fase di costruzione del castello risale al periodo romanico.

Nel 1285 viene menzionato per la prima volta un pittore di Lienz: era Wernher, "cittadino e pittore a Lienz". Ma il suo nome non può essere collegato a nessuna delle opere conservate fino ai nostri giorni, vale a dire le raffigurazioni di santi nella cappella di castel Bruck (1270/80), i resti di un ciclo del vecchio testamento (1300) nella chiesa parrocchiale di St. Andrä e le pitture murali con Madonna sul trono e la scena di crocefissione sul muro esterno di St. Michael (1300).

Dal 14° secolo e dalla prima parte del 15° secolo ci sono pervenute solo sporadiche testimonianze della produzione artistica. Sulla antica facciata ovest della chiesa di St. Andrä – oggi dietro l'avancorpo tardo-gotico – si trova conservata una parte della grande composizione sul "Giudizio Universale". E' evidente l'influsso veneziano-friulano. Forse si tratta di opera di un pittore ambulante. Presso la casa Siechenhaus, oltre il mercato del bestiame, troviamo la più vecchia edicola dipinta del Tirolo (circa 1410).

Il culmine della produzione artistica medioevale di Lienz si ebbe nel 15° secolo. Nell'architettura, nella pittura e nell'artigianato artistico si evidenziano in primo luogo le opere di artisti del luogo, mentre nella produzione plastica venne acquistato da fuori del materiale di altissima qualità.

Per quanto attiene all'edilizia, già nella prima metà del 15° secolo venne impiantato a Lienz un cantiere edile goriziano che raggiunse ben presto importanza e sviluppo regionale. Lo statuto del cantiere venne messo per iscritto nella seconda metà del secolo (1476). L'attività si estese soprattutto alla Val Pusteria e alla Carinzia superiore. Purtroppo non si conoscono che pochi nomi dei maestri costruttori di quell'epoca. Le due opere principali sono conservate a Lienz. Si tratta della chiesa parrocchiale di St. Andrä e della chiesa del convento dei carmelitani, ora francescani. St. Andrä era all'origine una chiesa romanica ad una navata. Dal 1430 subì la trasformazione in basilica gotica a tre navate, una particolarità architettonica sui generis.

Nei moltissimi affreschi del 15° secolo conservati, si scorge un legame stilistico con l'arte della città vescovile di Bressanone. Solo i lavori di Nikolaus

▷

Das Deckengemälde „St. Andreas als Fürsprecher der Stadt Lienz in verschiedenen Nöten" in der Stadtpfarrkirche schuf der Wiener Künstler Josef Adam Mölck im Jahr 1761

"St. Andrew as intercessor for the town of Lienz in need" on the ceiling of the Parish Church was created by Josef Adam Mölck of Vienna in 1761

L'artista viennese Josef Adam Mölck realizzò, nel 1761, il dipinto sul soffitto della chiesa parrocchiale "San Andrea intercede per la città in diverse occasioni difficili"

Les peintures du plafond «Saint André comme intercesseur pour la ville de Lienz dans les malheurs» dans l'église paroissiale furent réalisées par l'artiste viennois J. A. Mölck en 1761

Kenntner e di Sebastian Gerumer sono firmati. Opere di questi pittori si trovano nella chiesa parrocchiale, nella chiesa carmelitana-francescana e a castel Bruck. Alcuni lavori sono conservati al di fuori di Lienz. Merita di essere menzionato in particolare un tale Simon Marenkl o Mareigl detto "von Taisten". Egli non era di Lienz, bensí dell'Alta Pusteria, tuttavia lo si può definire "pittore di corte" goriziano, poiché più volte svolse la sua attività per incarico del conte Leonhard di Gorizia. Egli aveva perfetta padronanza della tecnica dell'affresco puro, per cui i colori delle sue pitture murali si sono conservati in tutta la loro originaria freschezza. L'opera di Simon von Taisten si è estesa nella Val Pusteria e nella Carinzia superiore. I suoi lavori principali si trovano nel santuario di Obermauern (1484/88) e nella cappella di castel Bruck: risalgono agli anni 1490/96. Del periodo tardo-gotico sono conservate parecchie opere che non possono essere attribuite a nessuno dei maestri noti. Questo vale anche per le produzioni dell'artigianato artistico, in particolare per i lavori di gioielleria.

Molta parte della produzione artistica del medioevo è andata perduta, tuttavia i tesori conservati fino ai nostri giorni sono più che sufficienti per consentire di classificare la città-residenza dei conti di Gorizia come un importante polo di influenza artistica. Nel periodo seguente all'estinzione dei conti di Gorizia (1500) il cantiere continuò a funzionare. I maestri più importanti, Andrä e Bartlmä Viertaler, venivano da San Candido. Essi trasformarono, tra l'altro, la chiesa di St. Michael.

Del periodo rinascimentale si trovano a Lienz solo poche tracce. Poiché si trattava di arte accentuatamente cortigiana, i suoi codici formali molto sobri non incontravano, presso vasti strati della popolazione, grande interesse. Segni dell'arte rinascimentale li troviamo solo nel contesto della famiglia dei von Graben e delle stirpi ad essa imparentate. Si tratta di monumenti funerari, pietre araldiche e alcune pitture tra cui una statua equestre dipinta, di notevole valore sul piano iconografico, facente parte di una raffigurazione di San Giorgio nella chiesa St. Michael.

La tradizione del gotico proseguí e si rafforzò verso la fine del 16° secolo. Ne sono testimonianza le pitture di Andrä Peuerweg e Stefan Flaschberger. Peuerweg ultimò, tra il 1560 ed il 1580, la decorazione della cappella di castel Bruck. Di lui è conservata,

tra l'altro, una tela quaresimale di Virgen (1598) e che ora si trova nel museo della città di Lienz e cioè a castel Bruck.

Il periodo barocco e ancor prima la seconda metà del 17° secolo furono particolarmente fruttuosi per la produzione artistica di Lienz. Innanzitutto si ebbe un'attività edilizia molto intensa. Furono erette cappelle ed effettuati numerosi restauri. Per esempio, fu risanato il coro della chiesa St. Michael. Questo cantiere edile eseguì lavori soprattutto all'esterno della città di Lienz. Le opere da esso realizzate si distinguono per diverse particolarità stilistiche.

Tra i lavori di maggior rilievo nella Lienz del 17° secolo troviamo l'ampliamento della cappella di S. Antonio sulla piazza principale (intorno al 1660). Nel 18° secolo vennero eseguiti il restauro e la trasformazione del castello Liebburg, dopo l'incendio del 1723. La costruzione più importante del periodo barocco a Lienz è rappresentata dalla chiesa di Santo Spirito annessa all'ospedale civile (1727). Nella chiesa gotica parrocchiale di St. Andrä si dovette rinnovare il presbiterio distrutto da un incendio. Il restauro venne effettuato con molto gusto da artisti provenienti da fuori nel 1760 circa. Il maestro locale più importante del periodo barocco fu Thomas Mayr (1733–1810). La sua opera comprende diversi edifici laici e chiese situati nella parte sudorientale del Tirolo.

All'inizio del periodo barocco, nei primi anni del 17° secolo, troviamo a Lienz Adolf Baldauf (Paldauf) di Merano. Egli è da considerare il più importante

---

▷

151

Anno domini 1·6·1z Jar Hat der Ehrsame Caßbar Khreds
Hausvatter dises Armen sechenhaus Zur gedechtnis Malten lesen

Fraturis Dümerl ler

Ich bin die Auf

152

Gewölbefresken der Lienzer Maler Thomas Valtiner und Johann Georg Waginger in St. Ulrich in Lavant, 1771

Vaulting frescos by Thomas Valtiner and Johann Georg Waginger in St. Ulrich in Lavant (1771)

Volte affrescate dai pittori di Lienz Thomas Valtiner e Johann Georg Waginger di St. Ulrich in Lavant (1771)

Fresques de la voûte des peintres Thomas Valtiner et Johann Georg Waginger à St. Ulrich in Lavant (1771)

◁

Links: „Auferweckung des Lazarus" auf einem Fresko des einheimischen Malers Erasmus Hämmerl am Siechenhaus, 1612

Left: The Raising of Lazarus in a fresco by Erasmus Hämmerl on the Siechenhaus (hospital), 1612

A sinistra: "Resurrezione di Lazzaro" in un affresco del pittore locale Erasmus Hämmerl sulla Siechenhaus (ospedale), 1612

Page de gauche: «Résurrection de Lazare» sur une fresque du peintre local Erasmus Hämmerl à l'hospice (1612)

scultore tirolese dell'epoca. Più tardi fu chiamato persino a Vienna. A Lienz egli realizzò, tra l'altro, la decorazione plastica della cassa dell'organo di St. Andrä. Dalle file dei scultori locali del 17° e 18° secolo emerge Johann Paterer (1712–1785) di Defereggen. Egli era un artista di straordinaria diligenza e molto impegnato. La sua vasta opera è distribuita nella Val Pusteria orientale, nella valle dell'Isel, e perfino nella Carinzia superiore. I lavori da lui eseguiti per le chiese di Lienz sono in parte scomparsi. Nella chiesa di St. Andrä sono tuttavia rimaste alcune delle sue opere più significative, tra cui la decorazione figurativa all'altare della croce ed un'immagine di processione con l'angelo custode in posizione sospesa.

Mai nel periodo barocco la città di Lienz ebbe carenza di pittori di più o meno provate capacità artistiche. Ci hanno lasciato prove del loro mestiere Erasmus Hämmerl, la "famiglia di pittori" Hofmann, Thomas Valtiner e Johann Georg Waginger. Tuttavia Lienz non fu reticente nell'ingaggiare all'esterno artisti rinomati, come Anton Zoller di Telfs, Josef Adam Mölck di Rodaun presso Vienna, Josef Ferdinand Fromiller di Klagenfurt. Sono testimonianze della propensione per l'arte della città e dei suoi abitanti le numerose opere dell'artigianato artistico, realizzate da gioiellieri, fonditori di stagno, fabbri che lavoravano il ferro battuto e piastrellisti.

Nel 19° secolo vennero riscoperti gli stili dei secoli precedenti, specie nei restauri delle chiese e nelle costruzioni nuove. Intorno al 1870 a Lienz si mise in moto un boom edilizio che è da connettere all'esplosione demografica di quel periodo. Sono di particolare interesse storico-artistico le ville in stile neo-rinascimentale e alcuni grandi progetti come il nuovo pensionato per ragazzi nella Muchargasse. Con il 1910 gli stili storici vennero generalmente abbandonati. Solo in poche costruzioni di Lienz si notano influssi dello Jugendstil. Alcune delle ville sono state costruite in "stile locale".

I pittori di Lienz del 19° secolo hanno acquistato importanza ben oltre i confini della loro regione. Andreas Gatterer si formò all'Accademia di Monaco. La forza di questo tipico pittore Biedermeier era il ritratto, con cui si fece un nome a Monaco. Karl Hofmann (1852–1926), pittore ed autodidatta, lasciò un'opera di grande portata. Sono numerosi i suoi paesaggi, ben ponderati e composti, di tocco leggero

Erzeugnisse des Lienzer Zinngießers Johann Putzenbacher, entstanden zwischen 1770 und 1780

Products made by Johann Putzenbacher, the Lienz pewterer, between 1770 and 1780

Oggetti del fondatore di stagno di Lienz, Johann Putzenbacher, realizzati tra il 1770 e il 1780

Œuvres de l'étameur Johann Putzenbacher entre 1770 et 1780

Weiterer Leistungsbeweis des Kunsthandwerks: Rokokoschrank vom Ende des 18. Jahrhunderts im ehemaligen Kapitelsaal des Karmeliten-Franziskanerklosters

Further examples of craftsmanship: late 18th cent. rococo cabinet in the former chapterhouse of the Carmelite-Franciscan monastery

Altro esempio del livello dell'artigianato artistico: armadio rococo della fine del 18° secolo nell'antica sala capitolare del convento dei carmelitani-francescani

Autres pièces de l'artisanat: Armoire rococo de la fin du 18e siècle dans l'ancienne salle du chapitre du cloître des Carmélites-Franciscains

Oben: Künstlerisch bemerkenswerte Ofenkacheln vom Ende des 16. Jahrhunderts, die einem Lienzer Meister zugeschrieben werden dürfen

Above: Late 16th cent. stove tiles of artistic note, attributed to a Lienz master craftsman

Sopra: Maioliche artistiche della fine del 16° secolo, attribuibili a un maestro di Lienz

En haut: Des carreaux pour les poêles remarquables de la fin du 16e siècle, certainement l'œuvre d'un maître de Lienz

155

e sapore impressionista. Hugo Engl (1852–1926) studiò a Monaco e si dedicò in particolare al genere delle scene di vita quotidiana e di caccia, per cui ebbe largo riconoscimento.

Nella seconda metà del 19° secolo Monaco ebbe, con Franz von Defregger (1835–1921), che insegnò all'Accademia, una personalità di largo richiamo. Defregger proveniva dalla zona di Lienz ed in specifico da Stronach all'Iselsberg. Il suo naturalismo trovava espressione soprattutto nel paesaggio e nel ritratto. Le sue scene di vita quotidiana non esprimono una concezione drammatica. Egli voleva raccontare e non risolvere o presentare grandi problemi. Nei suoi famosi quadri storici egli trattò il tema della lotta tirolese di liberazione del 1809.

A Monaco studiò anche Albin Egger-Lienz (1868–1926). Sebbene egli non fosse stato discepolo diretto di Defregger, come lui si dedicò preminentemente alla raffigurazione dell'uomo rurale ed ai quadri storici. Ben presto, però, imboccò una via diversa: la sua raffigurazione del contadino tirolese, semplificata sia nella forma che nel colore, divenne simbolo dell'uomo in sè. Uno dei suoi primi quadri che destarono sensazione fu "La croce" (1898/1901): una raffigurazione di un episodio della lotta di liberazione dell'anno 1809 presso la Chiusa di Lienz. Egger aveve il senso del gigantesco e del monumentale; per questo si interessò alla sorte umana negli eventi della prima guerra mondiale. Negli ultima anni di vita nacquero i suoi grandi quadri filosofici come "Kriegsfrauen" (donne in guerra), "Generationen" (generazioni), "Auferstehung" (resurrezione). L'ultima grande opera di Albin Egger-Lienz fu il ciclo di affreschi nella cappella in onore dei caduti a Lienz (1925). La cappella venne costruita da Clemens Holzmeister. Egger-Lienz ruppe con la tradizione e ciò lo rese oggetto di incomprensioni. Ma fu proprio questo fattore che ne fece un avanguardista nella pittura austriaca.

In campo musicale un altro oriundo di Lienz, il compositore Josef Gasser (1873–1957), raggiunse negli anni venti e trenta, l'apice della creatività. Dal 1922 egli fu direttore del coro del monastero di Novacella presso Bressanone e maestro di cappella del coro del duomo di Bressanone. Egli ci ha lasciato una vasta opera improntata al tardo romanticismo, che consiste in numerose messe, mottetti, "singspiele", musica da camera, lieder ecc. – Sul versante

letterario, tra le due guerre mondiali, prese avvío la carriera di Fanny Wibmer-Pedit (1890–1967), scrittrice della patria tirolese.

Un evento culturale destinato a perdurare nel tempo, le cui origini si possono ricondurre all'era nazionalsocialista, fu costituito dall'acquisto, da parte di Lienz, di castel Bruck e del suo adattamento a museo. Già nel 1907 fu fondata un'associazione apposita (Museumsverein), ma gli oggetti raccolti da tale organizzazione non ebbero un punto di raccolta permanente. Il museo di castel Bruck venne aperto il 14 giugno del 1943. Da allora è stato arricchito con numerosi oggetti; oggi esso rappresenta un punto di riferimento centrale nel distretto di Lienz. Grazie all'esposizione di opere di pittori viventi esso ha acquistato importanza – assieme alle gallerie private e comunali – anche per l'arte contemporanea.

L'arte figurativa del periodo postbellico presenta grande varietà. Sia nella scultura che nella pittura e nella grafica troviamo correnti legate alla tradizione, all'arte astratta, alla pop-art, al realismo fantastico o alla riscoperta arte oggettiva. Per tutti gli artisti di questo periodo facciamo un nome, quello di Franz Walchegger (1913–1965).

La vie artistique au long des siècles

A l'époque romane, l'Eglise était presque exclusivement la commenditaire de toutes les sortes de réalisations artistiques. Des édifices religieux de cette époque, nous ne connaissons que le plan de l'église paroissiale Saint-André et celui de l'église Saint-Michel. Les réalisations plastiques du roman se limitent plus ou moins au décor sculptural de l'église Saint-André consacrée en 1204: deux lions du portail et des morceaux de relief. Deux piliers romans avec chapiteau sont conservés dans le beffroi du château de Bruck dont la première phase de construction date de l'époque romane.

En l'année 1285, apparaît pour la première fois le nom d'un peintre: Wernher, citoyen de la ville et

Der klassizistische Rosenkranzaltar (1829/30) und die neugotische Kanzel (1859) in St. Andrä zeugen vom Kunstgeschmack des 19. Jahrhunderts

The neo-classical Altar of the Rosary (1829/30) and the pulpit (1859) in Gothic Revival style in St. Andrew's bear witness to the artistic tastes of the 19th century

L'altare del rosario in stile classicistico (1829/30) e il pulpito neogotico (1859) a St. Andrä sono testimonianza del gusto artistico del 19° secolo

L'autel de l'époque classique (1829/30) et la chaire néo-gothique (1859) de Saint-André sont la preuve du goût pour l'art au 19ᵉ siècle

peintre à Lienz. Evidemment il est impossible de lui attribuer de manière sûre un des ouvrages conservés: une représentation de saints dans la chapelle du château de Bruck (1270/80), restes d'un cycle du Vieux Testament (vers 1300) dans l'église paroissiale Saint-André et des fresques avec la Vierge en majesté ainsi qu'une crucifixion (vers 1300) sur le mur extérieur de Saint-Michel. Du 14ᵉ siècle et du début du 15ᵉ siècle, il ne reste pas grand chose. Sur l'ancienne façade ouest de Saint-André – aujourd'hui cachée par la partie gothique tardive – il reste une partie d'une composition imposante du Jugement Dernier. On reconnaît dans ces fresques l'influence vénitienne et

frioule: peut-être l'œuvre d'un peintre itinérant. Près de l'hospice (Siechenhaus) se trouve le plus ancien calvaire peint et encore bien conservé du Tyrol (vers 1410).

L'apogée de l'art médiéval à Lienz est le 15ᵉ siècle: si dans l'architecture, la peinture et l'artisanat les travaux sont avant tout réalisés par des gens du pays, dans le domaine de la sculpture, on a surtout acheté des œuvres en partie d'excellente qualité dans des régions plus lointaines. Dans le bâtiment, dans la première partie du 15ᵉ siècle, une évolution régionale d'importance se développa, avec Lienz pour centre, grâce à la création de la «Görzer Bauhütte» (corpora-

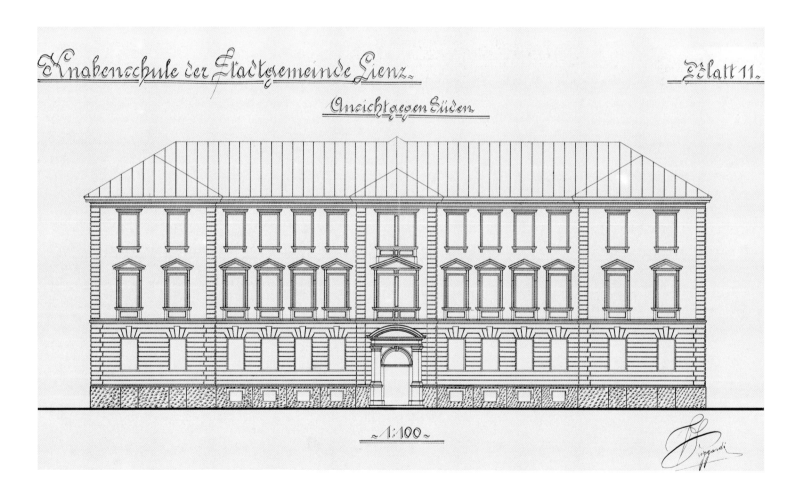

Hauptfassade des 1903/04 im Neorenaissancestil errichteten Schulgebäudes

The main façade of the neo-Renaissance style school building, 1903/04

Facciata principale dell'edificio scolastico realizzato nel 1903/04 in stile neo-rinascimentale

Façade principale de l'école construite en 1903/04 en style néo-renaissance

Rechts: Zu den wenigen Zeugnissen des Jugendstils in Lienz gehört die Villa „Sonnenhof" (um 1905). Sie wurde bis in die Details (Zeichnung unten: Gitter) vom Lienzer Maler Karl Hofmann entworfen

Right: Among the few examples of art nouveau in Lienz is the Villa "Sonnenhof" (c. 1905). It was designed down to the last detail (drawing: wrought iron railing) by Karl Hofmann, the Lienz painter

A destra: La villa "Sonnenhof" (intorno al 1905) rappresenta uno dei pochi esempi dello Jugendstil a Lienz. Venne progettata fino nei minimi particolari (disegno: la ringhiera in ferro battuto) dal pittore di Lienz Karl Hofmann

A droite: La maison bourgeoise «Sonnenhof» est l'un des rares bâtiments du style art nouveau autour de 1900. Les plans ont été jusqu'au dernier détail (pièce de ferronnerie) réalisés par le peintre Karl Hofmann

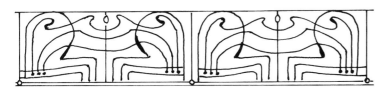

Bei Villenbauten der Zeit um 1900 wurden manchmal Elemente mehrerer historischer Stile phantasievoll miteinander vermischt

Villas built in around 1900 sometimes imaginatively combined elements of various historic styles

Nelle costruzioni di ville del 1900 circa, a volte vi fu un mescolamento fantasioso di elementi di diversi stili storici

Les maisons bourgeoises autour de 1900 ont mélangé quelques fois des éléments de différents styles historiques d'une manière pleine de fantaisie

Selbstporträt des Malers Karl Hofmann (1852–1926)

A self-portrait of Karl Hofmann (1852–1926)

Autoritratto del pittore Karl Hofmann (1852–1926)

Portrait de l'artiste Karl Hofmann (1852/1926) par lui-même

Rechte Seite: „Die Namenlosen" oder „Sturm", Fresko von Albin Egger-Lienz in der Kriegergedächtniskapelle (1925)

Right: "The Nameless" or "The Storm", fresco by Albin Egger-Lienz in the War Memorial Chapel (1925)

Pagina a destra: "I senzanome" (Die Namenlosen) oppure "L'assalto" (Sturm), affresco di Albin Egger-Lienz nella cappella in memoria dei caduti di guerra (1925)

A droit: «Die Namenlosen» ou «Sturm» («Les sans-nom» ou «L'assaut»), fresque de Albin Egger-Lienz dans la chapelle commémorative pour les combattants (1925)

Rechts: „In Gefahr", Ölgemälde von Hugo Engl (1888/89) im Museum der Stadt Lienz

Right: "In Danger", an oil-painting by Hugo Engl (1888/89) in Lienz Municipal Museum

A destra: "In pericolo", dipinto ad olio di Hugo Engl (1888/89) nel museo cittadino di Lienz

A droite: «En danger» («In Gefahr»), peinture à l'huile de Hugo Engl (1888/89) au musée de la ville de Lienz

tion locale des ouvriers du bâtiment). Les statuts de la «Bauhütte» furent fixés par écrit en 1476. Son activité s'étendit en première ligne au Pustertal et à la Carinthie du nord. Deux de ses ouvrages principaux sont encore visibles à Lienz: l'église paroissiale Saint-André et l'ancienne église des Carmélites (aujourd'hui des Franciscains). A partir de 1430, on transforma l'église Saint-André, à l'origine église romane à un vaisseau, en une basilique gothique à trois vaisseaux, une réalisation architecturale remarquable.

Parmi le grand nombre de fresques du 15e siècle conservées jusqu'à nos jours, on remarque une ressemblance de style avec celui de la ville épiscopale de Brixen. Quelques noms d'artistes sont connus, cependant seuls les travaux de N. Kenntner et de S. Gerumer sont signés. Ils se trouvent dans l'église paroissiale, dans l'église des Carmélites et au château de Bruck, sans compter ceux en dehors de Lienz.

A retenir spécialement le nom de Simon Marenkl ou Mareigl, dit «von Taisten». Originaire du Pustertal, on l'appelait le «peintre de la cour» des Görz, car il travailla pour Leonhard von Görz. Comme il maîtri-

sait déjà la technique de la «fresque pure», les couleurs de ses images murales sont encore lumineuses. Ses œuvres principales se trouvent dans l'église de pèlerinage d'Obermauern (1484/88) et dans la chapelle du château de Bruck (1490/96).

Beaucoup de l'art médiéval a disparu, mais ce qui reste est assez riche pour caractériser la ville de résidence des Görz de centre de rayonnement culturel.

Après que la famille des Görz se fût éteinte en 1500, la «Görzer Bauhütte» continua à travailler; les artistes les plus importants, Andrä et Bartlmä Viertaler, arrivant d'Innichen, modifièrent entre autres l'église Saint-Michel. L'art de la Renaissance n'est que très peu présent à Lienz. Art spécifiquement courtois, il ne put pas toucher une grande partie de la population. L'art de la Renaissance n'apparaît qu'en relation avec la famille von Graben ou avec les branches alliées à la famille: des tombeaux et des blasons en pierre et aussi quelques peintures, parmi lesquelles une remarquable statue équestre peinte représentant Saint-Georges dans l'église Saint-Michel. La tradition du gothique continue parallèlement à la Renaissance et fut à la fin du 16ᵉ siècle même à nouveau plus forte: on la retrouve très visiblement dans les peintures d'Andrä Peuerweg et Stefan Flaschberger. Peuerweg termina entre 1560 et 1580 la décoration de la chapelle du château de Bruck. De Flaschberger, on possède une grande tenture de carême (Virger Fastentuch) de 1598, qui se trouve au musée municipal de Lienz, le château de Bruck.

L'époque du baroque et d'abord la 2ᵉ partie du 17ᵉ siècle fut une période particulièrement féconde, qui s'exprima d'abord par une construction intense de bâtiments. Des chapelles furent édifiées et des rénovations faites, par exemple celle du chœur de l'église Saint-Michel. Cependant l'activité de la «Bauhütte» se fit sentir en dehors de Lienz. Parmi les constructions importantes à Lienz, on compte au 17ᵉ siècle l'achèvement de la chapelle Saint-Antoine sur la place principale vers 1660, au 18ᵉ siècle la reconstruction du Liebburg après l'incendie de 1723 et enfin comme construction baroque la plus significative de Lienz, l'église du Saint-Esprit (Heilig-Geist-Kirche) à partir de 1727. Dans l'église paroissiale gothique Saint-André, il fallut renouveler la décoration et l'autel du presbytère après sa destruction dans un incendie, ce qui fut réalisé avec beaucoup de goût grâce à des artistes étrangers à Lienz en 1760. Thomas Mayr (1733–1810) est l'architecte le plus important de la

Selbstbildnis von Albin Egger-Lienz (1868–1926)

Self-portrait of Albin Egger-Lienz (1868–1926)

Autoritratto di Albin Egger-Lienz (1868–1926)

Portrait de Albin Egger-Lienz par lui-même (1868/1926)

Das Bezirkskriegerdenkmal wurde 1924/25 von Architekt Clemens Holzmeister errichtet und vom Maler Albin Egger-Lienz mit Fresken geschmückt

The district war memorial was designed by Clemens Holzmeister in 1924/25, the frescos being the work of Albin Egger-Lienz

Il monumento ai caduti di guerra del distretto venne realizzato nel periodo 1924/25 dall'architetto Clemens Holzmeister e decorato con affreschi dal pittore Albin Egger-Lienz

Le monument aux morts du canton réalisé par l'architecte Clemens Holzmeister en 1924/25 et décoré de fresques par le peintre Albin Egger-Lienz

„Das Leben" oder „Die Lebensalter", ein für Albin Egger-Lienz charakteristisches Gemälde (1912)

"Life", a painting (1912) characteristic of Albin Egger-Lienz' work

"La vita" (Das Leben) o "Le fasi della vita" (Die Lebensalter), un caratteristico dipinto di Albin Egger-Lienz (1912)

«Das Leben» («Les âges de la vie»), une peinture caractéristique de Albin Egger-Lienz (1912)

---

période du baroque: il construisit plusieurs bâtiments profanes et religieux dans le Tyrol du Sud-est. Dans les premières années du 17e siècle, au début du baroque, Adam Baldauf (Paldauf) vint de Merano à Lienz. Ce sculpteur, le plus important de son époque, appelé plus tard à Vienne, fit en 1618 la décoration du buffet de l'orgue de Saint-André. Johann Paterer (1712–1785), originaire de Defereggen, laissa une

œuvre considérable dans le Pustertal de l'est, l'Iseltal et même dans la Carinthie du nord. Ses travaux pour les églises de Lienz ont en partie disparu; à Saint-André, on peut cependant en voir quelques-uns, parmi lesquels la décoration de l'autel et un ange planant.

Pendant toute la période baroque, les peintres ne manquèrent pas à Lienz. Erasmus Hämmerl, les Hof-

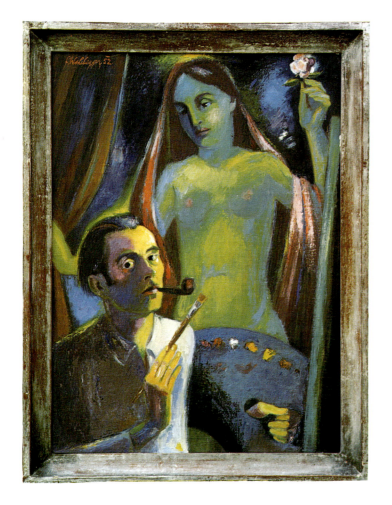

Die Egger-Lienz-Galerie im Museum der Stadt Lienz auf Schloß Bruck

The Egger-Lienz-Gallery in Lienz Municipal Museum at Schloss Bruck

La galleria di Egger-Lienz nel Museo cittadino a Castel Bruck

La galerie Egger-Lienz dans le musée municipal, au château de Bruck

◁

Nach 1945 der bedeutendste Lienzer Maler: Franz Walchegger (1913–1965), Selbstporträt

The most outstanding Lienz painter after 1945: Franz Walchegger (1913–1965), a self-portrait

Il più importante pittore di Lienz dopo il 1945: Franz Walchegger (1913–1965), autoritratto

Le peintre le plus important après 1945: Franz Walchegger (1913–1965). Portrait de l'artiste par lui-même

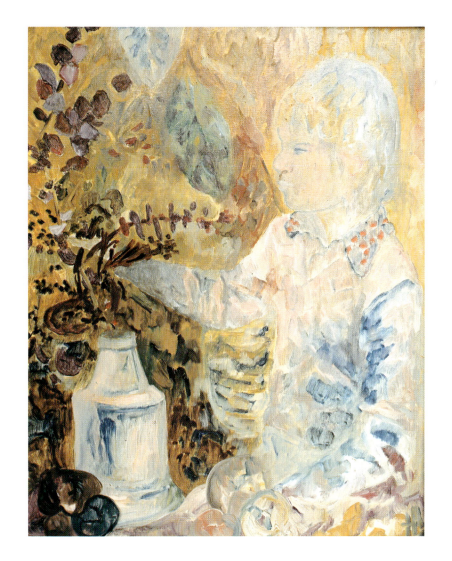

Beispiele für das Lienzer Kunstschaffen der Gegenwart:
Werke der Maler Hermann Pedit (oben links), Gerhard
Wassnig (oben rechts) und Hans Steininger (rechts).
Siehe auch folgende Seite!

Examples of Lienz art today: Works by the painters,
Hermann Pedit (above left), Gerhard Wassnig (above
right) and Hans Steininger (right). See following page,
too.

Esempi della produzione artistica contemporanea di
Lienz: Opere dei pittori Hermann Pedit (sopra a sinistra), Gerhard Wassnig (sopra a destra) e Hans Steininger (a destra). Si veda anche la pagina seguente

Exemples de l'activité artistique contemporaine: Œuvres
des peintre Hermann Pedit (en haut à gauche), Gerhard
Wassnig (en haut à droite) et de Hans Steininger (à
droite). Voir aussi page suivante

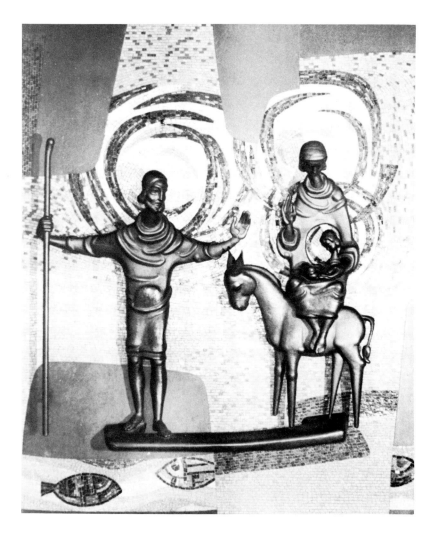

Weitere Beispiele für die Kunst der Gegenwart in Lienz: Detail des plastischen Schmucks der Kirche zur Hl. Familie (1966) von Josè (heute Jos) Pirkner, Plastik von Fausto und eine Arbeit von Lois Salcher (links)

Further examples of present-day art in Lienz: a detail of the sculptural decorations in the Church of the Holy Family (1966) by José (now Jos) Pirkner, statue by Fausto and work by Lois Salcher (left)

Altri esempi dell'arte contemporanea a Lienz: Dettaglio della decorazione plastica della Chiesa della Sacra Famiglia (1966) di Josè (oggi Jos) Pirkner; opera plastica di Fausto e un lavoro di Lois Salcher (a sinistra)

Autres exemples: Détail de la décoration sculpturale de l'église de la Sainte Famille (1966) de Josè (aujourd'hui Jos) Pirkner, sculpture de Fausto et un travail de Lois Salcher (à gauche)

mann, Thomas Valtiner ou Johann Georg Waginger nous ont tous laissé des œuvres empreintes d'un talent certain. Cependant on fit aussi appel à des artistes renommés en dehors de Lienz tels que Anton Zoller de Telfs, Josef Adam Mölck de Rodaun près de Vienne, Josef Ferdinand Fromiller de Klagenfurt. Bien d'autres travaux en orfèvrerie, en ferronnerie, dans la production d'objets en étain et des carreaux de faïence sont la preuve de l'intérêt porté à l'art par la ville et ses habitants. Au 19ᵉ siècle, on a redécouvert les styles du passé, ce qui est visible dans les rénovations des églises et les bâtiments nouveaux. A partir de 1870, Lienz connait un «boom» dans la construction lié à l'explosion démographique: à noter les maisons bourgeoises en style néo-renaissance ou de grands projets comme la nouvelle école de garçons dans la Muchargasse. En 1910, on abandonna les styles du passé et on construisit dès lors dans le style «local».

Les peintres connus du 19ᵉ siècle originaires de Lienz ont eu une renommée qui dépassa les limites de la région. Andreas Gatterer (1810–1868) reçut sa formation à l'Académie des Beaux-Arts à Munich. Son point fort fut le portrait et il connut la célébrité à Munich. Karl Hofmann (1852–1926), peintre autodidacte, laissa une œuvre immense: beaucoup de paysages rappelant l'impressionnisme. Hugo Engl (1852–1926), après des études à Munich, se consacra avant tout à la peinture de scènes de chasse qui lui apportèrent bien vite une grande renommée.

Munich posséda dès la seconde moitié du 19ᵉ siècle un attrait certain à cause de la présence de Franz von Defregger (1835–1921), qui enseignait à l'Académie des Beaux-Arts. Il avait grandi dans la région de Lienz, à Stronach am Iselsberg. Son naturalisme s'exprime dans ses paysages et ses portraits. Dans ses tableaux historiques connus, il s'intéressa à la résistance tyrolienne contre Napoléon.

Albin Egger-Lienz (1868–1926) étudia également à Munich. Sans avoir été l'élève direct de Defregger, il s'attacha comme ce dernier à la présentation de la paysannerie et à la peinture historique. Cependant il s'éloigna bientôt du style de Defregger car, par sa manière de peindre, simple dans la forme et la couleur, il fit du paysan tyrolien un symbole de l'Homme. L'un de ses premiers tableaux remarqués fut «La Croix» («Das Kreuz» 1890–1901) qui dépeint un épisode de la résistance de 1809 à la cluse de

Oben: Der langjährige Kulturreferent Vizebürgermeister Dir. Paul Unterweger im Gespräch mit dem Maler Oswald Kollreider bei einer Ausstellung in der früheren Städtischen Galerie. – Unten: Blick in die neuen Räumlichkeiten dieser Galerie während einer Ausstellung von Lorenz Wendlinger

Above: Paul Unterweger, deputy mayor and for many years cultural spokesman, in conversation with Oswald Kollreider, the painter, at an exhibition in the former Municipal Gallery. – Below: This gallery's new premises in use for an exhibition by Lorenz Wendlinger

Sopra: Il vicesindaco Dir. Paul Unterweger, per molti anni assessore alla cultura, a colloquio con il pittore Oswald Kollreider ad un'esposizione nei locali originari della galleria cittadina. Sotto: Veduta dei nuovi locali della stessa galleria durante un'esposizone di Lorenz Wendlinger

En haut: Responsable de la culture pendant fort longtemps, l'adjoint au maire Dir. Paul Unterweger en conversation avec le peintre Oswald Kollreider au cours d'une exposition dans l'ancienne galerie communale – En bas: Vue dans les nouvelles pièces de cette galerie pendant une exposition de Lorenz Wendlinger

Lienz. Le destin de l'homme dans la première Guerre Mondiale le préoccupa, lui qui avait un sens aigu pour l'énorme et le monumental. Dans ses dernières années, il peignit de grands tableaux comme «Femmes pendant la guerre» («Kriegsfrauen»), «Générations» («Generationen»), ou «Résurrection» («Auferstehung»). Sa dernière grande œuvre, datée de 1925, est le cycle pictural dans la chapelle des combattants (Kriegergedächtniskapelle) construite par l'architecte Clemens Holzmeister. Mal compris à son époque parce qu'il rompait avec la tradition, il peut être considéré comme un peintre avantgardiste.

Dans un autre domaine, la musique, s'illustra dans les années 20 et 30 le compositeur Josef Gasser (1873–1957) originaire de Lienz. A partir de 1922, il devint chef du chœur de l'abbaye de Neustift près de Brixen et maître de chapelle à la cathédrale de Brixen. Il laissa une œuvre immense, influencée par le style du romantisme tardif avec beaucoup de messes, motets, musique de chambre, chants . . . En littérature, Fanny Wibmer-Pedit (1890–1967) commença sa carrière comme écrivain local tyrolien entre les deux guerres.

Une initiative culturelle excellente prise pendant la période nationale-socialiste fut l'acquisition du château de Bruck par la ville de Lienz et son adaptation en musée. Une association du musée (Museumsverein) avait déjà été fondée en 1907; les objets rassemblés n'avaient cependant pas d'abri fixe. Le musée du château de Bruck fut inauguré le 14 juin 1943. Entre temps, il s'est enrichi d'innombrables objets et forme un point d'attraction culturel au milieu de la région de Lienz. Par des expositions spéciales sur des artistes vivants, il a son importance dans la vie culturelle actuelle – à côté des galeries privées et communale.

Les arts plastiques de l'après-guerre offrent une diversité étonnante. Parmi les sculpteurs, les peintres et dessinateurs, il s'en trouve de traditionalistes, mais aussi des adeptes de l'abstraction, du pop-art, du réalisme fantastique et du réalisme à nouveau redécouvert. Que le nom de Franz Walchegger (1913–1965) soit cité comme représentant de tous!

Die Schriftstellerin Fanny Wibmer-Pedit in ihrem Lienzer Heim

Fanny Wibmer-Pedit, the authoress, at home in Lienz

La scrittrice Fanny Wibmer-Pedit nella sua casa a Lienz

L'écrivain Fanny Wibmer-Pedit dans sa maison à Lienz

Im 19. und 20. Jahrhundert hat Lienz mehrere Persönlichkeiten hervorgebracht, die außerhalb ihrer Heimat Großes geleistet haben. Beispiele sind (von links oben nach rechts unten) der Historiker Albert von Muchar (1786–1849), der Dichter, Topograph, Historiker und Seelsorger Beda Weber (1798–1858), der Mediziner Univ.-Prof. Dr. Emanuel von Hibler (1865–1911), der Komponist Josef Gasser (1873–1957), der Architekt Raimund Abraham (geb. 1934) sowie Erzbischof DDDr. Andreas Rohracher (1892–1976)

In the 19th and 20th century Lienz produced various outstanding personalities

Nel 19° e 20° secolo Lienz ha generato diverse personalità che hanno compiuto grandi cose fuori della loro patria

Au 19ᵉ et 20ᵉ siècles, de nombreuses personnalités originaires de Lienz furent célèbres en dehors de Lienz

Links: Der Historiker Univ.-Prof. Dr. Hermann Wiesflecker gehört zu den vielen fern ihrer Heimatstadt tätigen Lienzern. Er wurde 1978 mit dem Ehrenring der Stadt Lienz ausgezeichnet

Left: Like many people from Lienz, Univ.-Prof. Dr. Hermann Wiesflecker, the historian, has moved further afield. In 1978 he was awarded the town's ring of honour

A sinistra: Il dottor Hermann Wiesflecker, storico e professore universitario, appartiene alla schiera delle personalità di Lienz attive lontano dalla loro città natale. Nel 1978 fu insignito dell'anello d'onore della città di Lienz

A gauche: L'historien Univ.-Prof. Dr. Hermann Wiesflecker est l'une des nombreuses personnalités éloignées de leur ville d'origine. Il recut en 1978 le «Ehrenring» (la bague d'honneur) de la ville de Lienz

VOLKSKULTUR UND VEREINSLEBEN

Popular Culture and Local Societies • Cultura popolare
ed associazionismo • Culture populaire et vie des associations

Auch in einer Stadt können volkskulturelle Äußerungen sehr vielschichtig sein. Durch Jahrhunderte fürchtete die weltliche und geistliche Obrigkeit eine ungehemmte Zügellosigkeit des Volkes, die es rechtzeitig unter Kontrolle zu bringen galt. Bezeichnenderweise hatte der Stadtrichter vom Mittelalter herauf für die guten Sitten der Bevölkerung zu sorgen. Dem Bürgermeister, dessen Amt 1638 eingeführt worden ist, wurde in seiner Instruktion speziell aufgetragen, daß er alles zu unternehmen habe, was den katholischen Glauben und die Manneszucht unter der Bevölkerung fördern könne. Er sollte um die Abstellung von Lastern wie Trinken, Völlerei und Spielen bemüht sein.

Unterhaltungen zur Fastnacht und Tanzunterhaltungen schienen am ehesten der Kontrolle zu entgleiten. Im Jahr 1778 zum Beispiel fühlte sich das Haller Damenstift, Inhaber der Herrschaft Lienz, zum Einschreiten verpflichtet: Man habe vernommen, daß sich in Lienz Bürger und Bauern über die erlaubte Zeit in Gasthäusern aufhielten und sich überdies noch an ärgerniserregenden, sündhaften Tänzen erfreuten. Da dies den väterlichen Zorn Gottes auf die Gemeinde herabbeschwören könnte, seien diese Unsitten abzustellen.

Zu Beginn des 18. Jahrhunderts setzten in Tirol die Volksmissionen der Jesuiten ein, die allgemein den Bußgeist wecken, guten Einfluß auf Kinder und Jugendliche nehmen und auf Eltern und Vorgesetzte einwirken wollten. Sie verfolgten weiters den Zweck, den Geist christlicher Nächstenliebe und Gerechtigkeit zu fördern und Aberglauben und Ketzerei auszurotten. In Lienz wurden zwischen 1721 und 1767 einige Volksmissionen unter großer Beteiligung der Bevölkerung aus Stadt und Umgebung

durchgeführt. Der durch diese Volksmissionen und die in dieser Zeit gegründeten Bruderschaften bewirkte Aufschwung religiösen Lebens hat entscheidend dazu beigetragen, daß Tirol bis herauf in unsere Zeit als „Heiliges Land" bezeichnet worden ist. In dieser Zeit echter Glaubensbegeisterung erlebte in Lienz auch das religiöse Schauspiel einen Höhepunkt. Und es war den Lienzern ein Bedürfnis, zur würdigen Feier der Karwoche und des Osterfestes ein großes „Heiliges Grab" für die Stadtpfarrkirche St. Andrä anzuschaffen. Der angesehene Tiroler Maler Anton Zoller führte es 1752 aus. Seinem Aufbau nach entspricht es einer barocken Kulissenbühne. 1987 wurde es restauriert, womit ein großartiges Kulturdenkmal als typisches Beispiel spätbarocker Prachtentfaltung und Volksfrömmigkeit wiedererstanden ist, das auch die Gläubigen unserer Zeit anzusprechen vermag. Die erschütternd dargestellte Leidensgeschichte am Karfreitag, der tote Heiland im Grab, die flackernden Lichter bunter Osterkugeln im mystischen Dunkel des linken Seitenschiffes der Kirche, hinterlassen einen Eindruck von seltenem Reiz.

Das ständig sich wandelnde Brauchtum war in vergangenen Jahrhunderten fast durchwegs mit dem religiösen Leben verquickt. Zahlreiche Festlichkeiten im Ablauf des Kirchenjahres, die die ganze Gemeinde in ihren Bann zogen oder im Familienkreis gefeiert wurden, sind für Lienz durch die Jahrhunderte belegt. Die Zünfte hatten in ihrem spezifischen Brauchtum ebenfalls einen stark religiösen Einschlag. In der Volkskultur hat der Josephinismus am Ende des 18. Jahrhunderts mit zahlreichen Beschränkungen und Verboten im Sinne der Aufklärung manchen Verlust gebracht. Auch die Napoleonische Ära

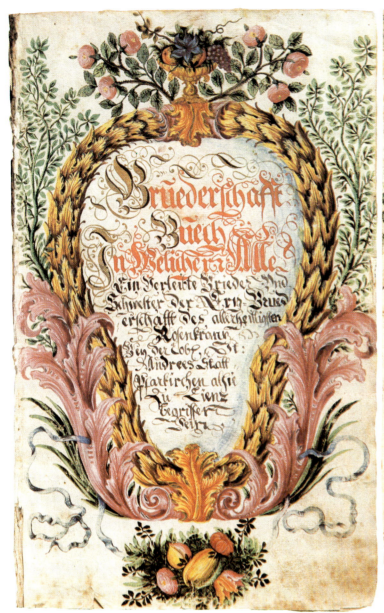

Titelblätter des Bruderschaftsbuches der im Jahr 1626 zu Lienz gegründeten Rosenkranzbruderschaft

Title-pages of the book of the Brotherhood of the Rosary, founded in Lienz in 1626

Frontespizi del libro della confraternita del rosario fondata a Lienz nel 1626

Premières pages du livre de la congrégation du Rosaire fondée en 1626

Marianische Bruderschaft und Bunds Vereinigung

unter dem Titul und Schutz

Mariä vom guten Rath,

Welche Authoritate Ordinaria Anno 1767. aufgericht, von Jhro Päbstl. Heiligkeit CLEMENTE XIII. mit vielen Abläßen auf ewige Weltzeiten begnadet worden.

In dem Löbl. Stadt-Pfarr-Gotteshaus St. Andreä zu Lienz, Lands Tyrol.

Absehen.

I.

Daß durch vereinigten Andachtseifer die Verehrung der allerseligsten Jungfrau und Mutter GOttes Mariä ausgebreitet, und beförderet:

2. Durch die Vorbitt Mariä von GOtt dem Heiligen Geist denen Einverleibten die Gab des guten Raths ertheilet:

3. Die Brüder und Schwestern durch den guten Rath Mariä sicher zu dem himmlischen Paradeis geleitet und geführet werden.

Regel und Satzungen,
doch ohne Verbindung einer Sünde.

I.

Sollen die Einverleibte jährlich zu obigen Absehen für die lebendig- und abgestorbene Bundsgenosse ein Heil. Meß lesen, oder lesen lassen, welche aber dieß nicht vermögen, an dessen Statt nach heiliger Beicht und Communion ein Heil. Meß anhören.

2. Täglich drey Ave Maria, oder drey Englische Grüß zu Ehren des reinesten Herzens Mariä bethen.

3. Jeder die Abbildung des Gnadenbildes zu Genazzano, Mariä vom guten Rath, auch zu Hause halten und verehren, anbey diese Andacht zu befördern befliffen seyn.

Vollkommene Abläße.

I. Am Tag der Einschreibung nach abgelegter reumüthigen Beicht, und Empfangung der Heil. Communion.

2. Am vierten Sonntag jeden Monats im Jahr nach vorgehender Beicht und Communion in der Bruderschaftkirche.

3. In der Stund des Tods, nach vorgehender Beicht und Communion, oder bey Unvermögenheit dessen, wañ mit wahrer Reu die heiligsten Nä-

Die Löbliche Bruderschafft Bild Marie von guten Rath Stadt Pfarr-Kirchen St. Andreä zu Lienz Land Chrol.

Quober Cath. Sc. A.V.

Gebeth.

Heiligste Jungfrau Maria, du Mutter des guten Raths, dir bethe ich dreymal den Englischen Gruß zu Ehren deines allerreinesten Herzens, ich will auch deinen allerliebsten Sohn fürsetzlicher Weis niemals beleidigen, von dir erbitte ich einen guten Rath, daß ich vollziehen könne den allerheiligsten Willen GOttes, und auch den deinigen. Mein Herz verschreibe, und übergiebe ich in deine mütterliche Hände, und bitte dich endlich um diese Gnad N. N. wann es anderst zum Nutzen meiner Seele gereichet, wo nicht, so übergieb ich, und überlasse mich völlig und vollkommen deinen, und deines allerheiligsten Sohns heiligsten Willen, Amen.

Drey Ave Maria.

Den 16. Monats Novemb Anno 777 ist eingeschrieben worden ... in

men JESUS und Maria mit dem Mund oder Herzen andächtig angerufen werden.

4. Am Sonntag nach Martini, als Titularfest, nach abgelegter Heil. Beicht und Communion, mit Besuchung des Stadt-Pfarr-Gotteshauses, auch für Wohlstand der katholischen Kirche eifrig verrichten Gebeth.

Sieben Jahr, und soviel Quadragenen Ablaß.

Mit Beobachtung obverstandener Bedingnussen an den vier Fest-Tägen Mariä Empfängnuß, Mariä Geburt, Mariä Verkündigung, Mariä Lichtmessen.

Sechzig Täg Ablaß.

So oft die Einverleibte allda der Heil. Meß, oder andern Gottesdiensten beywohnen, die Arme beherbergen, unter Feinden Fried stiften, die Verstorbenen zum Grab begleiten, das Hochwürdigste Gut in den Umgängen, oder zu den Kranken begleiten, oder an dessen Statt ein Vater unser und Ave bethen, für die Verstorbene 5. Vater unser und Ave bethen, einen Sünder bekehren, einen Unwissenden zur Seligkeit nothwendige Stücke lernen, ein gutes Werk aus christlicher Lieb verrichten.

Abläß für die Abgestorbene, so 7. Jahr dauern, alsdann wiederum innovirt werden.

Alle Samstäge, wie auch am Aller-Seelentag und selber Octav hindurch kann ein Seel der in GOtt abgeleibten Mitglieder aus dem Fegfeuer erlöset werden, wann ein Priester für selbe auf dem Bruderschaft-Altar ein Heil. Meß leset. Dieses Privilegium erstrecket sich auch auf alle Altäre dieses Pfarrgotteshauses, wann am Tag des Hinscheidens oder Beerdigung eines Mitglieds an solchen das Heil. Meßopfer für selbe entrichtet wird.

Die obangemerkte voll- und unvollkommene Abläße können denen armen Seelen im Fegfeuer zu ihrer Erlassung Bittweis geschenkt werden.
NB. Der Bruderschaft Zetl soll nach Ableiben eines jeden Mitglieds zurück gesendet werden, damit am Montag nach dem Titular-Fest bey abhaltenden Seelen Amt allda in der Stadt-Pfarrkirche für alle abgeleibte Mitglieder öffentlich kann gebethet werden.

Cum Permissu Superiorum.   Brixen, gedruckt bey Thomas Weger, Hochfürstl. Hofbuchdrucker, 1776.

Ausdruck barocker Volksfrömmigkeit sind mehrere Bildstöcklein im Stadtbereich von Lienz

Various wayside shrines in the area of the town bear witness to baroque piety

Numerose piccole edicole nel territorio della città di Lienz sono prova della devozione popolare

Plusieurs petits calvaires dans le périmétre de la ville de Lienz sont l'expression de la dévotion populaire

Links: Statuten der Bruderschaft „Maria vom Guten Rat", im Jahr 1767 an der Stadtpfarrkirche gegründet

Left: Statutes of the Brotherhood of "Mary of Good Counsel", founded at the Parish Church in 1767

A sinistra: Statuti della confraternita "Maria del buon consiglio" (Maria vom Guten Rat), fondata nel 1767 presso la chiesa parrocchiale cittadina

A gauche: Les statuts de la congrégation «Maria vom Guten Rat» ("Marie du bon conseil") fondée en 1767 à l'église paroissiale

und die folgende Zeit des Vormärz waren nicht geeignet, wieder ein so buntes Bild des Volkslebens erstehen zu lassen.

Brauchtum und brauchmäßiges Verhalten war – und ist immer noch – am Land reichhaltiger als in der Stadt. Weder im noch teilweise ländlichen, seit 1939 eingemeindeten Patriasdorf, noch in der Stadt selbst gibt es Bräuche, die anderswo in Tirol unbekannt wären. Eine lokale Besonderheit bildet lediglich das „Krapfenschnappen". In der Stadt Lienz nicht bekannt, in Patriasdorf heute noch mit Eifer gepflegt, findet dieser seltsame Brauch am Vorabend von Allerheiligen statt. Es ist ein Heischebrauch, der vermutlich mit dem Totenkult zusammenhängt und das Erbitten einer Gabe für die Ahnen darstellt.

Eine gewisse Verschiedenheit zwischen dem städtischen Lienz und dem bäuerlichen Patriasdorf bestand ursprünglich auch in der Tracht, zunächst eine Alltagskleidung, heute nur mehr Kleidung zu besonderen Anlässen. Eine Tracht war und ist nie „Uniform". Es gab einen ständigen Wandel und immer blieb Spielraum für individuelle Ergänzung oder Gestaltung. Die Halskrause bei den Frauen ist noch heute ein Charakteristikum der Lienzer Tracht. Statt eines Hutes ist für die Lienzer Bürgerinnen eine Goldhaube nachgewiesen. Für die Männer in der Stadt war früher der kurze Rock typisch. In den meisten Beschreibungen aus älterer Zeit wird unter „Lienzer Tracht" aber eher die bäuerliche Tracht des Lienzer Raumes verstanden, was besser auf die Bevölkerung von Patriasdorf zutrifft als auf die Stadt Lienz selbst. Am Land verwendete man natürlich keine Halskrause. Die Tracht besteht hier aus Lederhose mit federkielbesticktem „Bauchranzen", weißwollenen Kniestrümpfen, einer langen Jacke aus braunem Loden, die ungefähr bis zu den Knien reicht. Der Hut ist nach oben hin spitz zulaufend. Selbstverständlich kannte die Tracht für Sonn- und Feiertage eine etwas aufwendigere Variante. Die Tracht in der Tradition des Lienzer Raumes wählte die 1898 gegründete Lienzer Nationalschützen-Kompanie. Heute gelten allgemein die Schützen als Wahrer der Volkstrachten.

Nicht nur die Schützen mit angeschlossener Musikkapelle bereichern das volkskulturelle Erscheinungsbild der Stadt Lienz. Es bestehen genügend andere Vereine, die ebenfalls konstruktive Beiträge leisten. Die verschiedensten Vereine, die sich in Lienz nach

Eine echte Rarität ist der barocke Palmesel im Kloster der Dominikanerinnen. Öffentliche Umzüge mit dem Palmesel finden seit den Verboten Kaiser Josefs II. nicht mehr statt

The baroque palm donkey in the Dominican Convent is truly rare. Public processions with the palm donkey have not been held since Emperor Josef II's ban

L'asino barocco della domenica delle Palme ("Palmesel") nel convento delle domenicane è una vera rarità. Dopo il divieto dell'imperatore Giuseppe II non ebbero più luogo processioni con il "Palmesel"

Une rarité: L'âne de Pâques au couvent des Dominicaines. Des processions publiques avec l'âne de Pâques n'ont plus en lieu depuis les interdictions de l'empereur Josef II

1860 konstituierten, hatten am gesellschaftlichen Leben der Stadt großen Anteil. Die meisten Vereine, wie Feuerwehr, Verschönerungsverein, alpine Vereine, verbanden die Verfolgung eines festgelegten Zieles mit der Pflege der Geselligkeit. Im Jahr 1904 waren bei der Bezirkshauptmannschaft Lienz nicht weniger als 30 Vereine mit Sitz in der Stadt angemeldet. Um diese Zeit spielten auch bereits die verschiedenen Sportvereine eine unübersehbare Rolle, wie Eisklub, Skiklub, Turn- und Radfahrervereinigungen.

Manche der heute bestehenden Vereine haben einen Jahrzehnte zurückliegenden Ursprung. Die älteste der durchgehend bestehenden Lienzer Kulturinstitutionen ist der „Lienzer Sängerbund 1860", der seit weit über 100 Jahren das musikalische und gesellschaftliche Leben der Stadt bereichert. – Ein städtisches Orchester wurde mehrmals ins Leben gerufen, in der heutigen Form wurde der „Stadtorchester-Singverein" 1948 gegründet und ist mit manch denkwürdiger Aufführung vor die Öffentlichkeit getreten. – Der „Lienzer Kammerchor" (1965) ist ein Madrigalchor, der sich der Pflege alter Musik verschrieben hat. Daß diese Chorvereinigung sich zu einem Spitzenensemble hinaufgearbeitet hat, beweisen die großartigen Erfolge auf internationalen Wettbewerben.

Vielfach sind es gerade die kulturtragenden Vereine, die mit ihrem Engagement in kleinem Rahmen, aber auch in der Öffentlichkeit Wertvolles leisten. Abgesehen von den bereits genannten Vereinen läßt eine weitere Aufzählung ein breites Spektrum erahnen: Eisenbahner-Stadtkapelle Lienz, Schützenmusikkapelle, Arbeitergesangsverein „Edelweiß", Verband für Volkstumspflege in Osttirol, Tiroler Mysterienspiele, Krippenfreunde, Osttiroler Schützenbund, Verein Volkshaus Lienz, Ummi Gummi – Verein zur Förderung alternativer Kultur und Kommunikation. Kulturelle Ambitionen unter den gemeinnützigen Vereinen zeigen besonders die Kolpingfamilie Lienz, die Studentenverbindung Görz zu Lienz, die Faschingsgilde, der Cinema-Club, der Osttiroler Briefmarkensammlerverein und der Fotoklub Lienz. – Um kulturelle und soziale Akzentsetzungen bemüht sind die Lienzer Clubs der weltumspannenden Organisationen Rotary, Lions und Round Table. – Der Schachklub Lienz ist durch die Organisierung schachsportlicher Großveranstaltungen österreich-

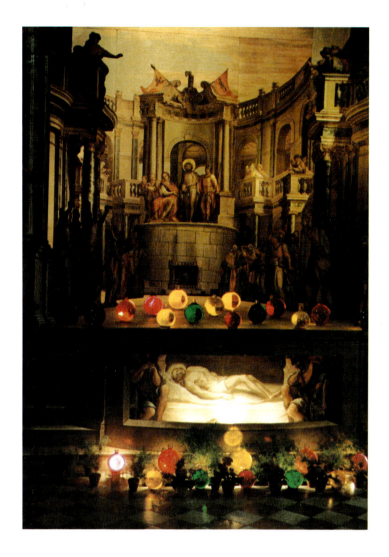

Das stimmungsvolle Hl. Grab von St. Andrä (1752) wurde 1987 restauriert und wird nun jedes Jahr zu Ostern wieder aufgestellt

The "Holy Grave" of St. Andrew (1752) was restored in 1987 and is displayed annually at Easter

Il suggestivo Sacro Sepolcro di St. Andrä (1752) venne restaurato nel 1987, per essere utilizzato ogni anno nel periodo pasquale

L'impressionnant «Saint-Sépulcre» à Saint-André (1752) fut restauré en 1987 et est à nouveau installé chaque année à Pâques

*Rechts: Eine Besonderheit der Lienzer Gegend sind die Krap-
fenschnapper, die am Vorabend von Allerheiligen in Patriasdorf von Haus zu Haus gehen*

*Right: The "Krapfenschnapper" are a special feature of the
Lienz area, going from house to house in Patriasdorf on
Hallowe'en*

*A destra: Una particolartà della zona di Lienz sono gli "Ar-
raffatori di Krapfen" che la vigilia di Ognissanti vanno di casa
in casa a Patriasdorf*

*A droite: Une particularité de la région de Lienz sont les
«Krapfenschnapper», qui se rendent de maison en maison la
veille au soir de la Toussaint à Patriasdorf*

*Auch in Lienz ersetzen die Ratscher in den letzten Tagen der
Karwoche die Kirchenglocken*

*On the last days of Holy Week the church bells in Lienz are
replaced by "rattles"*

*Anche a Lienz i "Ratscher" (arnesi di legno per far rumore)
vengono utilizzati al posto delle campane negli ultimi giorni
della settimana santa*

*Egalement à Lienz, les «Ratscher» remplacent les cloches des
églises dans les derniers jours de la semaine sainte*

▷

*Rechte Seite: Das Ölgemälde „Feldsegen" von Albin Egger-
Lienz (1896) zeigt einen Brauch, der vor allem am Land
geübt wurde*

*Right: Albin Egger-Lienz' oil-painting "Blessing the Fields"
(1896) shows a custom once common in rural areas*

*Pagina a destra: Il dipinto ad olio "Feldsegen" (Benedizione
dei campi) di Albin Egger-Lienz (1896) rappresenta un'usanza tipica della campagna, praticata fino a pochi anni fa*

*Page de droite: La peinture à l'huile «Feldsegen» («Bénédic-
tion du champ») de Egger-Lienz (1896) représente une coutume pratiquée surtout à la campagne*

weit in Erscheinung getreten. In Lienz wurden einmal die Jugend-Staatsmeisterschaft und zweimal die Herren-Staatsmeisterschaften ausgetragen. Der „Verein der Eisenbahnfreunde" hat in seinen Reihen alle an der Pflege einer Dampfbahnnostalgie Interessierten gesammelt. Eine Dampflok von 1944, mit der alljährlich Fahrten unternommen werden, stellt ein gehütetes Stück historischer Technik dar.

Zahlenmäßig liegt bei den Sportvereinen das Hauptgewicht. Der Fußballklub „Rapid-Lienz", der viele Sportbegeisterte zu seinen Anhängern zählt, konnte selbst einmal bis in das Semifinale des ÖFB-Cups vordringen. – Dem Breitensport kommt im Sinne der Volksgesundheit hohe Bedeutung zu. Das Angebot der Vereine, Mitglieder verschiedener Dachverbände, ist sehr breit: Fußball, Ranggeln, Leichtathletik, Judo, Schießsport, Tennis, Reiten, Boxen, Radfahren, Sportfliegerei, Drachenfliegen. – Die alpinen Vereine, deren Ziel es ist, möglichst viele Menschen für die Aufgeschlossenheit gegenüber Naturerlebnissen und Umwelt zu gewinnen, haben – einem Trend der Zeit entsprechend – zahlreiche Mitglieder und arbeiten erfolgreich. Im Winter werden alpines Schifahren und Schilanglauf heute weit mehr gepflogen als Rodeln oder Eisschießen. Der „Skiclub Lienz" mit seinen ca. 1300 Mitgliedern ist befähigt, größere Bewerbe zu organisieren. Prominenteste Mitglieder des Vereins sind Olympiasieger Pepi Stiegler und der Spitzenrennläufer Werner Grissmann. – Auf Stiegler, der sich als Schischulleiter im amerikanischen Bundesstaat Wyoming niederließ, geht die 1967 begründete „Städtefreundschaft" zwischen Lienz und Jackson Hole zurück. – Der „Langlaufclub Lienz" ist einer der jüngsten, dafür aber aktivsten Sportvereine der Stadt. Er tritt als Organisator des alljährlich abgehaltenen internationalen „Dolomitenlaufs" auf.

Die Zahl der rund 90 Vereine in Lienz, neben denen noch mehrere Interessengemeinschaften bestehen, beweist, daß kulturelles, sportliches und gesellschaftliches Leben in Lienz eine breite Basis haben. Undenkbar ohne die Lienzer Vereine wären die Stadtfeste, die seit 1983 alljährlich im gesamten Altstadtbereich durchgeführt werden, sich größter Beliebtheit erfreuen und letztlich ein positives Stadterlebnis hinterlassen.

Ein federkielbestickter „Bauchranzen" aus der 1. Hälfte des 19. Jahrhunderts

An embroidered belt, dating back to the first half of the 19th century

Un panciotto ricamato della prima metà del 19° secolo

Un ceinturon brodé de la première moitié du 19e siècle

Wie in ganz Tirol dürfen auch in Lienz bei keinem größeren Fest die Schützen fehlen

The riflemen are an integral part of any major celebration in Lienz and throughout the Tyrol

Come in tutto il Tirolo anche a Lienz, in occasione delle feste più importanti, non possono mancare gli Schützen

Comme partout au Tyrol, les tireurs d'élite ne manquent aucune fête importante à Lienz

Männer- und Frauentracht der Lienzer Gegend auf einem Aquarell von ca. 1840

Men's and women's costume in the Lienz area in a water-colour, c. 1840

Costumi maschili e femminili della zona di Lienz in un acqua-rello del 1840 circa

Costume populaire pour les hommes et les femmes de la région de Lienz sur une aquarelle de 1840 environ

Rechts: Die Lienzer Tracht, wie sie heute von Schützen und Marketenderinnen getragen wird

Right: Lienz costume, as worn today by riflemen and their attendants

A destra: Il costume di Lienz come viene portato oggi dagli Schützen e dalle loro dame

A droite: Le costume régional de Lienz tel que les tireurs d'élite et les cantinières le portent

Popular Culture and Local Societies

In a town, popular culture can be expressed in multivarious ways. For centuries the clergy and the secular authorities feared any uninhibited licentiousness on the part of the people and sought to curb it. Significantly, it was the recorder, or local judge, whose task it was from the Middle Ages onwards to watch over the people's morals. The mayor, whose office was inaugurated in 1638, was particularly instructed to undertake everything to promote the inhabitants' Catholic faith and discipline. He was to endeavour to put an end to such vices as drinking, gluttony and gambling.

At the beginning of the 18th century the Jesuit popular missions took up the task of awakening a

Oben: Eine Festscheibe erinnert an die Eröffnung des neuen Schießstandgebäudes im Jahr 1886

Above: Target commemorating the opening of the new shooting range building in 1886

Sopra: Un bersaglio celebrativo ricorda l'apertura del nuovo tiro a segno nel 1886

En haut: Une cible de tir décorée rappelle l'inauguration du nouveau stand de tir en 1886

Links: Wertvolle Pokale aus dem Besitz der Lienzer Schützengilde

Left: Valuable cups belonging to Lienz Rifle Club

A sinistra: Coppe pregiate di proprietà della corporazione dei tiratori (Schützengilde) di Lienz

A gauche: Coupes de valeur en possession de la guilde des tireurs d'élite

Die Mitglieder der Lienzer Freiwilligen Feuerwehr beim 25jährigen Gründungsfest im Jahr 1893

Members of Lienz Voluntary Fire Brigade at the 25th anniversary of their foundation in 1893

I membri del corpo volontario dei vigili del fuoco di Lienz in occasione dei cerimoniali per i venticinque anni di fondazione nel 1893

Les sapeurs-pompiers volontaires de Lienz à l'occasion du 25ᵉ anniversaire de leur fondation en 1893

Vereine von „anno dazumal": der „Mandolinisten-Club Lienz" im Jahr 1904 und der Lienzer „Junggesellen-Klub"

The "good old days": Lienz Mandolinists' Club in 1904 and Lienz Bachelors' Club

Associazioni dei "tempi della nonna": club dei mandolinisti di Lienz, 1904. Club dei celibi di Lienz

L'association des mandolinistes en 1904 et celle des célibataires

Junggesellen-Klub Lienz
1908.

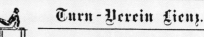

Aus den Vereinsnachrichten der Zeitung von 1895

Club news in an 1895 newspaper

Dalle cronache delle associazioni apparse sul giornale nel 1895

Extraits des nouvelles des associations dans le journal de 1895

Die Gesellenvereinsbühne vermittelte den Lienzern gehobene Unterhaltung. Aufnahme der Mitwirkenden aus dem Jahr 1892

An amateur dramatic society provided high quality entertainment. Photograph of the participants in 1892

Il teatro amatoriale del Gesellenverein offriva intrattenimento di alto livello alla gente di Lienz. Fotografia degli attori del 1892

Le théâtre amateur des compagnons apporta aux gens de Lienz un divertissement d'un bon niveau. Les acteurs en 1892

penitential spirit, setting a good example to children and young people and exerting an influence on parents and those in positions of responsibility. The Jesuits aimed to encourage Christian charity and to eradicate superstition and heresy. Several popular missions were held in Lienz between 1721 and 1767, the population of the town and the surroundings participating enthusiastically. The stimulus given to religious life by these popular missions and by the brotherhoods formed during that period contributed to the Tyrol's receiving the appellation "Holy Land", a name it has retained until today. During this period of fervent belief religious spectacle also experienced a heyday in Lienz. The local people felt a need to procure a large "Holy Sepulchre" for the Parish Church of St. Andrew in order worthily to celebrate Holy Week and Easter. Anton Zoller, a Tyrolean painter of high repute, executed this in 1752. His arrangement resembles a baroque backdrop. It was restored in 1987, a magnificent cultural monument and a typical example of late baroque splendour and popular piety which still appeals to the faithful today. The moving portrayal of the Passion on Good Friday, the dead Saviour in the sepulchre and the flickering lights of the Easter baubles in the mystic dark of the left side aisle exert an unusual charm.

Constantly changing, the customs of past centuries were practically always intermingled with religious life. Numerous festivities in the course of the church year are recorded down through the centuries in Lienz, either involving the entire community or

Der Lienzer Sängerbund bei der Verleihung der Ehrenmitgliedschaft an den bekannten „Nationalsänger" und Bildhauer Jakob Gliber in Ainet (1913)

Lienz Choral Society conferring honorary membership on Jakob Gliber, the well-known "national singer" and sculptor (1913)

L'associazione dei cantori ("Sängerbund") di Lienz in occasione del conferimento del titolo di socio onorario al famoso "Nationalsänger" (cantante nazionale) e scultore Jakob Gliber a Ainet (1913)

L'union des chanteurs de Lienz lors de la remise du diplôme de membre d'honneur au «chanteur national» et sculpteur Jakob Gliber à Ainet en 1913

184

Bereits in der Frühzeit des Skisports wurden am Zettersfeld Skirennen durchgeführt (Foto vom 10. März 1912)

The Zettersfeld provided a competitive site in the early days of skiing (photograph, 10th March, 1912)

Fin dagli albori dello sci si disputarono delle gare sciistiche sullo Zettersfeld (foto del 10 marzo 1912)

Déjà au début du ski, on organisa des courses sur le Zettersfeld (photo du 10 mars 1912)

Rechts: Der in Lienz ansässig gewordene Spitzensportler Hans Nogler 1951 bei einem Siegeslauf am Schloßberg

Right: Hans Nogler on his way to victory on the Schlossberg (1951); this great sportsman made his home in Lienz

A destra: Il campione Hans Nogler della Val Gardena che ha preso la residenza a Lienz, durante una gara vittoriosa sullo Schlossberg, nel 1951

A droite: Le sportif de haut niveau établi à Lienz, Hans Nogler, lors d'une course victorieuse en 1951 au Schlossberg

being celebrated within the family. The specific customs of the guilds also displayed a marked religious element. With its many restrictions and prohibitions resulting from the Enlightenment, the reign of Joseph II adversely affected popular culture. Nor were the Napoleonic era and the subsequent decades leading up to 1848, the Year of Revolutions, particularly conducive to a revival of popular customs.

Traditions and customs have always been more prolific in country districts than in the towns. Lienz did not prove an exception to this rule, no customs peculiar to the area are recorded. The only special local custom is that of *Krapfenschnappen* and this is still kept up enthusiastically in Patriasdorf on Hallowe'en. A begging custom, it is probably linked to a death cult and the begging of alms for dead ancestors.

Urban Lienz and rural Patriasdorf originally differed in their local costume, too. Once worn everyday, this is now only seen on special occasions. Local costume has never been a uniform. It has constantly changed and there has always been scope for individual

variety. The ruff is still a feature of ladies' costumes in Lienz and a golden bonnet used to be worn instead of a hat. Short jackets were typical of the men's costume in the town. Most old descriptions interpret "Lienz costume" as the peasant costume of the Lienz area, however, and that is more applicable to the

Links und oben: Der Lienzer Pepi Stiegler bei einem der Rennen, mit denen er Karriere machte, und Empfang des Olympiasiegers, nachdem er in Innsbruck 1964 eine Goldmedaille im Slalom errungen hatte

Left and above: Pepi Stiegler of Lienz in one of the races which made his career and arriving home after winning a gold medal in a slalom event at the 1964 Innsbruck Olympics

Sopra e a sinistra: Pepi Stiegler di Lienz durante una delle gare che gli aprirono la carriera e ricevimento del campione olimpico dopo che aveva conquistato la medaglia d'oro nella gara di slalom ad Innsbruck nel 1964

A gauche et en haut: Pepi Stiegler de Lienz au cours d'une des courses qui marquèrent le début de sa carrière et accueil du vainqueur olympique après sa médaille d'or en slalom aux Jeux Olympiques d'Innsbruck en 1964

Karl Grissmann gehörte zu den Lienzer Skigrößen der Nachkriegszeit (Fotomontage, um 1950) – Sein Sohn Werner Grissmann war ebenfalls Spitzenrennläufer (rechts), hier beim Training zum Abfahrtslauf der Olympischen Winterspiele 1976 in Innsbruck

Karl Grissmann was one of Lienz' post-War skiing greats (montage, c. 1950) – Werner, his son, was also a top racing skier (right); here, he is seen training for the downhill event at the 1976 Winter Olympics in Innsbruck

Karl Grissmann appartenne alla schiera dei "grandi" dello sci del periodo postbellico (fotomontaggio, ca. 1950) – Suo figlio Werner Grissmann era parimenti un atleta di punta (a destra), qui durante il training per la gara di discesa libera delle Olimpiadi Invernali disputate ad Innsbruck nel 1976

Karl Grissmann appartint aux grands du ski de l'après-guerre (photomontage vers 1950) – Son fils Werner Grissmann fut également un grand skieur (à droite), ici à l'entraînement pour la descente des Jeux Olympiques de 1976 à Innsbruck

Auf eine Initiative des dort lebenden Pepi Stiegler geht die Lienzer Städtepartnerschaft mit Jackson Hole zurück: Eine Delegation aus den USA zu Besuch in Lienz (Ende Oktober 1987)

The special links between Lienz and Jackson Hole go back to an initiative by Pepi Stiegler who lives in the American town: A delegation from the States visiting Lienz in October 1987

Per iniziativa di Pepi Stiegler, che abita a Jackson Hole, si è costituito il gemellaggio tra Lienz e questa città americana: Una delegazione statunitense in visita a Lienz (fine ottobre 1987)

A l'initiative de Pepi Stiegler qui habite aux Etats-Unis, Lienz a été jumelée avec Jackson Hole: une délégation américaine en visite à Lienz (fin octobre 1987)

population of Patriasdorf than to the town of Lienz itself. The ruff did not feature in the country, of course. Here, the costume consisted of leather breeches with a wide, embroidered belt, white knee socks and a long jacket of brown loden, stretching almost to the knees. The hat runs into a peak at the top. The costume was somewhat more elaborate on Sundays and holidays. Originally, it was selected as the local Lienz costume by the Company of Riflemen founded in 1898.

Apart from the riflemen and the brass band, other societies also make a constructive contribution to folk culture in Lienz. Constituted after 1860, all of them have played their part in the social life of the town. In most cases the societies combined the social aspect with a serious purpose, examples being the fire brigade, the society for the preservation of local amenities and the Alpine clubs. No less than 30 associations were registered in the town in 1904. The various sports clubs also started to play an important part at around that time, they ranged from ice and ski clubs to athletic and cycling associations.

Many of the existing associations were originally founded decades ago. The oldest cultural institution in Lienz to have continued without interruption is the "Lienzer Sängerbund 1860", a musical and social asset in the town's life. Today, Lienz numbers some 90 clubs, the sports associations accounting for the lion's share. One of the biggest is Lienz Ski Club with some 1,300 members, one of the youngest and most active is the Lienz Cross-Country Skiing Club which is responsible for the organization of the annual Lienz Dolomites Race.

Cultura popolare ed associazionismo

Anche una città può vantare una molteplicità di espressioni di cultura popolare. Per secoli le autorità ecclesiali e civili temettero l'incontrollata dissoluzione del popolo ed operarono per applicare, in tempo utile, gli adeguati controlli. Appare significativo che dal medioevo in poi i Stadtrichter (giudici della città) ebbero il compito di vegliare sul buon costume della popolazione. Il sindaco, istituito nel 1638, aveva avuto le specifiche istruzioni di fare tutto quanto in suo potere onde favorire la fede cattolica e la disciplina morale tra la popolazione. Era compito suo tentare di eliminare vizi quali il bere, il gioco e la crapula.

All'inizio del 18° secolo, anche nel Tirolo cominciarono le missioni laiche dei gesuiti, il cui compito era quello di risvegliare lo spirito di penitenza, avere un buon influsso sui bambini e sui giovani ed educare i genitori ed i superiori. Avevano inoltre la funzione di rafforzare l'amore per il prossimo e di eliminare superstizioni ed eresie. Tra il 1721 ed il 1767 a Lienz ebbero luogo diverse missioni laiche, alle quali la popolazione della città e dintorni partecipò in massa. Attraverso tali missioni e con l'aiuto delle confraternite fondate in quel periodo, ci fu un grande risveglio della vita religiosa e questo gettò le basi dell'attuale denominazione "sacro Land Tirol".

In questi anni di grande entusiasmo per la fede, a Lienz anche il teatro religioso visse un periodo di assoluto splendore. La gente di Lienz ci teneva ad acquistare un "Sacro Sepolcro" per la chiesa parrocchiale di St. Andrä, per poter celebrare in modo degno i riti della settimana santa. Il Sepolcro è stato creato dal noto pittore Anton Zoller nel 1752. La sua struttura corrisponde alle quinte di un palcoscenico barocco. E' stato restaurato nel 1987. Così è risorto un grandioso monumento culturale, esempio tipico dello sfoggio e della religiosità popolare del tardo barocco. Anche i credenti dei giorni nostri si sentono attratti da questo Sepolcro. Vi sono rappresentati, in modo commovente, la passione di Cristo del venerdì santo, il Cristo nel sepolcro, circondati dalle variopinte sfere pasquali, sullo sfondo scuro e mistico della navata sinistra della chiesa. Se ne ricava l'impressione di qualche cosa di rara amenità.

Le usanze in continuo cambiamento erano, nei secoli passati, legate quasi sempre alla vita religiosa. Ci sono pervenute, attraverso i secoli, testimonianze che attestano numerose festività celebrate nel corso dell'anno liturgico a Lienz, da tutta la comunità o dalle singole famiglie. Anche le corporazioni, nelle loro usanze specifiche, facevano intravvedere forti venature religiose. Alla fine del secolo, il "giuseppismo", con i suoi numerosi divieti e le sue limitazioni nell'interesse dell'illuminismo, ha messo in crisi non poco la cultura popolare. Neppure l'era napoleonica ed il periodo anteriore alla rivoluzione del marzo 1848 furono in grado di far risorgere una policromia di vita popolare.

A tutt'oggi gli usi ed costumi sono più ricchi in campagna che in città. Non esistono, né a Patriasdorf, villaggio incorporato nel 1939 nella città, nonostante il perdurare del carattere rurale, né tantomeno nella città stessa, usanze che non si trovino anche in altre parti del Tirolo. Fa eccezione solo il "Krapfenschnappen" (arraffare i crostoli), una particolarità tutta locale. Tale tradizione è sconosciuta nella città di Lienz, ma a Patriasdorf essa viene praticata ancor oggi alla vigilia di Ognissanti. E' un'usanza che si collega probabilmente al culto dei morti e imboleggia l'implorazione di un dono per gli antenati.

Esisteva una differenza tra la Lienz cittadina e la Patriasdorf rurale anche per quanto concerne il costume, che dapprima era abito da tutti i giorni e che oggi si indossa solo in occasioni particolari. Il costume non è mai stato considerato un'uniforme, come d'altronde neppure oggi. Vi era un mutamento continuo e venne lasciato lo spazio per modifiche personali. Fa parte ancora oggi del costume femminile di Lienz la caratteristica gorgiera. Al posto del cappello le cittadine di Lienz portavano a suo tempo una cuffia dorata. Per i maschi della città era tipica la veste corta. Ma nella maggior parte delle descrizioni, per "costume di Lienz" si intendeva l'abito rurale tipico della popolazione di Patriasdorf. In campagna non si usava ovviamente la gorgiera. In campagna il costume era composto dalle brache di buoio con panciotto ricamato, calzettoni di lana bianca e una lunga giacca di Loden marrone che raggiungeva all'incirca le ginocchia. Il cappello era a punta verso l'alto. Ovvia-

Breit gefächert ist das Spektrum der Lienzer Vereine: Es reicht von Sportvereinen (im Bild Turn-Leistungsschau der Union Lienz im Jahr 1958) bis zu kulturellen Vereinigungen (im Bild der Kammerchor Lienz bei der Eröffnungsfeier des Stadtsaales 1970)

The wide variety of Lienz associations ranges from sports clubs (here, a gymnastics event organized by the Union Lienz in 1958) to cultural societies (the picture shows the Lienz Chamber Choir at the opening of the Municipal Hall in 1970)

E' ampiamente articolato il panorama delle associazioni esistenti a Lienz: Si estende da quelle di natura sportiva (nell' immagine saggio ginnico dell'Unione di Lienz nel 1958) ai circoli di carattere culturale (nell'immagine il Coro da Camera di Lienz alla inaugurazione della sala cittadina nel 1970)

L'éventail des associations est très large: Depuis les associations sportives (démonstration de gymnastique de l'Union Lienz en 1958) jusqu'aux associations culturelles (le Kammerchor Lienz lors de l'inauguration de la salle municipale)

mente, per le giornate domenicali e festive il costume ebbe la sua variante più vistosa. La compagnia di Schützen, rifondata a Lienz nel 1898, scelse come "uniforme" proprio il tradizionale costume della regione di Lienz.

Oltre agli Schützen, con annessa banda musicale, ci furono molte altre associazioni ad arricchire la cultura popolare della città di Lienz. Queste associazioni, fondate per lo più dopo il 1860, prendevano viva parte alla vita sociale della città. La maggior parte di esse, come per esempio i pompieri volontari, la pro loco, le associazioni alpinistiche ecc. perseguivano scopi sociali, ma curavano anche il divertimento. Nel 1904 erano registrate, presso la capitaneria distrettuale di Lienz, non meno di 30 associazioni che avevano la loro sede nella città. Già in quel periodo le varie associazioni sportive come il club del ghiaccio, lo sciclub, le associazioni ginniche e ciclistiche, avevano assunto un ruolo considerevole. Parecchie delle associazioni ancor oggi esistenti risalgono a quel periodo.

L'istituzione culturale più antica di ininterrotta esistenza a Lienz è l'associazione corale, il "Lienzer Sängerbund 1860", che da oltre cento anni arricchisce la vita musicale e sociale della città. Oggi vi sono a Lienz circa 90 associazioni, tra cui predominano quelle sportive. Una delle maggiori è lo sciclub che conta oltre 1300 soci. Un'associazione ancora giovane, ma assai vivace ed attiva è il "Langlaufclub Lienz", il club di fondo, che organizza ogni anno la gara internazionale denominata "Dolomitenlauf".

Culture populaire et vie des associations

Même dans une ville, les formes de la culture populaire peuvent être très diverses. A travers les siècles, les autorités laïques et religieuses redoutèrent un débridement incontrôlé du peuple qu'il faudrait rapidement maîtriser. Il est caractéristique que le juge du moyen-âge ait eu à faire respecter les bonnes mœurs parmi la population. Quant au maire «moderne» dont la fonction fut créée en 1638, il eut la charge

spéciale de mettre tout en œuvre pour favoriser la foi catholique et la solidité des mœurs. Il devait s'appliquer à faire disparaître des maux tels que l'ivrognerie, la débauche et les jeux.

Au début du 18ᵉ siècle, les missions populaires des Jésuites commencèrent: leur but était d'éveiller le sentiment de pénitence, d'exercer une bonne influence sur les enfants et les jeunes et d'influer sur les parents et les supérieurs. Ils eurent aussi pour but de favoriser l'amour chrétien du prochain et l'équité et de faire disparaître complètement les superstitions et l'hérésie. Entre 1721 et 1767, il y eut à Lienz quelques missions populaires avec une importante participation de la population de la ville et des environs. Le regain de la vie religieuse, favorisé par ces missions populaires et les congrégations fondées à cette époque ont concouru à donner au Tyrol sa réputation de province «sainte» (heiliges Land). A cette époque de véritable enthousiasme pour la foi religieuse, le théâtre religieux connut à Lienz son apogée. Et ce fut pour les habitants de Lienz un besoin naturel d'acquérir un «Saint Sépulcre» («Heiliges Grab») pour l'église Saint-André afin de fêter dignement la Semaine Sainte et Pâques. Le peintre tyrolien Anton Zoller le réalisa en 1752. En 1987, il fut restauré; par là un magnifique monument culturel fut à nouveau rétabli, exemple typique d'épanouissement somptueux du baroque tardif et de dévotion populaire, qui attire également les fidèles de notre époque. L'histoire douloureuse du Vendredi Saint représentée d'une façon bouleversante, le Sauveur mort dans le tombeau, les lumières vacillantes des boules multicolores de Pâques dans l'ombre du bas-côté gauche de l'église, tout cela laisse une impression extraordinaire.

Dans les siècles passés, les coutumes sans cesse en évolution furent presque toujours mêlées à la vie religieuse. A Lienz, on trouve trace à travers les siècles de nombreuses fêtes religieuses qui attiraient toute la commune ou étaient fêtées en famille. Les corporations avaient des coutumes spécifiques également empreintes de religiosité. Dans la culture populaire, le «josephinisme» (d'après Joseph II) a amené la perte de certaines traditions à cause de nombreuses limitations et interdictions. Il en fut de même à l'époque napoléonienne et dans les années qui suivirent.

Les coutumes étaient et sont encore plus fortes et diverses à la campagne qu'à la ville. Cependant, il

Zwei weitere Beispiele zum Lienzer Vereinswesen: Der Schachclub hat schon mehrere Großveranstaltungen durchgeführt (Bild oben: vor dem Stichkampf zur österreichischen Staatsmeisterschaft), der „Verein der Eisenbahnfreunde in Lienz" lädt u. a. zu Sonderfahrten mit der durch die Stadt Lienz angekauften Dampflokomotive aus dem Jahr 1944

Two further Lienz societies: The Chess Club has already held various big events (photo above: before the decisive preliminary round of the Austrian National Championships) and the Association of Lienz Railway Enthusiasts organizes special excursions with the 1944 steam engine purchased by the Municipality

Altri due esempi della natura delle associazioni di Lienz: Il club scacchistico ha già organizzato numerose importanti manifestazioni (foto sopra: prima dell'incontro di spareggio per il campionato nazionale austriaco), l'associazione "amici della ferrovia a Lienz" propone, tra l'altro, viaggi speciali con la locomotiva a vapore del 1944 acquistata dalla città di Lienz

Le club d'échecs a déjà organisé des rencontres importantes (photo en haut: avant le barrage pour le championnat d'Autriche), l'"Association des amis du chemin de fer" propose entre autres des excursions sur la locomotive a vapeur achetée par la ville en 1944

n'existe ni dans l'ancien village de Patriasdorf rattaché depuis 1939 à Lienz et encore campagnard, ni dans la ville même, de coutumes qui seraient inconnues ailleurs au Tyrol. Seule exception, le «Krapfenschnappen»: inconnue à Lienz même, cette coutume est encore de nos jours traditionelle et a lieu la veille du jour de la Toussaint. Ce soir-là, des garçons et des jeunes gens masqués vont de maison en maison en agitant de curieuses têtes d'animaux divers en bois qui claquent sur commande. Ils reçoivent en échange de petits présents, surtout des beignets (Krapfen). Certains spécialistes y voient une relation avec la fête des morts, car les beignets étaient, dans le passé, des gâteaux consacrés que l'on déposait souvent sur les tombes.

Une différence certaine entre Lienz et Patriasdorf, entre la ville et la campagne se trouvait à l'origine également dans le costume traditionnel, tout d'abord costume de tous les jours, aujourd'hui costume de fête. Ce ne fut et n'est jamais un «uniforme». Il y eut une évolution constante et il resta toujours place pour une note personnelle. La collerette portée par les femmes est encore aujourd'hui une caractéristique

du costume de Lienz. A la place d'un chapeau, les habitantes de Lienz portent une coiffe dorée. Dans le passé, la veste courte était typique pour les hommes de la ville. Dans la plupart des descriptions anciennes, on assimilait le «costume de Lienz» (Lienzer Tracht) plutôt au costume paysan de la région de Lienz, ce qui est plus valable pour la population de Patriasdorf que pour la ville de Lienz elle-même. A la campagne, on ne porte pas de collerette évidemment. Le costume se compose d'une culotte de peau avec un large ceinturon brodé, de chaussettes blanches en laine, d'une veste longue en loden brun allant à peu près jusqu'aux genoux. Le chapeau est de forme pointue. Naturellement, le costume peut être un peu plus raffiné pour les jours de fête et les dimanches. Ce costume fut choisi par la compagnie des tireurs d'élite fondée en 1898.

Les tireurs d'élite avec leur fanfare ne sont pas les seuls à enrichir l'image de Lienz. Il y a assez d'autres organisations; certaines fondées après 1860 faisaient partie de la vie sociale de la ville. La plupart, comme les sapeurs-pompiers, l'association pour l'embellissement de la région, les associations alpines joignaient à la poursuite d'un but fixé le souci du contact social. En 1904, il n'y avait pas moins de 30 associations enregistrées avec siège dans la ville. Les associations sportives diverses telles que le club de ski, ceux de patinage, de gymnastique et de bicyclette jouaient déjà un rôle immense.

Beaucoup de ces associations existent depuis longtemps. La plus ancienne des institutions culturelles existantes sans interruption depuis sa constitution est le «Lienzer Sängerbund 1860» (assiociation chorale de Lienz) qui a, depuis plus de 100 ans, enrichi la vie sociale et musicale de la ville. Aujourd'hui, il existe à Lienz à peu près 90 associations parmi lesquelles les associations sportives sont les plus nombreuses. L'une des plus grandes est le club de ski (Skiclub Lienz) avec environ 1300 membres; parmi les plus récentes et les plus actives, c'est le club de ski de fond (Langlaufclub Lienz) qui organise chaque année la course internationale des Dolomites, le «Dolomitenlauf».

Das seit 1983 alljährlich durchgeführte Lienzer Stadtfest (links Blick auf den Südtiroler Platz, oben Kletterübung an der Liebburg) wird von den Aktivitäten der zahlreichen Vereine getragen

The Lienz Town Festival has been held every year since 1983, numerous associations participating. Left, view of the Südtiroler Platz; above, climbing practice at the Liebburg

La festa cittadina di Lienz, che si tiene annualmente dal 1983 (a sinistra veduta sulla piazza Südtirol, sopra arrampicata a palazzo Liebburg), viene sostenuta dalle attività di numerose associazioni

La fête, annuelle depuis 1983, de la ville de Lienz (à gauche vue sur la Südtiroler Platz, en haut exercice d'escalade sur le Liebburg) est soutenue par de nombreuses associations

KOMMUNALES GESCHEHEN DER JÜNGSTEN ZEIT

Community Life in Recent Years ● I fatti comunali nel tempo recente ● Histoire communale de ces dernières décades

Auf die Jahre des Wiederaufbaues nach dem Zweiten Weltkrieg folgte eine Konsolidierung, geprägt von allgemeinem Wohlstand, wesentlicher Verbesserung der Infrastruktur in jeder Hinsicht und einer kulturellen Blüte. Die gut funktionierende Zusammenarbeit unter den politischen Parteien und ein hohes Maß an Konsens ist nicht zuletzt auf die Persönlichkeit des seit 1962 amtierenden Bürgermeisters Hubert Huber zurückzuführen. Durch viele Jahre auch im Tiroler Landtag und im Nationalrat tätig, hat er sich allgemeine Anerkennung erworben. Was die Parteien betrifft, bestehen seit Jahren ziemlich stabile Verhältnisse. Die mit Abstand stärkste Kraft ist die Österreichische Volkspartei (ÖVP), gefolgt von der Sozialistischen Partei Österreichs (SPÖ), während die Freiheitliche Partei Österreichs (FPÖ) und die „Grüne Liste" in der Gemeindestube nur kurzfristig eine Rolle spielten.

Die Verbauung des Stadtgebietes hat nicht mehr so stark zugenommen wie in früherer Zeit, dafür wurde sinnvollerweise der bisherige Gebäudebestand verdichtet. Gänzlich neu sind allerdings die Wohnsiedlungen am Moar- und am Terlagofeld. Überhaupt wurden im Wohnbau in diesem Zeitabschnitt große Fortschritte erzielt. In der engeren Stadt selbst entstand 1969/71 der Südtiroler Platz auf den ehemals zur Angerburg gehörenden Gründen als Einkaufszentrum mit ca. 30 Geschäften.

Als Folge der regen Bautätigkeit mußte natürlich das Straßennetz laufend erweitert und verbessert werden. Die Sanierung und Modernisierung verschlingt enorme Geldmittel. Am so wichtigen Projekt „Tiroler Straße" war die Stadt Lienz mitbeteiligt. Ursprünglich als Umfahrungsstraße gedacht, liegt sie heute freilich schon lange wieder im verbauten Gebiet, womit sich neuerlich die Diskussion um die Möglichkeiten einer Umfahrung von Lienz aufdrängt. Im Zuge des Straßenbaues mußte die jahrhundertealte „Drauwiere" (= Draukanal), früher Energiequelle für mehrere Gewerbebetriebe, aufgelassen werden. Die Tiroler Straße wurde im November 1963 dem Verkehr übergeben. Sie erweist sich besonders seit 1967 als unabdingbar, als nämlich durch die Eröffnung der Felbertauernstraße der Durchzugsverkehr sprunghaft angestiegen ist, der sonst eine ungeheure Belastung für das Stadtzentrum bedeutet hätte. Letzte entscheidende Verbesserung auf dem Verkehrssektor war die Eröffnung der langersehnten Bahnunterführung im Süden der Stadt (August 1987). Schon länger erfreuen sich Einheimische und Gäste während der Sommermonate einer ausgedehnten Fußgängerzone im historischen Zentrum. Eine allgemein begrüßte Initiative war 1973 auch die Schaffung einer Fußgängerzone gewesen, die seither in den Sommermonaten eingerichtet wird und Hauptplatz und Andrä-Kranz-Gasse umfaßt. Ein vielfach gewünschter Verbindungsweg zwischen dem Ortsteil Peggetz und dem Naherholungsraum Tristach/Tristacher See kam in Form eines Fußgängersteges im Sommer 1987 zustande.

Die Wasserversorgung war durch die Ausweitung des Siedlungsgebietes, die zunehmende Bevölkerung und manche zivilisatorische Errungenschaften schwieriger geworden. Die noch vor 1900 gebaute Hochquellenleitung wurde seit 1964 in einigen Ausbaustufen wesentlich erweitert, womit die Versorgung der Stadt mit qualitätvollem Trinkwasser auf Jahrzehnte hinaus gesichert ist. Zugleich erfolgte

Sitzung des Gemeinderates in dem von 1945 bis 1987 als Rathaus benützten Gebäude (Aufnahme April 1965)

A meeting of the Town Council in the building used as a town hall between 1945 and 1987 (photograph, April 1965)

Seduta del Consiglio Comunale nell'edificio utilizzato come municipio dal 1945 al 1987 (fotografia dell'aprile del 1965)

Réunion du conseil municipal dans le bâtiment faisant fonction de mairie entre 1945 et 1987 (photo avril 1965)

Der im März 1986 gewählte Gemeinderat mit Bürgermeister Hubert Huber, den Vizebürgermeistern Direktor Paul Unterweger und Dr. Günther Horwath sowie Stadt- und Gemeinderäten

The Council elected in March 1986: Hubert Huber, mayor, Paul Unterweger und Dr. Günther Horwath, deputy mayors, together with the aldermen and councillors

Il consiglio comunale eletto nel marzo del 1986 con il sindaco Hubert Huber, i vicesindaci Dir. Paul Unterweger e dott. Günther Horwath e gli assessori ed i consiglieri comunali

Le conseil municipal élu en mars 1986 avec le maire Hubert Huber, ses adjoints Direktor Paul Unterweger et Dr. Günther Horwath et le reste du conseil municipal

Oben: Als jüngste Wohnsiedlungen der schnell wachsenden Stadt entstanden jene am Moarfeld (links) und am Terlagofeld

Above: The newest housing estates in the rapidly expanding town are at Moarfeld (left) and Terlagofeld

Sopra: I più recenti insediamenti residenziali della città in rapida espansione sono quelli del Moarfeld (a sinistra) e del Terlagofeld

En haut: Les cités Moarfeld (à gauche) et Terlagofeld construites récemment

auch der Um- und Erweiterungsbau des Verwaltungsgebäudes und der Werkstätte des Städtischen Wasserwerks.

Teils parallel mit den Straßenregulierungen bzw. der Neuanlage von Straßen schritt der Ausbau des Kanalnetzes konsequent voran. Mit steigendem Wohlstand und dem Wirtschaftswachstum vermehrte sich der Abwasseranfall aus Wohnung und Betrieb. Eine schadlose Entfernung der Abwässer ist aus der Sicht des so aktuellen Umweltschutzes äußerst wichtig. Vorausblickend wurde bereits 1970 der erste Hauptsammler für ein zu errichtendes Klärwerk gebaut. Der Spatenstich dazu erfolgte im Juni 1981 östlich des Dölsacher Bahnhofs. Inzwischen war auf Betreiben der Stadt Lienz der „Abwasserverband Lienzer Talboden" (1977) gegründet worden. Das 1984 in Betrieb genommene regionale Klärwerk, dessen Zweck die biologische Reinigung des Abwassers ist,

Rechts: Die Stadt wächst entlang der Tristacher Straße, vorne die Kranewitsiedlung (Photo von 1982)

Right: The town is spreading along the Tristacher Strasse; in the front, the Kranewit estate (photo, 1982)

A destra: La città si sviluppa lungo la via Tristach, in primo piano il quartiere residenziale di Kranewit (foto del 1982)

A droite: La ville s'étend le long de la Tristacher Strasse, au premier plan la cité Kranewit (photo de 1982)

entspricht in seiner derzeitigen Ausbaustufe 25.000 Einwohnergleichwerten und kann bei gegebener Notwendigkeit mit einer weiteren Ausbaustufe auf 50.000 Einwohnergleichwerte erhöht werden.

Ein weiteres kommunales Problem ist die Müllentsorgung. Eine recht glückliche Lösung wurde darin gefunden, daß die seit 1960 stadteigene Müllabfuhr 1974 reprivatisiert und 1977 im Gemeindegebiet von Lavant eine zentrale Mülldeponie angelegt worden ist. Damit war die Voraussetzung für eine großflächige Entsorgung gegeben. Dem Gemeindeverband schlossen sich neben Lienz noch alle Gemeinden des Bezirkes und 18 Gemeinden des angrenzenden Kärnten an.

Weitere kommunale Aktivitäten: Die städtische Gärtnerei wurde in den Jahren 1970/74 erneuert. Die Parkanlagen, Grünflächen usw., die mitbestimmend für das saubere Stadtbild von Lienz sind, verlangen nach ständiger Pflege. – Der Wirtschaftshof der Stadtgemeinde wird laufend mit neuen, modernen Geräten und Fahrzeugen ausgestattet. – Zur Erleichterung und Verbesserung der Verwaltung führte man die elektronische Datenverarbeitung ein. – Im Bereich des Städtischen Friedhofs konnte die Aufbahrungshalle und ein Urnenfriedhof erneuert bzw. neu errichtet werden.

Auf Grund der Bedeutung des Feuerwehrwesens erfreut sich die Freiwillige Feuerwehr Lienz immer der Unterstützung durch die Stadtgemeinde. Der Ausrüstungsstand ist gegenwärtig ausgezeichnet, sodaß Lienz über eine der bestgerüsteten Feuerwehren in Tirol verfügt. Im Juli 1980 wurde in Patriasdorf ein Gerätehaus mit drei Fahrzeugen seiner Bestimmung übergeben, was für die Feuerwehrgruppe Patriasdorf einen großen Fortschritt bedeutet.

Erwähnt muß auch werden, daß der Bau des Gerichts- und Gendarmeriegebäudes, die Sanierung der Kaiser-Franz-Joseph-Kaserne, der Erweiterungsbau der Haspingerkaserne und der Neubau des Netzgruppenwählamtes der Post- und Telegraphenverwaltung nicht zuletzt auf Einflußnahmen der Stadtgemeinde Lienz zurückgehen. Zu den Projekten der Wildbach- und Flußverbauung – dies betrifft einige Bäche und die Flüsse Isel und Drau – hat die Stadt Lienz mit Geldmitteln beigetragen. Die Hochwasserkatastrophen der Jahre 1965 und 1966 haben diesbezügliche Anstrengungen noch intensiviert.

Bei der Realisierung des Projektes eines Stadtsaales

Im Bereich der Altstadt verfügt Lienz über drei Plätze. Während die Entstehung des Hauptplatzes (vorne) und des durch die Andrä-Kranz-Gasse damit verbundenen Johannesplatzes ins Mittelalter fällt, wurde der Südtiroler Platz (rechts) als Geschäftszentrum in den Jahren 1969/71 angelegt

The old town of Lienz embraces three squares. The Hauptplatz (front) and the adjoining Johannesplatz date back to the Middle Ages, whilst the Südtiroler Platz (outside right) was designed as a shopping precinct in 1969/71

Nel centro storico della città di Lienz esistono tre piazze. Mentre la realizzazione della piazza principale (in primo piano) e di piazza S. Giovanni, risale al medioevo, l'edificazione di piazza Südtirol (all'estrema destra), centro commerciale, risale agli anni 1969/71

Dans la vieille ville, il y a trois places: La place principale (au premier plan) et la Johannesplatz reliées par la Andrä-Kranz-Gasse datant du moyen âge, la Südtiroler Platz (à droite) des années 69/71 comme centre commercial

Eine große Erleichterung in der Abwicklung des Verkehrs brachte die Bahnunterführung Amlacher Straße, die im August 1987 eröffnet wurde

The Amlacher Strasse railway underpass opened in August 1987 greatly relieved traffic

Il sottopassaggio ferroviario di via Amlach, inaugurato nell'agosto del 1987, ha portato un grosso miglioramento nella circolazione del traffico

Une grande amélioration dans le domaine de la circulation fut l'ouverture du passage souterrain Amlacher Strasse, inauguré en août 1987

wirkten Stadtgemeinde und Raiffeisen-Bezirkskasse zusammen. Dieser 1970 eingeweihte Saal erfüllt alle Anforderungen, die an einen Mehrzwecksaal gestellt werden, und ist überdies ein gelungenes Gemeinschaftswerk der Lienzer Architektengruppe Buchrainer-Cede-Scherzer-Thielmann. Mit seinen 700 Plätzen ist er der ideale Rahmen für kulturelle Großveranstaltungen und damit ein wichtiger Faktor im kulturellen Leben der Stadt.

Wie schon in den Jahren zuvor, unternahm die Stadtgemeinde auch nach 1962 große Anstrengungen auf dem Schulsektor: Neubau der Volksschule Nord mit Hauptschule und Polytechnischem Lehrgang (1967/70), Neubau der Handelsakademie und der Frauenberufsschule (1971/77), gründliche Renovierung der Hauptschule Zentrum (1971/73), Neu- und Umbauten für die Sonderschule im Areal der ehemaligen Mädchenvolksschule beim Kloster der Dominikanerinnen (1977/79). Die ehemals städtische Handelsschule und die Handelsakademie waren bereits 1976 vom Bund übernommen worden. Gegründet auf Initiative und Mitwirkung der Stadt, nahm mit dem Schuljahr 1964/65 das Musisch-Pädagogische Gymnasium seinen Betrieb auf, das heute Oberstufenrealgymnasium heißt. Ursprünglich dem Bundesrealgymnasium unterstellt, steht es seit 1972 unter eigener Direktion. Seit 1978 ist es in den Gebäuden des ehemaligen Stadtspitals untergebracht, die für schulische Zwecke adaptiert worden sind. Lienz ist

Einweihung des Fußgängersteges (Sommer 1987), der den Stadtteil Peggetz mit Tristach verbindet

Opening of the pedestrian walk (summer 1987) connecting the suburbs of Peggetz and Tristach

Inaugurazione della passerella pedonale (estate 1987) che collega il quartiere di Peggetz con Tristach

Inauguration officielle de la passerelle piétonne en été 1987 reliant le quartier de Peggetz avec Tristach

zu einem Schulort von hervorragender zentraler Bedeutung herangewachsen. In den 17 Bildungsstätten wurden im Schuljahr 1987/88 bereits 4341 Kinder und Jugendliche unterrichtet. – Was das Vorschulalter betrifft, so besitzt Lienz genügend Kindergärten. – Der in Lienz auf Besuch weilenden Jugend wurde eine geräumige Jugendherberge zur Verfügung gestellt (1967).

Ebenfalls in erster Linie der Jugend kommt das Sportzentrum südlich der Draubrücke zugute. Dem „Dolomitenstadion" (1964) sind alle notwendigen Baulichkeiten bis zu den Anlagen zur technischen Durchführung von Veranstaltungen angeschlossen. Das Grundstück zum Bau der nebenliegenden Tennishalle (1981) hat die Stadt zur Verfügung gestellt. Auch der alte Sportplatz am Bründlanger wurde revitalisiert und 1982 neuerlich seiner Bestimmung übergeben.

Gleich neben dem neuen Stadion wurde 1972/75 von den einheimischen Architekten Manfred Machné und Rudolf Stotter ein großzügiges Hallenbad mit nebenliegendem Freibad errichtet. Dieses „Dolomitenbad" war bisher einer der größten Bauaufträge der Stadt Lienz. Eine Tat von geradezu epochaler Bedeutung – weil sie ein wichtiges Naherholungspaket für die Zukunft der Allgemeinheit sichert – war die Erwerbung des Tristacher Sees, des einzigen Badesees im Bezirk Lienz.

Das wirtschaftliche Fundament der Stadt wurde in den letzten 30 Jahren wesentlich verbessert. Dank der Förderung durch die Stadtgemeinde haben gewerbliche und industrielle Betriebe sich vorwiegend in der Peggetz bzw. in der östlich daran anschließenden Bürgerau angesiedelt. Hervorzuheben ist ein sehr potenter Industriebetrieb, dessen Zustandekommen nicht nur die städtischen, sondern auch Bezirksvertreter und Landespolitiker gefördert haben: Das Liebherr-Werk Lienz GesmbH, im Februar 1980 gegründet, ist eine hundertprozentige Tochtergesellschaft der Liebherr-Austria-Holding GesmbH, Bi-

Das 1984 in Betrieb genommene Klärwerk zählt zu den modernsten Anlagen seiner Art in ganz Österreich

Opened in 1984, the new sewage works are among the most modern of their kind in Austria

Il depuratore entrato in funzione nel 1984 è uno degli impianti più moderni di questo genere esistenti in tutta l'Austria

La station d'épuration mise en service en 1984 est l'une des plus modernes en Autriche

Rechte Seite unten: Die modernen Sportanlagen im Süden der Stadt bieten vielfältige Möglichkeiten

Below right: The modern sports site in the south of the town provides numerous amenities

Pagina a destra, sotto: I moderni impianti sportivi nella parte meridionale della città offrono svariate possibilità

Page de droite en bas: Les constructions sportives au sud de la ville offrent des possibilités variées

*Ortsbildpflege wird großge-
schrieben: im Bild Bürgermeister Huber beim Pflanzen
einer „Jubiläumslinde"
(1978)*

*The upkeep of the town is
taken seriously: here, Mayor
Huber planting a jubilee tree
in 1978*

*Si dà risalto all'estetica della
città: nell'immagine il sindaco Huber al momento di pian-
tare un tiglio commemorativo
(1978)*

*Le maire, M. Huber, en train
de planter un tilleul commémoratif (en 1978)*

schofshofen (Salzburg). Das Lienzer Werk mit seiner 42.000 m² großen Produktionsstätte, eine der größten Werkshallen in Österreich, nahm im Jänner 1981 die Erzeugung von Kühl- und Gefriergeräten auf. Welche Bedeutung dem Liebherr-Werk im Rahmen der Wirtschaftsentwicklung des südöstlichen Tirol zukommt, kann man vielleicht aus der Feststellung ermessen, daß diese Fabrik seit dem Lienzer Messingwerk, das 1824 aufgelassen worden ist, der größte Industriebetrieb der Stadt Lienz mit weitem Umland ist!

Ausdruck wirtschaftlichen Selbstbehauptungswil-

Der Tristacher See, ein beliebtes Naherholungsgebiet für Lienzer und Feriengäste, wurde von der Stadt gekauft, um ihn der Allgemeinheit zu sichern

A popular recreation centre for local people and visitors, the Tristacher See was purchased by the Municipality in the interests of the general public

Il lago Tristach, vicino luogo ricreativo amato sia dagli abitanti di Lienz che dagli ospiti, venne acquistato dalla città, in modo che fosse conservato alla comunità

Le lac de Tristach, un centre recherché par les habitants de Lienz et les hôtes, fut acheté par la ville soucieuse de l'intérêt public

Der Sport – auch ein Anliegen der Stadtführung: Sportreferent und Vizebürgermeister Dr. Günther Horvath bei der Preisverteilung der Tiroler Radmeisterschaften 1987

Sport is also a concern of the municipality: Dr. Günther Horvath, spokesman for sport and deputy mayor at the prizegiving following the 1987 Tyrolean Cycling Championships

Anche lo sport sta a cuore al vertice cittadino: L'assessore alle attività sportive, vicesindaco Dr. Günther Horvath consegna un premio in occasione dei campionati tirolese di ciclismo del 1987

Le sport – également un souci de la municipalité: Le responsable des sports et adjoint au maire Günther Horwath lors de la remise des prix du championnat de bicyclette du Tyrol en 1982

Rechts: Offizielle Übergabe des Neubaus von Bundes-handelsschule und Bundeshandelsakademie im April 1980 als Beispiel für Lienz als Schulstadt

Right: Official opening of the new Federal School and Academy of Commerce in April 1980, an example of Lienz' activities on the education sector

A destra: consegna ufficiale del nuovo edificio della scuola e dell'accademia statali del commercio nell'aprile del 1980: Un esempio dell'importanza di Lienz come "città-scuola"

A droite: Remise officielle des nouveaux bâtiments de la Bundeshandelsschule et de la Bundeshandelsakademie en avril 1980

Oben: Als zentraler Bezirksort hat Lienz viele Aufgaben auch auf sozialem Gebiet. Das Bezirksaltenheim (auf dem Foto links am unteren Bildrand) bietet den Menschen einen Lebensabend in Gemeinschaft. Das Sozialzentrum der „Lebenshilfe Osttirol" wurde 1982 von Bundespräsident Kirchschläger eröffnet (rechts)

Above: As a central district town, Lienz has many commitments on the social sector. The District Rest Home (left, lower edge) provides companionship in old age. The Social Centre of the "Lebenshilfe Osttirol" was opened by President Kirchschläger in 1982 (right)

Sopra: Come luogo centrale del distretto Lienz è tenuta allo svolgimento di diversi compiti anche nel settore sociale. La casa di riposo distrettuale (foto a sinistra, sul bordo inferiore dell'immagine) dà la possibilità di trascorrere la vecchiaia in una comunità. Il centro sociale "Lebenshilfe Osttirol" venne inaugurato nel 1982 dall'allora presidente della Repubblica Federale Kirchschläger (a destra)

En haut: La Bezirksaltenheim (maison de retraite, sur la photo à gauche en bas) permet aux personnes âgées une vie en communauté. Le centre social de la «Lebenshilfe Osttirol» fut inauguré en 1982 par le président Kirchschläger (à droite)

Fahrzeugpark und Ausrüstungsstand der Lienzer Feuerwehr werden laufend ergänzt, verbessert und modernisiert

The vehicles and equipment used by Lienz fire brigade are continually supplemented, improved and modernized

Il parco macchine e le attrezzature dei vigili del fuoco di Lienz vengono continuamente integrati, migliorati e ammodernati

Le parc automobile et le matériel des sapeurs-pompiers améliorés et modernisés sans cesse

lens in der Gegenwart – und dies nicht nur für Lienz, sondern für den ganzen Bezirk – ist die „Osttirol-Messe", die seit 1986 jährlich durchgeführt wird. Diese Leistungsschau hebt nicht nur das Wirtschaftsleben im Lienzer Raum, sondern aktiviert Anknüpfungsmöglichkeiten mit den Nachbarregionen. Hinsichtlich Arbeitsplätzen und Verdienstmöglichkeiten kommt dem Fremdenverkehr für Lienz und Umgebung eine eminente Bedeutung zu. Zur Intensivierung tourismusfördernder Maßnahmen wurde der „Fremdenverkehrsverband Lienzer Dolomiten" gegründet, dem außer der Stadt noch einige Gemeinden des Talbodens angehören. Die Lienzer Bergbahnen AG hat in letzter Zeit mit dem Bau der Einseilumlaufbahn auf das Zettersfeld (1985) und einer Doppelsesselbahn (1987) geeignete Initiativen gesetzt, die vor allem dem Fremdenverkehr im Winter zugute kommen. Während die Vorzüge eines Sommerurlaubs in Lienz hinlänglich bekannt sind und in Anspruch genommen werden, ist die Wintersaison noch ausbaufähig.

Das Image von Lienz wird durch die zentrale Funktion als Bezirkshauptstadt entscheidend mitgeprägt. Der Bund, das Land und verschiedene Körperschaften haben hier ihren Sitz bzw. entfalten von hier aus bezirksweit ihre Funktionen. Ganz besonders trifft dies natürlich für die Verwaltung zu, wobei ein großer Teil der Behörden seit 1977 in einem modernen Ämterhaus konzentriert ist. Weit über die Stadt Lienz hinaus erstreckt sich auch der Wirkungskreis des Bezirksgerichtes, des Arbeitsgerichtes, des Gendarmeriepostens usw. Besonders hinsichtlich des Sanitätswesens erfüllt Lienz mit dem Allgemeinen öffentlichen Bezirkskrankenhaus eine hervorragende regionale Funktion. Auf Initiative des Verwaltungsausschusses, dem selbstverständlich auch die Stadtgemeinde Lienz angehört, werden ständig Erweiterungen und Verbesserungen durchgeführt. In erster Linie ist es der Stadt zu danken, daß 1971 ein großzügig angelegtes Bezirksaltenheim bezogen werden konnte, das inzwischen bereits erweitert wurde. Als weitere Sozialeinrichtung von überlokaler Bedeutung verdient das Sozialzentrum des Vereins zur Förderung Behinderter („Lebenshilfe Ostti-

Dank der gezielten Flußverbauung haben bei den Hochwasserkatastrophen der Jahre 1965 und 1966 die Wassermassen von Isel (im Bild) und Drau im Bereich von Lienz kaum Schaden anrichten können

Thanks to carefully planned constructional measures, the floods of 1965 and 1966 caused little damage in the Lienz area despite the high water of the Isel (photo) and the Drau

Grazie allo sbarramento artificiale dei fiumi masse d'acqua della Isel (nell'immagine) e della Drava nelle catastrofi degli anni 1965 e 1966 non provocarono danni di rilievo nel territorio di Lienz

Grâce à une régularisation des fleuves, l'Isel (vue) et la Drave n'ont fait que peu de dégâts dans Lienz et les alentours au cours des inondations des années 1965 et 1966

---

rol") erwähnt zu werden. Es wurde 1982 in Anwesenheit des Bundespräsidenten Dr. Rudolf Kirchschläger eröffnet.

Dem Bildungswesen des ganzen Bezirkes zugute kommt die Einrichtung des „Bildungshauses Osttirol", eröffnet 1980, in der alten Angerburg. Es geht auf kirchliche Initiative zurück. Das Programm setzt vielerlei Schwerpunkte und wird vor allem im Sinne der Erwachsenenbildung in Anspruch genommen. –

Das Einvernehmen zwischen Stadtgemeinde und Kirche ist ausgezeichnet, was auch darin zum Ausdruck kommt, daß von seiten der Stadt bisher immer wesentliche finanzielle Mittel für die Restaurierung der Lienzer Gotteshäuser zur Verfügung gestellt worden sind, für die Pfarrkirche St. Andrä, die Klosterkirche Zu Unserer Lieben Frau Mariä Himmelfahrt, die St.-Michaels-Kirche, die Spitalskirche, neuestens für das St.-Antonius-Kirchlein am Haupt-

Gewerbebetriebe in der Bürgerau (links) und der seit 1981 arbeitende Industriebetrieb des Liebherr-Konzerns: Oben Blick in die Halle des Lienzer Werks, das auf Kühl- und Gefriergeräte spezialisiert ist

Small industry in the Bürgerau (left) and the Liebherr factory opened in 1981: above, the assembly line in the Lienz plant, specializing in cooling and freezing appliances

Aziende nella "Bürgerau" (a sinistra) e la fabbrica Liebherr operante dal 1981: sopra una veduta dell'interno del capannone dello stabilimento di Lienz, specializzato nella produzione di apparecchi per la refrigerazione ed il congelamento

Industries dans la Bürgerau (à gauche) et le consortium Liebherr installé depuis 1981: en haut, vue de l'intérieur de l'usine spécialisée dans les réfrigérateurs et les congélateurs

Die „Osttirol-Messe", eine Leistungsschau der heimischen Wirtschaft mit überregionaler Ausstrahlung, wurde im Jahr 1985 zum ersten Mal durchgeführt. Bild: Besuch des Tiroler Landeshauptmannes Partl bei der Osttirol-Messe 1987

A local trade exhibition with a supra-regional echo was first held in 1985. Photo: Dipl.-Ing. Partl, the Tyrolean Provincial Governor, at the 1987 East Tyrolean Trade Fair

La Fiera del Tirolo dell'Est ("Osttirol-Messe"), espressione della vita economica locale con influenze sovraregionali, si tenne, per la prima volta, nel 1985. Foto: Il Presidente del Tirolo (Landeshauptmann) Alois Partl in visita a questa fiera (1987)

La foire du Tyrol de l'Est, d'une dimension suprarê régionale, eut lieu pour la première fois en 1985. Photo: Visite du gouverneur tyrolien Alois Partl à la foire du Tyrol de l'Est en 1987

platz. Während das Stadtgebiet auf die drei katholischen Pfarren St. Andreas – zugleich Sitz des Dekanalamtes –, St. Marien und Hl. Familie aufgeteilt ist, besteht nur eine für den ganzen Bezirk Lienz zuständige evangelische Pfarre mit Sitz an der Martin-Luther-Kirche.

Die Aufwärtsentwicklung der Stadt Lienz in den vergangenen Jahrzehnten ist nicht zuletzt einer klugen Wirtschaftspolitik der Stadtführung zu verdanken. Trotz Verwirklichung großer Projekte wurden Rücklagen gemacht, was der Stadt in der Zeit allgemeiner wirtschaftlicher Rezession zugute kommt. So war es auch möglich, die Liebburg, den ehemaligen Ansitz der Familie Wolkenstein-Rodenegg, vom Bund zu erwerben und in den Jahren 1985/87 als Rathaus der Stadt Lienz zu adaptieren. Die Planung führte Architekt Mag. Dieter Tuscher einvernehmlich mit dem Bundesdenkmalamt durch. Bei aller Modernisierung im Inneren, wurde das Äußere des historischen Ansitzes selbstverständlich nicht nur unversehrt belassen, sondern in seinem Erschei-

nungsbild auf das originale Aussehen zurückgeführt. Mit der vornehm-zurückhaltenden Färbelung in Hellgrau, gehöht mit dem gebrochenen Weiß der Stukkaturen, wirkt die Liebburg inmitten des ziemlich bunten Hauptplatz-Ensembles wie ein ruhender Pol.

Mit dem neuen Rathaus ist die Gemeindeverwaltung noch mehr ins Zentrum gerückt, was Bürgernähe anzudeuten vermag. Wenn das historische Gebäude, das so eng mit der Geschichte der Stadt Lienz verbunden ist, nun nach Jahrhunderten in den unmittelbaren Besitz der Stadt übergegangen ist, von ihr revitalisiert und genützt wird, so ist dies – über eine kulturelle Großtat hinaus – zugleich ein Akt von Symbolgehalt: Bewahren des Tradierten und Beweis für die Wertschätzung der eigenen Geschichte in idealer Verbindung mit den Bedürfnissen und Erfordernissen von Gegenwart und Zukunft, letztlich Ausdruck eines berechtigten Selbstbewußtseins, das die Geschichte der Stadt Lienz von der Residenz der Görzer Grafen bis heute gebietet.

Community Life in Recent Years

The years of recovery after the Second World War were followed by a consolidation, marked by general affluence, considerable improvements in the infrastructure and a cultural heyday. The excellent cooperation between the political parties and the widespread agreement is in no small measure thanks to Hubert Huber, who has held the office of mayor since 1962. The Österreichische Volkspartei (Austrian People's Party) is by far the strongest party, followed by the Sozialistische Partei Österreichs (Socialist Party of Austria).

The built-up area of the town no longer expands at the rate it once did, but buildings have been added within that area. The housing estates on the Moarfeld and Terlagofeld are absolutely new, however. Great progress was noted in this period on the housing sector. The road network had to be constantly enlarged and improved in consequence. The town of Lienz participated in the "Tyrolean Road", a major project. Originally intended as a bypass, this has long been overtaken by the built-up area, prompting new discussion as to the possibilities of bypassing Lienz. The Tyrolean Road was opened to traffic in 1963 and takes all the through traffic; this has increased enormously since the opening of the Felbertauern road in 1967. The latest decisive improvement on the traffic sector was the opening of the much needed railway underpass in the south of the town (August 1987). Popular amongst local people and visitors alike, the pedestrian precinct in the historic centre was introduced 1973.

Water supplies felt the increasing demands and in 1964 the main supply – this is fed from a high source and was originally built in 1900 – was greatly enlarged. The supply of high quality drinking water is now ensured for decades to come.

The sewerage system was developed in step with the enlargement of the road network. Increasing affluence and economic growth have meant that the effluents from private accommodation and industry have also increased. For environmental reasons,

Blick auf das sich weiter im Talboden ausbreitende Lienz mit einigen Nachbargemeinden
A view of ever-expanding Lienz and several neighbouring villages

Veduta delle propaggini, sempre più ampie a fondovalle, di Lienz con alcuni comuni confinanti

Lienz sans cesse en expansion avec quelques communes avoisinantes

LIENZ IN ZAHLEN. – Das Gemeindegebiet hat die ansehnliche Größe von 1594,3 Hektar. Der Talboden liegt in einer Seehöhe von 673 m. Die geographischen Koordinaten betragen nach neuesten Berechnungen im Zentrum der Stadt, d. h. beim östlichen Turmknauf der Liebburg, 46° 49' 47'' geographischer Breite und 12° 46' 11'' geographischer Länge. Im Gemeindegebiet der Stadt Lienz wohnen heute (Stand vom 15. November 1987) 13.288 Menschen, davon 12.194 Personen mit Erstwohnsitz

LIENZ IN FIGURES. – The municipality covers a respectable area of 3,986 acres. The valley is situated at an altitude of 673 m. According to the latest calculations, the geographical co-ordinates in the centre of the town, i. e. at the tip of the east tower of the Liebburg, are 46° 49' 47'' latitude and 12° 46' 11'' longitude. As of 15th November, 1987, 13.288 people live in the municipality of Lienz, 12.194 of these having their main domicile in the town

LIENZ IN CIFRE. Il territorio comunale ha una notevole superficie: 1594,3 ettari. La parte a fondovalle si trova a 673 metri sul livello del mare. Secondo il calcolo più recente, nel centro della città, sulla torre orientale del palazzo Liebburg, le coordinate geografiche sono costituite da 46° 49' 47'' di latitudine e 12° 46' 11'' di longitudine. Nel territorio comunale della città di Lienz attualmente (dati del 15 novembre 1987) vivono 13.288 persone, di cui 12.194 aventi a Lienz la prima residenza

LIENZ EN CHIFFRES: – Superficie du terrain communal: 1594,3 hectares. Altitude: 673 mètres. Position géographique: 46 ° 49' 47'' de latitude, 12° 46' 11'' de longitude. Nombre d'habitants dans la commune de Lienz: 13.288 (au 15 novembre 1987), dont 12.194 personnes avec résidence principale à Lienz

these effluents must be disposed of safely. With an eye to the future, the first main collecting tank for a future sewage-works was installed in 1970. Building on the actual plant started in June 1981. The regional sewage-works began operating in 1984 – the sewage is biologically purified here – and can be extended if necessary.

Refuse disposal is another communal concern. The municipal refuse collection service was reprivatized in 1974 and in 1977 a central refuse deposit was provided in the Lavant area ensuring large-scale disposal. Together with all communes in the district and 18 communes in neighbouring Carinthia, Lienz joined the Association of Communal Authorities.

These activities have been supplemented by other notable initiatives. Various public buildings (the district authority offices, court, police station, barracks and telephone exchange) have been erected in recent years and, although they are not municipal facilities, the Council provided considerable impetus. The efforts on the school sector are worthy of particular mention and Lienz has become an educational centre of outstanding central importance. 4341 children and young people attended lessons in the 17 different schools during the 1987/88 school year. A spacious, well equipped youth hostel was provided in 1967 for young visitors to Lienz. The sports centre to the south of the bridge over the Drau primarily caters for young people, too. Apart from the "Dolomites Stadium" (1964), an impressive indoor swimming – pool with adjacent outdoor pool was built in 1972/75. Designed by local architects, it constituted one of the biggest municipal building projects hitherto. The acquisition of the Tristacher See by the Municipality of Lienz constituted a significant step for the future. The only bathing lake in the East Tyrol, it is the centre of an important leisure area for Lienz people and tourists.

The economic foundations of the town were considerably improved over the last 30 years. Thanks to the support of the Municipal Council, trading and industrial companies have settled mainly in the Peggetz and Bürgerau areas in the last decades. One industrial company worthy of special mention here is the Liebherr-Werk Lienz GesmbH which has brought employment for many local people. Founded in February 1980, it is a one hundred per cent subsidiary of the Liebherr-Austria-Holding GesmbH, Bischofshofen (Salzburg). The Lienz plant with its 42,000 m² production site, one of the largest in Austria, commenced production of cooling and freezing appliances in January 1981. The importance of the Liebherr plant to the economic development of the south-east Tyrol can perhaps be gauged by the fact that this factory is the largest industrial company in the town of Lienz and greater surroundings since the Lienz Brass Foundry which was closed down in 1824.

Held annually since 1986, the "Osttirol-Messe" symbolizes the economic independence of Lienz and of the entire district. This trade exhibition provides a booster for the economy in the Lienz area and also forges links with neighbouring regions.

In the provision of employment and income tourism is of eminent importance. The "Fremdenverkehrs-verband Lienzer Dolomiten" was formed to intensify measures to promote tourism and several villages in the valley have also joined this

Rechte Seite oben: Erweiterungsbau zum Bezirkskrankenhaus

Above right: The extension to the District Hospital

Pagina a destra sopra: Lavori di ampliamento dell'ospedale distrettuale

Page de droite en haut: Agrandissement de l'hôpital

Rechte Seite unten: Neben der Franz-Joseph-Kaserne wurde die Haspinger-Kaserne des österreichischen Bundesheeres (Bild) in jüngster Zeit gründlich renoviert und erweitert

Below right: In addition to the Franz Joseph barracks, the Austrian Army's Haspinger barracks (photo) were thoroughly renovated and extended very recently

Pagina a destra sotto: Oltre alla caserma Franz Joseph è stata di recente totalmente ristrutturata ed ampliata la caserma Haspinger dell'esercito federale (nell'immagine)

Page de droite en bas: A côté de la caserne Franz Joseph, la caserne Haspinger de l'armée autrichienne (vue) a été récemment rénovée et agrandie

Folgende Seiten: Blick vom Schloßberg auf Lienz, aufgenommen 1981. Einige der neuen Siedlungen wurden seitdem neuerlich vergrößert

Following pages: View of Lienz from the Schlossberg, 1981. Several of the new estates have since been enlarged

Pagine seguenti: Veduta di Lienz dallo Schlossberg, fotografia del 1981. Da allora alcuni dei nuovi quartieri residenziali si sono ulteriormente ampliati

Pages suivantes: Vue sur Lienz depuis le Schloßberg prise en 1981. Quelques- unes des nouvelles cités ont depuis été agrandies

association. The Lienzer Bergbahnen AG lift company has done much to promote winter tourism, constructing the new cableway up the Zettersfeld (1985) and a double chair lift. Whereas the advantages of a summer holiday in Lienz are well known, the winter season could expand further. Lienz' image is decisively formed by its central function as the administrative centre of the district. The national, provincial and administrative authorities are seated here, the majority of them being housed in a modern building which was erected in 1977.

The upward trend registered in recent decades in Lienz is thanks not least to the wise economic policies followed by the Municipal Authority. Although major projects have been realized, reserves have been consolidated and in times of general economic recession the town is the beneficiary. In this way it was possible to acquire the Liebburg, once the seat of the Wolkenstein-Rodenegg family, from the state and to adapt this between 1985 and 1987, converting it into Lienz Town Hall. Despite modernization work inside, the exterior of this historic building was preserved and renovated to recapture its original appearance.

Together with the new Town Hall, the Municipal Administration has returned nearer to the centre, an indication perhaps of nearness to the local citizens. There is indeed a certain symbolism in the fact that this historic building, tied up so inextricably with the history of Lienz, has after many centuries become the property of the town. Revitalized and used by the town, it stands for that respect shown towards the traditions and the history of a place, that consideration for the needs and requirements of the present and the future, and that rightful self-assurance merited by the history of the town of Lienz from the days of the residence of the Counts of Görz until today.

I fatti comunali nel tempo recente

Gli anni della ricostruzione dopo la seconda guerra mondiale sono stati seguiti da un periodo di consolidamento, improntato al benessere generale, al sostanziale miglioramento delle infrastrutture in senso lato, e ad una fiorente cultura. I partiti politici hanno collaborato fattivamente, raggiungendo un alto grado di consenso, grazie soprattutto alla personalità del sindaco Hubert Huber, in carica dal 1962. Sempre per quanto concerne i partiti, si può dire che da anni esiste una certa stabilità. La ÖVP è di gran lunga il partito più forte, seguito dai socialisti (SPÖ). Rispetto al passato, l'edificazione sul territorio cittadino è scesa di ritmo; nel contempo si è cercato di aumentare la densità abitativa. Sono del tutto nuovi gli insediamenti residenziali nella zona del Moar- e Terlagofeld. Si può dire che in questo periodo i progressi nel campo dell'edilizia abitativa sono stati veramente grandi.

Lo sviluppo dell'attività edilizia ha comportato la necessità di ampliare di continuo la rete stradale. La città di Lienz ha partecipato all'importante progetto "Tiroler Straße". Tale strada era concepita originalmente come circonvallazione. Ma oggi essa si trova in mezzo alle aree edificate, cosicché si è tornati a discutere della necessità di una circonvallazione per Lienz. La "Tiroler Straße" è entrata in servizio nel novembre del 1963. Dal 1967 essa deve assorbire il traffico di transito cresciuto di colpo con l'apertura della Felbertauern-Straße. L'ultimo progresso nel settore viabilistico è costituito dal sottopassaggio della linea ferroviaria, nella parte meridionale della città. Il sottopassaggio da lungo tempo desiderato, è stato aperto nel agosto 1987. Già dal 1973 i cittadini

Die Kriegerfriedhöfe des Ersten und (Bild) Zweiten Weltkriegs, 1987 renoviert, sind Orte der Besinnung und der Mahnung

Renovated in 1987, the War Cemeteries for the dead of the First and Second (photo) World War are places of contemplation and admonition

I cimiteri di guerra della prima e (nell'immagine) della seconda guerra mondiale, risanati nel 1987, sono luoghi di riflessione e monito

Les cimetières de la 1ere Guerre Mondiale et celui de la 2e Guerre Mondiale (vue) ont été rénóvés en 1987

ed i turisti possono usufruire, nei mesi estivi, di una grande isola pedonale nel centro storico.

A causa dell'ampliamento delle zone residenziali, della crescita demografica e di qualche conquista della civilizzazione, l'approvvigionamento idrico era diventato più difficile. Allora fu allargata la conduttura costruita ancora prima del 1900. I lavori vennero effettuati dal 1964 in poi in diversi lotti. L'approvvigionamento della città con acqua potabile di eccellente qualità è assicurato da oggi fino a molti decenni a venire.

Contemporaneamente alla costruzione di nuove strade è proseguito anche l'ampliamento della rete di canalizzazione. Il crescente benessere e lo sviluppo economico hanno prodotto un aumento delle acque nere delle abitazioni e delle imprese. Ai fini della protezione ambientale l'eliminazione razionale delle acque nere era assai importante. Con grande previdenza si è costruito già nel 1970 un collettore principale per il progettato impianto di depurazione. L'inizio dei lavori si ebbe nel giugno del 1981. Nel frattempo, per iniziativa della città, fu stato fondato un consorzio regionale per l'eliminazione delle acque nere denominato "Abwasserverband Lienzer Talboden" (1977). Nel 1984 l'impianto di depurazione entrò in funzione. Viene impiegato per purificare biologicamente l'acqua. La sua capacità attuale è sufficiente per un insediamento umano di 25.000 persone. Se necessario, l'impianto potrà essere ampliato ulteriormente.

Un altro problema comunale è stato rappresentato dallo smaltimento dei rifiuti. Anche in questo caso è stata trovata una buona soluzione. La nettezza urbana, gestita in proprio dalla città dal 1960, è stata nuovamente privatizzata nel 1974. Nel 1977 è stato approntato un deposito rifiuti centrale nel comune di Lavant. Con ciò si sono create le premesse per lo smaltimento dei rifiuti di una grande area. Al consorzio dei comuni, di cui fa parte Lienz, si sono aggregati tutti i comuni del distretto oltre a 18 comuni limitrofi della Carinzia.

Queste sono alcune delle attività svolte dal comune. Si aggiunga che negli ultimi tempi sono sorti numerosi edifici pubblici (capitaneria distrettuale, gendarmeria, caserme, uffici postali ecc.) che non appartengono al comune, ma in quasi tutti i casi l'amministrazione cittadina ha contribuito concretamente alla loro realizzazione. Sono da menzionare in particolar

modo gli sforzi effettuati nel settore della scuola: sono stati costruiti la scuola elementare nella zona nord della città (1967/70), l'istituto commerciale e l'istituto professionale per ragazze (1971/77); è stata rinnovata completamente la scuola media nel centro (1971/73); è stata in parte costruita ex novo, in parte ampliata, la scuola a classi differenziali (1977/79). La scuola commerciale, a suo tempo della città, e l'istituto commerciale superiore, furono assunti, nel 1976, dallo Stato. Nacque per iniziativa della città, nel 1964/65, il ginnasio musicale-pedagogico che oggi si chiama Oberstufenrealgymnasium.

Lienz è diventata una "città-scuola" di grandissima importanza anche per la sua posizione centrale. Nelle 17 scuole di ogni tipo e grado, sono accolti, nell'anno scolastico 1987/88, 4341 alunni. Per i giovani che visitano a Lienz, già nel 1967 è stato messo disposizione un ostello spazioso e ben arredato.

Il centro sportivo a sud del ponte sulla Drava è utilizzato in primo luogo dai giovani. Di fronte allo stadio "Dolomitenstadion" (1964) fu costruita, su progetto degli architetti cittadini Manfred Machnè e Rudolf Stotter, una spaziosa piscina coperta con annessa struttura all'aperto. La realizzazione del "Dolomitenbad" si può annoverare tra i più importanti lavori finora commissionati dalla città. Grande importanza ha avuto anche l'acquisizione del lago di Tristach da parte della città. Poiché esso è l'unico lago, nel Tirolo orientale, in cui si può praticare il nuoto, costituisce un centro ricretivo di grande richiamo per i cittadini ed i turisti.

La base economica della città ha subito un notevole miglioramento negli ultimi 30 anni. Il comune ha favorito ed incentivato l'insediamento di imprese industriali e commerciali, negli ultimi decenni, in primo luogo nel Peggetz e nella zona limitrofa ad est chiamata Bürgerau. Di particolare importanza è la grossa impresa industriale Liebherr Werk Lienz GesmbH, fondata nel 1980. Essa dà lavoro a numerosi abitanti del distretto. E' un'affiliata della Liebherr-Austria-Holding GesmbH di Bischofshofen (Salisburgo). La fabbrica di Lienz si estende su di un'area di 42 mila metri quadri. Essa vanta uno dei più grandi capannoni di tutta l'Austria. Dal 1981 vi vengono prodotti apparecchi frigoriferi ed affini. L'importanza della fabbrica Liebherr per lo sviluppo economico del Tirolo sudorientale è data dal fatto che tale impresa è di gran lunga la maggiore della

Der Blick aus dem Flugzeug von Südosten über Lienz zeigt deutlich, wie die moderne Stadt über den mittelalterlichen Kern nach allen Richtungen hinausgewachsen ist (Aufnahme Oktober 1987)

The aerial view of Lienz from the south-east clearly shows how the modern town has spread beyond the mediaeval centre in all directions (photo, October 1987)

La veduta aerea da sudovest su Lienz mostra molto chiaramente come la città moderna si sia sviluppata in tutte le direzioni attorno al centro medioevale (fotografia dell'ottobre 1987)

La vue d'avion prise du sud-est montre d'une manière évidente comme la ville s'est agrandie dans toutes les directions à partir du centre moyenâgeux (photo d'octobre 1987)

zona, da quando è stata chiusa, nel 1824, la fabbrica di ottone di Lienz.

Un'espressione dello stato e degli indirizzi economici attuali è la fiera del Tirolo orientale ("Osttirol-Messe"), che si tiene dal 1986, annualmente. Questa rassegna non vivifica solo la vita economica locale, ma fa da stimolo anche a possibilità di contatto con le regioni confinanti.

Molto importante per l'occupazione nella città di Lienz e dintorni è senz'altro il turismo. Per intensificare gli sforzi rivolti al suo sviluppo, è stato fondato l'ente turistico "Lienzer Dolomiten", del quale, oltre alla città di Lienz, fanno parte alcuni comuni del fondovalle. La società funivie "Lienzer Bergbahnen AG" ha intrapreso, ultimamente, la costruzione di due nuovi impianti di risalita sullo Zettersfeld (1985), iniziativa che va a favore soprattutto del turismo invernale. I vantaggi dei soggiorni estivi a Lienz sono rinomati; per la stagione invernale invece ci vogliono ancora dei miglioramenti e degli incentivi.

A caratterizzare Lienz in modo decisivo è anche la sua funzione centrale di città capo-distretto. Qui si trovano le sedi degli uffici dello Stato, del Land Tirolo e di diversi altri enti. La maggior parte degli uffici è concentrata in un edificio appositamente costruito nel 1977.

Certamente lo sviluppo di Lienz nei decenni passati è da collegare anche ad una politica economica molto intelligente dell'amministrazione cittadina. Nonostante la realizzazione di grandi opere, la città ha sempre tenuto in riserva una parte dei suoi mezzi per poterli impiegare in momenti di particolare difficoltà economica o per scopi particolari. Con tali mezzi fu possibile, rilevare dallo Stato il castello di Liebburg che fu a suo tempo la residenza dei baroni von Wolkenstein-Rodenegg. Non venne solo acquistato, fu anche restaurato negli anni 1985/87 e destinato a palazzo municipale. Mentre all'interno le strutture sono state modernizzate, l'aspetto esteriore del maniero è stato addirittura riportato allo stato originario.

Histoire communale de ces dernières décades

Aux années de reconstruction suivant la 2ᵉ Guerre Mondiale, succéda une amélioration sensible, due à une prospérité générale de l'infrastructure et un épanouissement culturel. Le bon travail d'équipe entre les partis et un consensus souvent effectif sont dus en grande partie à la personnalité de Hubert Huber, le maire de Lienz en fonction depuis 1962. Une situation assez stable s'est établie entre les partis politiques depuis des années. La force politique la plus importante est le parti populiste autrichien (ÖVP) suivi par le parti socialiste (SPÖ).

On a moins construit dans la ville ces dernières années mais au contraire utilisé d'une manière plus sensée les bâtiments déjà existants. Cependant les cités am Moarfeld et am Terlagofeld sont entièrement neuves. On a de toute manière fait de grands progrès dans la construction ces dernières années. Naturellement, suite à cette vague de constructions, il a fallu continuellement élargir et améliorer le réseau routier. La ville de Lienz a participé au très important projet «Tiroler Strasse». A l'origine conçue pour contourner la ville, la route se trouve, depuis longtemps, à nouveau dans une zone d'habitation, ce qui amène à envisager un second projet. La Tiroler Strasse fut mise en service en novembre 1963 et reçoit depuis 1967 toute la circulation routière de passage, en énorme augmentation depuis l'ouverture de la route du Felbertauern. La dernière amélioration décisive et attendue depuis longtemps dans le domaine de la circulation fut, en août 1987, l'ouverture du passage souterrain (route passant sous la ligne ferroviaire) au sud de la ville. Depuis plusieurs années, les habitants de Lienz et les touristes profitent pendant l'été d'une vaste zone piétonne dans le centre historique.

L'alimentation en eau potable devint plus difficile à cause de l'agrandissement de l'espace habité, de l'augmentation de la population et de certaines conquêtes de la civilisation. La conduite d'eau de source construite avant 1900 a été élargie par étapes depuis 1964: l'approvisionnement de la ville en eau potable de qualité est ainsi assuré pour plusieurs décades. En

Fast ein historisches Ereignis der jüngsten Zeit war der Besuch der Witwe des letzten österreichischen Kaisers Karl I., Zita, am 3. September 1983

The visit by Zita, widow of Karl I, the last Austrian Emperor, on 3rd September 1983 was almost a historic occasion

La visita di Zita, vedova dell'ultimo imperatore d'Austria, Karl I., il 3 settembre 1983, ha rappresentato un avvenimento di portata quasi storica dei tempi più recenti

Presque un événement historique: La visite récente de la veuve du dernier empereur Karl I, Zita, le 3 septembre 1983

partie parallèlement à l'amélioration et à la construction de nouvelles rues, la construction du réseau canalisé avança d'une manière régulière. Le volume des eaux usées provenant des particuliers et des usines augmenta avec le confort grandissant et la croissance économique. L'élimination sans dommages des eaux usées est extrêmement importante aux yeux des écologistes. Pensant à l'avenir, la municipalité fit édifier un collecteur d'égout pour une station d'épurage à construire ultérieurement. Les travaux pour cette station débutèrent en juin 1981. Entre-temps, à l'initiative de la ville de Lienz, on fonda le «Abwasserverband Lienzer Talboden» (association des communes du bassin de Lienz pour l'élimination des eaux usées) en 1977. La station d'épuration régionale, mise en service en 1984, qui sert à nettoyer biologiquement les eaux usées, suffit pour 25.000 habitants dans sa phase actuelle de construction et peut, suivant les besoins, être agrandie.

Un autre problème communal est celui de l'enlèvement des ordures. On trouva une solution heureuse: le service de nettoiement, communal depuis 1960, fut reprivatisé en 1974 et on trouva en 1977 dans la commune de Lavant un endroit qui sert de dépôt d'ordures central. On trouva ainsi les bases pour un enlèvement des ordures sur le plan régional. Toutes les communes du canton se joignirent à Lienz ainsi que 18 communes avoisinantes de la Carinthie.

Mais il y a plus que ces activités communales importantes. Plusieurs organismes non communaux ont récemment construit de nombreux bâtiments publics, comme la sous-préfecture, le tribunal, la gendarmerie, des casernes, le central automatique de la poste. Mais il faut surtout mentionner les efforts de la municipalité dans le domaine des écoles: cinq écoles ont été construites ou rénovées; un lycée fut

Folgende Seiten: Luftbildaufnahme des „Hochflugs Tirol 1980", durchgeführt vom Bundesamt für Eich- und Vermessungswesen Wien. Die Aufnahme umfaßt mehr oder weniger den gesamten verbauten Bereich, nicht aber das gesamte Gemeindegebiet

Following pages: Aerial photograph by the "Hochflug Tirol 1980", carried out by the Federal Board of Surveying in Vienna. The photograph covers more or less the entire built-up area, but not the total area of the municipality

Pagine seguenti: Fotografia aerea scattata durante il volo d'alta quota "Tirol 1980" ("Hochflug Tirol 1980"). L'immagine abbraccia più o meno tutto il territorio edificato, ma non l'intera superficie comunale

Pages suivantes: Vue aérienne réalisée par le ministère des poids et mesures et des relevés topographiques de Vienne. La photo représente toute la région habitée, mais pas toute la commune

fondé à l'initiative de la ville et ouvrit ses portes au début de l'année scolaire 1964/65. Lienz est devenu grâce à toutes ces réalisations un centre scolaire important.

Dans les 17 établissements scolaires que comporte la ville, 4341 enfants et jeunes gens suivaient un enseignement dans l'année 1987/88. Egalement pour la jeunesse de passage à Lienz, on construisit une vaste auberge de jeunesse bien équipée (1967). De même, on mit à la disposition avant tout des jeunes le centre sportif au sud du pont sur la Drave. A côté du stade des Dolomites (construit en 1964), les architectes Manfred Machné et Rudolf Stotter édifièrent une vaste piscine couverte avec piscine en plein air attenante. Ce «Dolomitenbad» fut jusqu'à présent l'une des plus grandes commandes de la ville de Lienz. La ville de Lienz acquit le Tristacher See. Ce lac, seul au Tyrol de l'est à offrir des possibilités de baignade est le centre d'une région de détente pour les habitants de Lienz et les touristes.

La base économique fut nettement améliorée ces dernières années. Grâce à l'encouragement de la commune, différentes industries et usines se sont implantées, surtout à Peggetz et dans la Bürgerau. C'est surtout l'industrie très puissante qui aide au maintien de nombreux emplois dans le canton. L'usine Liebherr, créée en 1980, est une filiale de Liebherr-Austria-Holding avec siège social à Bischofshofen (région de Salzbourg). Avec ses 42.000 m², l'usine de Lienz, l'un des plus grands centres de production en Autriche, commença la production de réfrigéra-teurs et de congélateurs en janvier 1981. Depuis que l'usine de cuivre jaune a été fermée en 1824, ce complexe est le plus grand de Lienz et de sa région, ce qui montre l'importance de cette implantation dans le développement économique du Tyrol du Sud-est.

Expression de ses prétentions économiques actuelles

Im Sommer 1987 beherbergte Lienz die Tiroler Landesausstellung, die Franz von Defregger und seinem Kreis gewidmet war und über 50.000 Besucher begeisterte

In the summer of 1987 Lienz hosted the Provincial Tyrolean Exhibition. Devoted to Franz von Defregger and his circle, it attracted more than 50,000 visitors

Nell'estate del 1987 Lienz ha ospitato l'esposizione che il Tirolo ha dedicato a Franz von Defregger ed al suo circolo. Essa ha entusiasmato oltre 50.000 visitatori

En été 1987, Lienz abrita l'exposition du Land Tyrol consacrée à Franz von Defregger et à ses amis, exposition qui reçut plus de 50000 visiteurs enthousiastes

TIROLER LANDESAUSSTELLUNG
LIENZ 1987

FRANZ VON DEFREGGER
UND SEIN KREIS

Defregger · Schmid · Gabl · Engl · Moroder

MUSEUM DER STADT AUF SCHLOSS BRUCK **LIENZ** STÄDTISCHE GALERIE IM RATHAUS

13.6. bis 20. 9. 1987, täglich geöffnet von 9 – 18 Uhr

Die alte Görzer Residenz Schloß Bruck (oben) ist durch Museum, Ausstellungen und verschiedene Veranstaltungen zu einem kulturellen Zentrum geworden. Ein anderes ist der Stadtsaal (unten)

Once the Görz residence, Schloss Bruck (above) has become a cultural centre thanks to the museum, exhibitions and various events. The "Stadtsaal", or Municipal Hall (below), is another such focal point

Grazie al museo, alle esposizioni e a diversi allestimenti, l'antica residenza dei Goriziani, Castel Bruck (sopra), è divenuta un centro culturale. Un secondo centro è costituito dalla sala cittadina (sotto)

L'ancienne résidence des Görz, le château de Bruck (en haut) est devenu un centre culturel grâce à son musée, des expositions et différentes manifestations. Un autre centre est la Stadtsaal (en bas)

– et cela non seulement pour Lienz mais aussi pour tout le canton – la Foire du Tyrol de l'est (Osttirol-Messe) a lieu chaque année depuis 1986. Cette présentation des réalisations accomplies développe la vie économique dans la région, mais encore augmente les possibilités de nouer des relations avec les régions voisines.

Dans le domaine de l'emploi et des possibilités de gain, le tourisme a une place tout à fait considérable pour Lienz et les alentours. Afin d'intensifier les mesures favorisant le tourisme, on créa le «Fremdenverkehrsverband Lienzer Dolomiten», syndicat d'initiative intercommunal. La société des remontées mécaniques prit l'initiative pour la construction d'un téléphérique monocâble sur le Zettersfeld (1985) et d'un télésiège double. Tandis que les avantages d'un séjour estival à Lienz sont connus, la saison hivernale est encore à développer.

L'état et le Land du Tyrol ainsi que différents organismes ont leur siège à Lienz. Cela est particulière-

Mittel der öffentlichen Hand und Spendenfreudigkeit der Bevölkerung ermöglichten die Renovierung der Lienzer Gotteshäuser. Bild oben: Arbeiten an der Stadtpfarrkirche St. Andrä (1968). Links: das Antonius-Kirchl während eines schneereichen Winters

The renovation of Lienz churches was made possible thanks to public funds and local donations. Above: Work on the Parish Church of St. Andrew (1968). Left: the chapel of St. Anthony in the depths of winter

Contributi degli enti pubblici ed offerte generose della popolazione hanno consentito la ristrutturazione delle chiese di Lienz. Nell'immagine sopra: lavori alla Chiesa Parrocchiale St. Andrä (1968). A sinistra: la chiesetta di S. Antonio in un inverno nevoso

Grâce à l'état et aux dons publics, on put récemment rénover des églises. Vue en haut: Travaux à l'église Saint-André en 1968. A gauche: la petite église Saint-Antoine pendant un hiver très enneigé

ment vrai pour l'administration, dont une grande partie est concentrée dans un immeuble administratif moderne depuis 1977. Une politique économique intelligente est en partie responsable du développement positif de la ville ces dernières années. Malgré la réalisation de grands projets, la ville fit des économies, ce qui est important dans une époque de récession générale.

Ainsi il fut également possible d'acheter à l'état le Liebburg, ancienne demeure de la famille Wolkenstein-Rodenegg, et de l'adapter en hôtel de ville dans les années 1985/87. Très moderne à l'intérieur, l'exté-rieur n'a pas été modifié mais restauré dans son apparence originelle. L'achat de ce bâtiment historique, si étroitement lié à l'histoire de Lienz, maintenant, après des siècles, passé dans la possession de la ville, remis en état et utilisé par elle, est plus qu'un effort culturel, c'est aussi un acte symbolique: un symbole de l'intérêt porté à la tradition et de l'attachement de Lienz à son histoire, en union parfaite avec les besoins et exigences présents et futurs. On peut même dire que cet hôtel de ville est l'expression idéale d'une fierté justifiée par l'histoire de la ville de Lienz depuis l'époque des Görz jusqu'à nos jours.

Das Tor der Liebburg: Mit der Adaptierung als Lienzer Rathaus hat der alte Ansitz der Freiherren von Wolkenstein-Rodenegg im Zentrum der Stadt eine endgültige und sinnvolle Bestimmung erfahren

The entrance to the Liebburg: With its adaptation into a Town Hall, the former seat of the Barons of Wolkenstein-Rodenegg in the centre of the town has acquired a final and meaningful purpose

Il portone di palazzo Liebburg: Con l'adattamento a municipio di Lienz l'antica residenza dei baroni von Wolkenstein-Rodenegg, nel centro della città, ha avuto una definitiva e significativa destinazione

La porte du Liebburg: Avec son adaptation en hôtel de ville, l'ancienne demeure des barons de Wolkenstein-Rodenegg a trouvé un sort définitif et utile

LITERATURVERZEICHNIS (Auswahl)

ALZINGER, Wilhelm: Aguntum und Lavant. 4. Auflage, Wien 1985

AMMANN, Gert: Jos Pirker. In: Tirol, Nr. 26, Sommer 1985, S. 45ff

ASTNER, Josef: Das Rathaus am Johannesplatz in Lienz. In: Osttiroler Heimatblätter 1962/1–2

CZOERNIG, Carl von: Das Land Görz und Gradisca. Wien 1873

DEHIO-Handbuch Tirol. Wien 1980; Bezirk Lienz bearbeitet von Pizzinini, Meinrad

EBNER, Alois: Hauskunde von Osttirol. Phil.-Diss. MS. Innsbruck 1972

EBNER, Alois: Lienz in alten Ansichten (= Europäische Bibliothek). Zaltbommel 1980

EGG, Erich: Die Görzer Bauhütte in Lienz. In: Festschrift Johanna Gritsch (= Schlern-Schriften 264). Innsbruck-München 1973, S. 77ff

ERLÄUTERUNGEN zur Bodenkarte 1:25.000 – Kartierungsbereich Lienz, Tirol. Hrsg. vom Bundesministerium für Land- und Forstwirtschaft. Wien 1973

FESTSCHRIFT zum hundertjährigen Bestand der Freiwilligen Feuerwehr der Stadt Lienz 1868–1968. Lienz 1968

FRANKENSTEIN, Josef: Simon von Taisten, ein Beitrag zur Kunstgeschichte der Spätgotik im Pustertal. Phil. Diss. MS. Innsbruck 1976

GRANICHSTAEDTEN-CZERVA, Rudolf: Andreas Hofer in Lienz. In: Osttiroler Heimatblätter 1955/4

GRASS, Nikolaus: Die Verwaltung Osttirols im 17. und 18. Jahrhundert. Staatswissenschaftliche Diss. MS. Innsbruck 1940

HEILIGE GRÄBER in Tirol. Innsbruck 1987; Abschnitt über Hl. Gräber in Lienz von Pizzinini, Meinrad

HÖLZL, Norbert: Theatergeschichte des östlichen Tirol (= Theatergeschichte Österreichs, Bd. II, Heft 1). Wien 1966

HYE, Franz-Heinz: Die Städte Tirols (= Österreichisches Städtebuch, 5. Band, 1. Teil). Wien 1980; Beitrag Lienz von Pizzinini, Meinrad, S. 175ff

JESSER, Aemilia: Das Klösterle [der Dominikanerinnen]. In: Osttiroler Heimatblätter 1929/1–2ff

KARWIESE, Stefan: Der Ager Aguntinus. Eine Bezirkskunde des ältesten Osttirol. Lienz 1975

KIRSCHL, Wilfried: Albin Egger-Lienz. 1868–1926. Das Gesamtwerk. Wien 1977

KÖCK, Georg: Johannes Paterer. Ein Osttiroler Bildhauer des Spätbarocks (1712–1785). Phil. Diss. MS. Innsbruck 1968

KOLLREIDER, Franz: Die Bombenangriffe in Osttirol im Jahre 1945. In: Tiroler Heimatblätter 1947/ Heft 9–12, S. 164ff

KOLLREIDER, Franz: Gotische Fresken in der Franziskanerkirche in Lienz. In: Osttiroler Heimatblätter 1948/23, 24

KOLLREIDER, Franz: Lienz im Spiegel der Kunst. In: Osttiroler Heimatblätter 1952/6–7

KOLLREIDER, Franz: Die Spitalskirche in Lienz. In: Osttiroler Heimatblätter 1953/1

KOLLREIDER, Franz: Drei Lienzer Maler des Biedermeier. In: Osttiroler Heimatblätter 1960/6

KOLLREIDER, Franz: Goldschmiedekunst in Lienz. In: Osttiroler Heimatblätter 1961/11

KOLLREIDER, Franz: Siegel, Wappen und Fahne der Stadt. In: Osttiroler Heimatblätter 1964/8

KOLLREIDER, Franz: Museum der Stadt Lienz, Schloß Bruck (Museumsführer), 5. Auflage, Lienz 1969

KOLLREIDER, Franz: Erste Klösterle-Kirche von Lienz. In: Osttiroler Heimatblätter 1970/7

KOLLREIDER, Franz: Die Dreifaltigkeitskapelle in Schloß Bruck bei Lienz (= Christliche Kunststätten Österreichs Nr. 90). Salzburg 1971

KOLLREIDER, Franz und Maria: Chronik der Stadt Lienz von 1200–1500. In: Osttiroler Heimatblätter 1970/7

KOLLREIDER, Franz und Maria: Chronik der Stadt Lienz von 1500–1783. In: Osttiroler Heimatblätter 1966/5

KOLLREIDER, Franz und Maria: Chronik der Stadt Lienz von 1784–1964. In: Osttiroler Heimatblätter 1968/1

KOLLREIDER, Maria: Geschichte des Lienzer Feuerwehrwesens bis zum Jahre 1928. In: Osttiroler Heimatblätter 1950/10

KOLLREIDER, Maria: Lienzer Brandchronik vom 15. bis zum 20. Jahrhundert. In: Osttiroler Heimatblätter 1950/12

KOLLREIDER-HOFBAUER, Maria: Die schönsten Sagen Osttirols. Innsbruck 1968

KOLWITSCH, Erwin: Durchreise hoher Persönlichkeiten durch Osttirol (1363–1901). In: Osttiroler Heimatblätter 1977/12, 1978/1

KRYSPIN, Georg: Die Kriegsereignisse von 1797–1814 in Lienz und Umgebung. Lienz 1905

LIENZER BUCH. Beiträge zur Heimatkunde von Lienz und Umgebung (= Schlern-Schriften 98). Innsbruck 1952; mehrere Beiträge naturkundlichen, volkskundlichen, literarischen und vor allem historischen Inhalts

MACKIEWICZ, Josef: Tragödie an der Drau oder Die verratene Freiheit. München 1957

MACKOWITZ, Heinz: Franz Walchegger. Innsbruck-Wien 1984

MAIER, Erich: Das Phänomen Fremdenverkehr in Osttirol. In: Osttiroler Bote 1970/11, 13, 15, 17

MAISTER, Karl: Osttirol unter französisch-illyrischer Herrschaft (1810–1813). In: Osttiroler Heimatblätter 1926/4–6

MANNHART, Fritz Leo: Das Bildnis in der Tiroler Grabplastik (= Schlern-Schriften 187). Innsbruck 1959

MASCHER, Renate: Die Geschichte Osttirols von 1783–1813. Hausarbeit, MS. Innsbruck 1980

MITTELALTERLICHE Wandmalerei. Funde 1959–1969. Österreichische Zeitschrift für Kunst und Denkmalpflege, XXIII. Jg. (1969), Heft 3/4, Abschnitt Tirol bearbeitet von Frodl-Kraft, Eva, S. 195ff

NOTHEGGER, Florentin: Das ehemalige Karmeliten- und jetzige Franziskanerkloster zu Lienz. Festschrift zu seinem 600jährigen Bestande. Osttiroler Heimatblätter (Sondernummer) 1949

OBERFORCHER, Barbara: Beiträge zu einer Stadtgeographie von Lienz. Hausarbeit, MS. Innsbruck 1974

OBERFORCHER, Josef: Das Wappen der Stadt Lienz. In: Osttiroler Heimatblätter 1924/11

OBERFORCHER, Josef: Das Lienzer Messingwerk. In: Osttiroler Heimatblätter 1949/8, 9

OBERFORCHER, Josef: Die St.-Antonius-Kapelle und die Liebburg-Kapelle in Lienz. In: Osttiroler Heimatblätter 1951/9

OBERFORCHER, Josef: Skizze zur Geschichte der Stadt Lienz. In: Osttiroler Heimatblätter 1952/3

OBERFORCHER, Josef: Aus der guten alten Zeit der Herrschaft Lienz. In: Osttiroler Heimatblätter 1953/4

OBERWALDER, Louis: Das Buch der Stadt Lienz. Lienz 1966

PETROWSKY, A.: Unvergessener Verrat. Roosevelt – Stalin – Churchill. 2. Auflage, München 1964

PFAUNDLER, Wolfgang: Raimund Abraham. In: das Fenster. Tiroler Kulturzeitschrift, Heft 27 (Winter 1980), S. 2672ff

PIZZININI, Meinrad: Der Minnesänger Heinrich Burggraf von Lienz. In: Der Schlern 1966, S. 226ff

PIZZININI, Meinrad: Osttirol. Eine Bezirkskunde. Innsbruck-Wien-München-Würzburg 1971

PIZZININI, Meinrad: Zur Rekonstruktion des „Görzer-Grabes" in der Lienzer Stadtpfarrkirche. In: Festschrift Johanna Gritsch (= Schlern-Schriften 264). Innsbruck 1973, S. 223ff

PIZZININI, Meinrad: Osttirol. Der Bezirk Lienz (= Österreichische Kunstmonographie, Bd. VII). Salzburg 1974

PIZZININI, Meinrad: Albin Egger-Lienz und das Lienzer Bezirks-Kriegerdenkmal. In: das Fenster. Tiroler Kulturzeitschrift, Heft 19, Winter 1976/77, S. 1950ff

PIZZININI, Meinrad: Das städtische Leben von Lienz. In: Das Leben in der Stadt des Spätmittelalters (= Veröffentlichungen des Instituts für mittelalterliche Realienkunde Österreichs Nr. 2). Wien 1977, S. 97ff

PIZZININI, Meinrad: Lienz. Ein Führer durch Geschichte und Gegenwart. 2. Auflage, Lienz o. J. [1978]

PIZZININI, Meinrad: 50 Jahre Osttiroler Bezirkskrankenhaus. Vom Lienzer Sanitätswesen in früherer und heutiger Zeit. Lienz 1981

PIZZININI, Meinrad: Lienz. Das Große Stadtbuch. Lienz 1982

PIZZININI, Meinrad: Die St.-Michaels-Kirche in Lienz. Innsbruck 1983

PIZZININI, Meinrad: Franziskanerkloster Lienz-St. Marien (= Christliche Kunststätten Österreichs Nr. 102). 2. Auflage, Salzburg 1985

PIZZININI, Meinrad: Pfarrkirche St. Andrä/Lienz (= Kunstführer Nr. 444), 5. Auflage, München-Zürich 1987

PIZZININI, Meinrad: Lienz. Porträt einer Tiroler Stadt. In: Tirol, Nr. 31, Winter 1987/88, S. 65ff

REICHART, Helga: Franz Walchegger. Ein Pionier der modernen Malerei in Osttirol. Geisteswiss.-Diss., MS. Innsbruck 1987

RIZZOLLI, Helmut – Moser, Heinz – Tursky, Heinz: Tiroler Münzbuch. Innsbruck 1984

ROHRACHER, Josef A.: 60 Jahre Sektion Lienz des Deutschen und Oesterreichischen Alpenvereins. Lienz o. J. [1930]

SCHOBER, Richard: Regesten des Stadtarchivs Lienz (= Tiroler Geschichtsquellen Nr. 5). Innsbruck 1978

STADLHUBER, Josef: Geschichte der Pfarre Lienz. In: Osttiroler Heimatblätter 1952/2ff

STOLZ, Otto: Über eine Leihbank zu Lienz im 14. Jahrhundert. In: Zeitschrift des Ferdinandeums, 53. Heft (1909), S. 179ff

STOLZ, Otto: Geschichte Osttirols im Grundriß. In: Osttirol. Festschrift. Lienz 1925

STOLZ, Otto: Politisch-historische Landesbeschreibung von Südtirol (= Schlern-Schriften 40). Innsbruck 1937, S. 651ff

SYDOW, Wilhelm: Der Gründungsbau von St. Michael in Lienz. In: Tiroler Heimatblätter 1982/3, S. 70ff

THONHAUSER, Josef: Osttirol im Jahre 1809 (= Schlern-Schriften 253). Innsbruck-Wien-München 1968

TROTTER, Kamillo: Einiges über das Lienz des 14. Jahrhunderts. In: Osttiroler Heimatblätter 1931/1–2, 1932/1–2

TROTTER, Kamillo: Die Burggrafen von Lienz und zum Lueg (= Schlern-Schriften 105). Innsbruck 1954

VEIDER, Andreas: Stadtrichter von Lienz. In: Osttiroler Heimatblätter 1936/2

WALDER, Josef: Der Lienzer Nationalrat 1918–1919. In: Osttiroler Heimatblätter 1954/12

WENZEL, Edgar M.: So gingen die Kosaken durch die Hölle. Wien 1976

WILSCHER, Edda: Fanny Wibmer-Pedit. Versuch einer Monographie, Geisteswiss.-Diss., MS. Innsbruck 1983

WIESFLECKER, Hermann: Aguntum – St. Andrä – Luenzina – Patriarchesdorf. In: Alpenregion und Österreich. Geschichtliche Spezialitäten. Kramer-Festgabe. Innsbruck 1976, S. 171ff

WIESFLECKER, Hermann: Geschichtliches aus den Wandfresken der Klosterkirche. In: Osttiroler Heimatblätter 1948/17–19

WIESFLECKER, Hermann: Die politische Entwicklung der Grafschaft Görz und ihr Erbfall an Österreich. In: MIÖG, Bd. LVI (1948), S. 329ff

WIESFLECKER, Hermann: Die Regesten der Grafen von Görz und Tirol, Pfalzgrafen in Kärnten (= Publikationen des Institutes für österreichische Geschichtsforschung, Vierte Reihe, Erste Abteilung, I. Band: 957–1271). Innsbruck 1949

WIESFLECKER, Hermann: Quellen und Forschungen zur Geschichte der Stadt Lienz 1000–1500. In: Osttiroler Heimatblätter 1950/1–13, 19, 21–23, 25–26, 1951/1

ZEMMER-PLANK, Liselotte: Die Ausgrabungen in der Pfarrkirche St. Andreas in Lienz. In: Veröffentlichungen des Tiroler Landesmuseum Ferdinandeum, Bd. 54, Jg. 1974, S. 251ff

NACHWEIS DER ABBILDUNGEN

Besitzernachweis

Folgende Personen und Institutionen haben in dankenswerter Weise historisches bzw. aktuelles Bildmaterial zur Verfügung gestellt bzw. haben das Abbilden von Originalgegenständen aus ihrem Besitz gestattet. Soweit die Fotografen bekannt sind, werden sie unter der Rubrik „Fotografen" eigens genannt. Nur dort genannt wird, wer eigene Bilder zur Verfügung stellte.

Aguntum, Museum, Dölsach: 37 links Mitte, 38
Alpine Gesellschaft Alpenraute, Lienz: 23
Baubezirksamt Lienz: 60
Bundesamt für Eich- und Vermessungswesen, Vermessungsinspektor für Tirol und Vorarlberg, Innsbruck: 69
Bundesdenkmalamt, Landeskonservator für Tirol: 44 rechts
Heinrich Dobnig, Lienz: 116 rechts
Ing. Robert Eck, Lienz: 68, 182 oben
Insp. Max Edlinger, Völs: 187 links oben
Familie Othmar Engl, Lienz: 77, 110 links, 115 rechts oben, 154
Mag. Rolf von Erlach, Lienz: 65 rechts
Dir. Ernst Falkner, Lienz: 182 unten
Fremdenverkehrsverband Lienzer Dolomiten: 25, 26 (3 ×), 31, 200 oben
Dr. Michael Forcher, Innsbruck: 183
Galerie Rondula, Lienz: 166 oben rechts
August Gander sen., Lienz: 119
Brigitte Ganzer-Sölder, Matrei i. O.: 155 oben links
Thomas Gasser, Lienz: 115 links
Josef und Mitzi Gell, Lienz: 164 unten
Haus-, Hof- und Staatsarchiv, Wien: 54/55
Berta Henggi (+), Lienz: 83 oben
Komm.-Rat Theoderich v. Hibler, Lienz: 84, 114 oben
Dr. Karl Hofmann, Wien: 160 links
Bürgermeister Hubert Huber, Lienz: 168 oben
Ing. Otto Huber, Götzis: 111, 162 oben
DDr. Werner Kneußl (+), Hall i. T.: 83 unten
Elsa Kofler, Lienz: 184
Familie Kreissl, Haidenhof, Lienz: 85 oben
Kunsthistorisches Museum, Wien, Sammlung von Medaillen, Münzen und Geldzeichen: 97 unten
Firma Uwe Ladstädter, Lienz: 115 rechts unten

Lienz, Bezirkskrankenhaus: 209 oben
Lienz, Konvent der Dominikanerinnen: 45
Lienz, Museum der Stadt auf Schloß Bruck: 37 rechts, 52, 64 links, 65 links (Leihgabe Tiroler Landesarchiv), 79 unten, 93, 94, 95 links, 95 rechts, 99 oben, 101, 103, 105, 141 (Leihgabe Pfarre Virgen), 160 rechts, 177
Lienz, St. Andrä: 51, 76 oben, 82 oben, 133, 171
Lienz, St. Michael: 99 unten
Lienz, Stadtamt-Bildarchiv: 81 oben, 91 oben, 91 Mitte, 187 unten, 194 unten, 217
Lienz, Stadtarchiv: 159 unten
Lienz, Städtische Galerie: 165 (3 ×), 166 unten
Alois Mair, Lienz: 107 links oben
Hofrat Dipl.-Ing. Walter Mayer, Lienz: 185 oben
Familie Johann Oberhueber, Lienz: 104 rechts
Österreichische Galerie, Wien: 163
Osttiroler Bote, Bildarchiv: 192 unten, 197 (2 ×), 209 unten, 212, 213
Dr. Meinrad Pizzinini, Völs: 15, 47, 62 rechts unten, 66, 155 rechts oben
Privatbesitz Lienz: 172
Privatbesitz Innsbruck: 98 Mitte
Jörg Putzenbacher, Lienz: 181
Dr. Herbert Rohracher, Lienz: 76 unten
Schachclub Volksbank Lienz: 190 oben
Emmi Scheitz, Lienz: 17, 75, 78, 109
Schlaiten, Pfarrkirche: 98 unten
Schützengilde Lienz (Schießstand): 180 links, 180 rechts
Tiroler Landesarchiv, Innsbruck (Pläne und Karten): 58
Tiroler Landesmuseum Ferdinandeum, Innsbruck: (Bibliothek) 14, 56, 57, 62 rechts oben, 63, 72, 110 rechts, 179 oben; (Gemäldesammlung) 61; (Historische Sammlung) 64 rechts, 71, 73; (Kartographische Sammlung) 11; (Münzsammlung) 48, 97 oben, 98 oben; (Siegelsammlung) 62 links; (Ur- und frühgeschichtliche Sammlung) 37 unten
Verein der Eisenbahnfreunde in Lienz: 118, 190 unten
Hedi Walch, Lienz: 178 links
Hilde Zambelli, Lienz: 114 unten

Fotografen

Bilder, deren Fotograf nicht bekannt war, scheinen nur im Verzeichnis der Personen und Institutionen auf, die Abbildungsmaterial zur Verfügung gestellt haben

Foto Baptist, Lienz: 24, 37 links oben, 37 links Mitte, 50 rechts unten, 64 links, 65 links, 67, 68, 86 rechts oben, 87, 95 links, 99 oben, 101, 104 rechts, 105, 108 links, 114 oben, 120, 121, 129, 130, 134 links, 134 rechts, 135, 137, 139, 142 rechts, 144, 147, 149, 152, 153, 160 rechts, 164 oben, 167 oben, 167 unten, 173, 179 unten, 180 links, 185 unten, 201 links, 204 oben, 205
Alois Beer, Klagenfurt: 75, 78
Foto M. Bibiza, Lienz: 85 oben, 85 unten, 86 rechts unten
Josef Blaschko, Freistadt/OÖ: 31 unten
Bundesamt für Eich- und Vermessungswesen (Landesaufnahme), Wien: 218/219
Bundesdenkmalamt, Wien: 123 links, 143, 157
Anton Demanega, Innsbruck: 37 rechts, 95 rechts, 122 links, 122 rechts unten, 123 rechts oben, 124 unten, 133, 178 links
Photo Dina Mariner, Lienz: 49, 53, 59, 151, 169 rechts unten, 186 rechts, 187 links, 189 unten, 194 (2 ×), 202, 210/211, 222 unten
Redakteur Walter Ebner: 187 unten, 192 unten, 197 (2 ×), 209 unten, 212, 213
Georg Egger, Lienz: 182 oben, 183
Foto Hans Fracaro, Lienz: 82 oben, 83 oben, 84, 182 links unten
Foto Richard Frischauf, Innsbruck: 50 rechts oben, 57, 58, 60 oben, 63, 69, 72, 81 oben, 125, 131, 155 oben, 155 unten, 161, 162 unten, 179 oben, 186 links, 187 rechts oben, 221 oben
Fotostudio Lisl Gaggl-Meirer, Lienz: 5, 17, 39, 51, 65 rechts, 108 rechts, 145 rechts, 154, 164 unten, 171, 195 oben (2 ×), 196, 199 unten, 201 rechts oben, 204 unten, 207, 215, 221 oben, 222 unten, 223
Dr. Erich Gatt, Innsbruck-Igls: 28 rechts
E. Grandegger, Wien: 168 oben
Reinhard Gruber, Lienz: 198
Haus-, Hof- und Staatsarchiv, Wien: 54/55
Anton Jeller, Lienz: 132, 141, 203
Dir. Hans Kurzthaler, Thurn: 96

E. Lotze, Bozen: 71, 73

Robert Mayr, Lienz: 21 rechts, 31 oben

Photo Meyer, Wien: 97 unten

Prof. Dr. Wolfgang Pfaundler, Rum: 169 unten links

Dr. Meinrad Pizzinini, Völs: 14, 37 unten, 40, 44 links oben, 44 links unten, 45, 48, 50 links, 60 unten, 62 links, 62 rechts oben, 64 rechts, 66, 76 oben, 97 oben, 98 unten, 99 unten, 104 links, 107 rechts oben, 107 unten, 110 links, 110 rechts, 122 rechts oben, 124, 126, 127, 128, 145 links, 166 links oben, 174, 175, 176 links, 176 rechts, 192 oben, 222 rechts

Franz Prascaits, Österreichisches Archäologisches Institut, Wien: 38

Professor Dr. Wolfgang Retter: 13, 19, 20, 21 links, 27 unten, 28 links, 29, 35

Peter Sölder, Lienz: 180 rechts

Peter Stocker, Debant: 190 oben

Prof. Heinz Tursky, Innsbruck: 98 oben, 98 Mitte

Johann Unterrainer, Lienz: 79 unten

ZEICHNUNGEN:

Peter Sölder, Lienz: 41, 123 rechts unten, 159 links

DER AUTOR

Univ.-Doz. Dr. Meinrad Pizzinini darf wohl als der beste Kenner seiner Heimatstadt Lienz, ihrer Geschichte und Kunst, und des ganzen Bezirkes Osttirol angesprochen werden. Zahlreiche Veröffentlichungen, u. a. das Standardwerk „Lienz. Das große Stadtbuch" (erschienen 1982) und seine Bezirksbücher „Osttirol. Eine Bezirkskunde" (1971) sowie die Kunstmonographie „Osttirol" in der St.-Peter-Reihe (1974) geben davon genauso Zeugnis wie zahlreiche kleinere Publikationen (z. B. Kirchenführer) und Aufsätze.

Der 1941 in Lienz geborene Historiker arbeitet seit 1969 als Kustos der Historischen Sammlungen am Tiroler Landesmuseum Ferdinandeum in Innsbruck und neuerdings auch als Leiter des Tiroler Kaiserschützenmuseums in der Landeshauptstadt. Seit 1985 ist er Universitätsdozent für „Kulturgeschichte Europas unter besonderer Berücksichtigung Tirols". Von seinen Büchern seien neben den auf Osttirol und Lienz bezogenen Werken noch erwähnt: „Alt-Tiroler Photoalbum" (mit Michael Forcher, 1979), „Alt-Tirol im Plakat" (1983) und „Andreas Hofer. Seine Zeit – Sein Leben – Sein Mythos" (1984).